大圓滿之歌

總集歷代重要大圓滿成就者之證悟心要

Tulku Urgyen Rinpoche
祖古・烏金仁波切 等著

英譯・彙編——Erik Pema Kunsang 艾瑞克・貝瑪・昆桑
Marcia Binder Schmidt 瑪西亞・賓德・舒密特

中譯——項慧齡

本書作者群（依篇章順序排列）

龍欽・冉江（Longchen Rabjam）

祖古・烏金（Tulku Urgyen）仁波切

釋迦・師利・嘉那（Shakya Shri Jñana）

無垢友（Vimalamitra）

耶喜・措嘉（Yeshe Tsogyal）

蓮花生大士（Padmasambhava）

巴楚（Paltrul）仁波切

堪布噶旺・帕桑（Khenpo Ngawang Palzang）

普賢王如來（Samantabhadra）

蔣貢・康楚（Jamgön Kongtrül）仁波切

蔣貢・米龐（Jamgön Mipham）仁波切

敦珠（Dudjom）仁波切

師利・興哈（Shri Singha）

喇嘛夏卡・措竹・讓卓（Lama Shabkar Tsokdrug Rangdröl）

創古（Thrangu）仁波切

策列・那措・讓卓（Tsele Natsok Rangdröl）

紐舒・堪（Nyoshul Khen）仁波切

確吉・尼瑪（Chökyi Nyima）仁波切

楚西・阿帝（Trulshik Adeu）仁波切

竹旺・措尼（Drubwang Tsoknyi）仁波切

聖者們已經開啟了大圓滿之門，一般弟子皆有幸受用大圓滿之財。不惜一切地修行，證得圓滿解脫，使遇見這條甚深的道路充滿意義，乃是極為重要的一件事情。

——怙主頂果・欽哲（Dilgo Khyentse）仁波切

摘自《普賢王如來之心意莊嚴》（*The Mind Ornament of Samantabhadra*）

目次

序言

我們得以和豐沛、引人敬畏的大圓滿傳統結緣，
是多麼不可思議！
我們能身處一個可遇見這些教導和弘揚這些教導之傳承上師的時代，
是多麼吉祥！
我們得以真正地修行和了證教法，
是多麼不可置信地幸運！
我們隨喜自己能夠有機會分享這珍貴的智慧，
願如此的事業帶來巨大的利益！

在《大圓滿之歌》（*Quintessential Dzogchen*）裡的教法，屬於龍欽巴（Longchenpa）和岡波巴（Gampopa）的第四法「迷惑顯露為智慧」（confusion dawns as wisdom，即「願惑顯智」），其中包括認識和修學我們本具的佛性。「當我們的迷惑被淨化，我們本初覺醒的智慧就會變得明顯。」①一旦我們被引見了這個本初覺醒（basic wakefulness；藏 rigpa），並透過虔敬心的力

量和之前的修學，而能夠直接且明確地認識本初覺醒之後，藉由修學本覺，我們就進入了真正的大圓滿修行者之列。當回顧過往，我們便會了解到自己之前所從事的所有修行，儘管是認認真真的，而且在奠定基礎方面具有極大的利益，但它們都僅僅是奠基於理論上的了解。

為了進入金剛乘（Vajrayana）之道，我們需要透過灌頂來使自己成熟。對修行而言，成熟灌頂、解脫教導和受持口傳是不可或缺的。如果我們開始修行，而未透過領受灌頂來成熟身、語、意，那麼加持將不會進入我們的心續流之中。四種灌頂是寶瓶灌頂、祕密灌頂、智慧灌頂和文字灌頂，《大圓滿之歌》的內容涵蓋大圓滿修道之中，與珍貴的第四灌頂（文字灌頂）有關的部分。

在大圓滿之道上，我們在一個真正的大圓滿傳承持有者的引導下修行，並且與其關係密切。這樣的上師必須擁有成熟灌頂、口傳和解脫教導，以及在這些修行上的成就。為了讓了證的加持在自己的覺受中生起，我們的上師必須是正統且具格的。《大圓滿之歌》是一本教法手冊，讀者可以根據本書來向這樣的大師們請法；它也是一種鼓勵，藉由提供原始資料，讓修行者在尋求口訣教導時使用，並且加以實修。

本書架構

如同這一系列書籍的前兩本書《大圓滿入門》（*The Dzogchen Primer*）和《大圓滿精要》（*Dzogchen Essentials*）的作法，在《大圓滿之歌》中的教法也是以蓮花生大士和蔣貢．康楚

（Jamgön Kongtrül）之《智慧之光》（*Light of Wisdom*）所使用的先後順序來安排：闡釋「基」（ground）和有情眾生何以迷妄；修「道」（path）的方法；以及如何成就最後的「果」（fruition）。此架構是設計來協助修行者以傳統的順序實踐這些修行。

為了幫助讀者對修行生起信心，我們先從三個入門的教法開始，概述整個修行之道，繼此之後，是歷史背景和大圓滿教法的來源。在從事這些修行時，依靠真正的法本是必要的，如同祖古・東杜（Tulku Thondup）所說的：

> 依止密續和龍欽・冉江（Longchen Rabjam）的著作等正統經典作為基礎，擁有上師的教導作為祕訣，是極為重要的。但是一些人仰賴上師的口頭教導，對教法的來源——經典——卻一無所知。這些經典除了傳遞傳承諸佛、諸持明（Vidyadhara）❷和諸上師的加持之外，也以詳細且精練的形式來包含各種修行的層次和方法。③

堪布噶旺・帕桑（Khenpo Ngawang Palzang）的傳記也強調這點的重要性。堪布噶旺・帕桑是近代最偉大的大圓滿堪布之一，他的上師紐舒・隆托（Nyoshul Lungtok）告訴他：

> 從現在開始，以龍欽巴《七寶藏》（*Seven Treasuries*）和《母子心要》（*The Mother and Son Heart Essences*）的意義來提煉、昇華你的心。有人只聽從老喇嘛的話語，並把《七寶藏》和《四部》（*Four Volumes*，即《四部心髓》）擱在一旁，而說：「這

> 些書是原文逐字的闡釋。某某喇嘛（上師）傳授我無與倫比的口耳傳統」，他們為安住、行動和覺知、寂止是否具有特相（characteristics）等等，賦予新的意義。這些（習性）欺瞞上等和下等根器的大圓滿修學者，這些（習性）是受到邪惡勢力影響的教法。④

紐舒．隆托的話把幼稚、思慮不周的「大圓滿修行者」的習性總結為：傲慢地相信他們所了解之本覺的覺醒狀態。祖古．烏金仁波切常常說，當一個人過早「拍板定案」（settles the case），而仍然受限於學習和修持經驗的不足時，他的本覺通常不過是一種感覺如無二明覺（nondual awareness）之無色界「止」（shamatha，奢摩他）❺的狀態。為了斬除這個惡魔，我們需要誠實和謙遜，同時研習原始經典，結合口耳教導和實際修行的覺受。

在本書第一部提供的背景資料之後，我們於第二部回到在《大圓滿入門》的起始點——關於「基」的教法。《智慧之光》從一開始就把整個觀點帶到我們面前，因為我們打從一開始就需要它。「基」是我們的本性（basic nature），它不僅是大圓滿的一個根本原則，也是整個佛教之道的基本原則。然而，我們因為某些緣故而和本具自性失去直接的連繫。在此，我們再度引用祖古．烏金仁波切的話：

> 一個表面的迷惑遮蔽我們對「基」的認識，幸運的是，這表面的迷妄是暫時的。未認識「基」就類似作夢，作夢不是本初的，而是暫時的，它可以被淨化，「清

淨」是透過在道上修學而產生。我們已經偏離「基」，而成為有情眾生。為了讓「基」離於障蔽它的事物，我們必須修學。此時此刻，我們已經在「道」之上，但是尚未證「果」；當我們離於障蔽時，「果」（法身）就會顯現。解脫的「基」、「道」、「果」都在本覺相續的一性（single essence）中圓滿。

事實上，「基」和「果」之間並無差別。在「基」的狀態之中，證悟的品質尚未被認識，但它們卻在「果」的時期展現。這些品質不是突然顯現的新品質，而是如同一朵花的特質一般，原本就存在於種子之中。在種子之內的是花本身的特徵，它保有花的顏色、氣味、花苞和葉子的潛能。然而，我們可以說種子是花的「果」嗎？不，我們不可以如此說，因為花尚未完全綻放。如同這個比喻一般，「果」的特質包含在「基」的狀態之中，但是它們尚未明顯或展現，這是「基」和「果」之間的差別。在「道」的時期，如果我們不努力精進，「果」將不會顯現。⑥

第三部構成本書的大部分，涵蓋「道」的面向。它從蓮花生大士闡釋「直指教導」（pointing-out instruction）開始，繼以本初清淨之「立斷」（Trekchö）的見地，然後以簡短地描述任運顯現之「頓超」（Tögal）禪修作結。而見（view）、修（meditation）、行（conduct）是在「道」這個標題之下的主題。據說在「基」的時期，修行者需要區分「總基」（all-ground）和法身之本初狀態間的差別；在「道」的時期，修行者要區分「心」（藏 sem）和本覺之間的

差別；在「果」的時期，修行者要區分「識」（consciousness）和覺醒之間的差別。本書以談論「果」的第四部作結，最後為龍欽・冉江的〈中陰祈願文〉（Bardo Aspiration）。

以四法融入生命之流

如同此一系列書籍的前兩本《大圓滿入門》和《大圓滿精要》一般，本書的教法是為了「瑜伽士」（梵 kusulu，音譯為「庫蘇盧」）——單純的禪修者——所呈現。「對這種人而言，佛陀教法的主要重點無他，差別只在於對認識心性是否了解。不認識心性即是輪迴，認識心性即是涅槃或解脫。正是從這個觀點，我們才說所有佛陀的教法都關於『心』。」⑦

研習（聞）幫助我們清除常常困擾自己修行的疑慮，我們要確實地知道應如何從事這些修學。如果未思考（思）教法，了解它們所有的面向，我們可能會發現自己更加迷惑。在這條修道之路上，我們要避免許多陷阱，在「立斷」之中，常見的偏差是生起一個心造（mind-made）版本的空性，並把禪修視為持續地重新創造這種空性的任務。至於「頓超」方面，其主要的偏差是陷入希望擁有特殊的覺受，且恐懼欠缺特殊的覺受。我們總是有必要在自己的了解、覺受和教導手冊之間作一個比較，而且最重要的是去請教上師。

在最後，你是自己最能夠誠實對待的人。你要坦白率直地探究：「我的修行是否與我所受教的、所閱讀的內容相符？我是否有所進展？我需要做些什麼？」真正地檢視自己，去看看是否有把以下的四法融入自己的生命之流當中：「我是否已經把心轉向佛法（願心向法）？

我的佛法修行是否已經成為真正的道路（願法循道）？我正在修持的道路是否能釐清迷惑（願道斷惑）？迷惑是否真正地顯露為智慧（願惑顯智）？」在第四部裡的文摘，提供這種自我檢視的準則，有助於讀者從事這個重要的練習。為了作出這些評估，我們需要仰賴自己的誠實正直和聰明才智，以及上師的監督。有時，想要成為大圓滿修行者的人發現，即使在投入數年時間，師從偉大的大圓滿上師的足下，且精進地修行，但是修行的進展似乎仍然難以捉摸。像這樣的修行者不乏必要的聰明才智或堅持不懈，但是他們似乎仍然無法融入本然狀態，而在修行上有所進展。根據教導，我們必須擁有修持大圓滿的「業」的習性，如果我們現在尚未準備就緒，那麼可以努力地藉由生起功德、淨化障蔽，以及祈願往後能夠修持大圓滿，來使準備工作就緒。事實上，使準備工作就緒的修學，全都以前行法的形式融入大圓滿的經典之中。

在彙編本書的過程當中，我們能夠納入本書的資料限制是一個重要考量。我們希望使用的許多法本都受到管束限制，不能供一般讀者閱讀。怙主頂果．欽哲（Dilgo Khyentse）仁波切和祖古．烏金仁波切清楚地限定哪些法本可以公開或需要保密，雖然不同的喇嘛和譯者對此持有不同的觀點，但是我們遵從個人私底下所受的囑咐。然而，這些受限的法本原本就是要給眾多認真的修行者來使用，而修行者可以在一個具格上師的引導下，透過佛法中心取得這些法本。如果我們想要納入的法本受到限制，我們就盡可能地使用類似的資料來代替。鑑於題材內容的敏感度和修行者、上師之間密切關係的必要性，我們在本書中並未收納任何指引者的指導方針，沒有什麼可以代替修行者和具格上師生動話語之間的直接連繫，我們鼓勵大圓滿瑜伽士和上師們保持緊密的連繫。最後，請讀者蒞臨我們的網址（www.rangjung.com），尋找詞彙解釋和建議的閱讀書單。

致謝

我們衷心地感謝貢獻這三本書素材的所有上師、譯者和編輯，尤其要感謝凱利・摩仁（Kerry Moran）、瓦德・布利斯克（Ward Brisick）、敏・考斯達（Mim Coulstock）和麥可・特維德（Michael Tweed）。再次誠摯地感謝祖古・東杜懷著充滿慈悲的真知灼見，來支持這項計畫。感謝我的丈夫、合著者和譯者艾瑞克・貝瑪・昆桑（Erik Pema Kunsang），這項工作如果沒有他就無法完成。感謝史提芬・古曼（Steven Goodman）提供他精彩的翻譯。再次感謝麥可・特維德編輯多篇內文，以他充滿詩意的筆調來柔飾本書的語言。感謝極具天賦的排版兼設計者拉菲爾・歐特（Rafael Ortet）、忠誠仁慈的柴克・比爾（Zachary Beer）從事校對，才華洋溢的編輯崔西・戴維斯（Tracy Davis），使本書的每個面向更趨完善。

願迷惑盡退，讓所有在修行道路上掙扎奮鬥的瑜伽士的智慧顯露。

瑪西亞・賓德・舒密特（Marcia Binder Schmidt）

二〇〇六年二月五日寫於納吉寺隱居所（Nagi Gompa Hermitage）

注釋：①原注，❶譯注

①…摘自祖古・烏金仁波切《重述佛陀的話語》(*Repeating the Words of the Buddha*, Rangjung Yeshe Publications, 1991)。

❷…持明(Vidyadhara)：在瑪哈瑜伽密續修道四階段上，已獲致任一階段之了悟的大師。四階段是指成熟、長壽、大手印、任運圓滿。

③…龍欽・冉江《大圓滿的修行》(*The Practice of Dzogchen*)，祖古・東杜(Tulku Thondup)仁波切譯(Ithaca, N.Y.: Snow Lion Publications, 1995)，頁131-132。

④…許多所謂的教法因為「惡魔的力量」而在這個世界顯現，導致我們偏離正道。惡魔的力量或負面的力量是我們自己的惡業和煩惱的展現，它們展現為有害的影像、聲音、教法或感受，有些人把它們形容為外在的靈體。如果我們留在正道上，不讓自己因為它們而散亂，我們便可超越它們的影響力，正如同佛陀在證悟之前超越誘惑一般。(祖古・東杜)

❺…「止」(shamatha，奢摩他)是指念頭的活動完全止息，注意力保持不動。

⑥…祖古・烏金仁波切，《智慧之光》(*Light of Wisdom*)第4冊，頁17-18。

⑦…引自祖古・烏金仁波切，《如是》第1冊，第三章〈佛不在他處〉。

大圓滿

入門教法

反映至要之鏡——龍欽・冉江

大圓滿教法要點——祖古・烏金仁波切

大圓滿修行精要——釋迦・師利・嘉那

反映至要之鏡

龍欽・冉江

本文摘自《龍欽・冉江文集》（Rangjung Yeshe Publications, 2005）之〈反映至要之鏡：關於勝義之最終教導〉（A Mirror to reflect the Most Essential）。

吉祥之上師，百部之尊主，
遍在勝者無限壇城之慈悲力量與事業的唯一體現，
我永遠禮敬在您足下。

Ema（唉瑪）！❶具緣之瑜伽士們，在此諦聽！

目前，我們已經獲得暇滿之圓滿人身，已經遇見大乘之珍貴教法，現在能獨立自主，可以真正地應用殊勝的佛法。因此，切勿把你的人生浪費在毫無意義的事物之上；相反地，你要追求永久的目標。

懷著死亡可能隨時降臨的態度

教法的類別是無限的，道乘的入門是無量的，待闡釋的言語是龐大而廣泛的，即使你成功地記憶數百萬函的佛法經典，但除非能夠修持其中的要義，否則將永遠無法確定在死亡的時刻，這些佛法經典會有所助益；即使你的學養和思惟是無窮的，但除非能夠符合佛法，否則將不會調伏你的敵人——煩惱；即使你成功地成為一百個三千大千世界的主人，除非能夠從內心感覺自己不再需要任何事物而縮減計畫，否則你將永遠不知饜足。除非你懷著死亡可能隨時降臨的態度來準備自己，否則在死亡時將無法達成需要的偉大目標。

懷著不息的悲心和菩提心來發願

你必須調伏自己的短處，培養不偏不倚的清淨覺知，因為偏頗的看法將不會讓你擔負大乘的教法。由於在輪迴三界六道的一切有情眾生，無一例外地都曾經是你的父母，因此，除非你懷著不息的悲心和菩提心來發下清淨的願望，否則將無法開啟利他行為的寶礦；除非你真正地對仁慈的上師生起勝過親見佛陀本人的虔敬心，否則將無法感受加持的溫暖；除非你真正地領受加持，否則覺受和了證的幼苗將不會發芽；除非了證從內心顯露，否則枯燥的闡釋和理論將不會幫助你獲得證悟之果。

簡而言之，除非你把心和佛法融合，否則僅僅去炫耀修行的外表是毫無意義的。你只要擁有僅僅足以維生的生活必需品，能夠躲避嚴寒即可；要去思考自己其實並不真的需要任何其他事物。修持「上師相應法」（guru yoga，上師瑜伽），並且專一地祈願。你要為了一切有情眾生（即自己的父母）的福祉而從事每一項修行，不論好或壞、喜悅或悲傷降臨在你身上，你要訓練自己把它視為上師的仁慈。

不論生起什麼念頭，務必去認識自性

在任運自了知（spontaneous self-knowing）的廣大浩瀚之內，讓我們自在而了無造作。不論生起什麼念頭，務必去認識你的自性，如此一來，所有的念頭都將消融為法性（dharmata）之戲耍。即使你以這種方式來修行，即使連一丁點的具體參考點都未因禪修而生起，你也不要偏離進入世俗的迷妄散亂之中，連一剎那也不要偏離。相反地，你要確定自己日常活動的每個面向都包含在心無散亂的展現之內。不論發生什麼事情，不論有什麼體驗，你要增強自己的信念，相信它們全都是無形的幻相，因此在中陰（bardo）之中，也會有相同的覺受。

簡而言之，你要確定，不論在何時何地，把自己的一切作為轉向殊勝的佛法，把每個善行都回向於證悟。如此一來，你將實現上師的願望，服事佛法；你將回報雙親的仁慈，並且任運成就自己和他人的利益。請把這點謹記在心中。

即使你親見我本人，我也沒有更好的忠告可以給你。因此，時時刻刻，在每個情況之下，都把它帶入你的修行之中。

本文撰寫於蛻嘎雪山（White Skull Snow Mountain；藏 Gangri Tökar）的山麓上，此處為龍欽．冉江長期閉關的處所。

注釋：①原注，❶譯注

❶…「Ema」（唉瑪）是驚嘆詞，意指「不可思議」。

大圓滿教法要點

祖古・烏金仁波切

本文源自一九九五年十一月二十四日，祖古・烏金仁波切在納吉寺（Nagi Gompa）所給予的口頭開示。

本初自性的兩個面向

在本質上，我們的本初自性和「基」一模一樣，具有兩個基本的面向：本初清淨（藏kadag，本淨）和任運顯現（藏lhundrub，任顯）。我們心的空性（empty essence）和本初清淨有關；而心的覺性（cognizant nature）則和任運顯現有關。

「lhundrub」（任運顯現）的字義是「顯現的事物自行呈現」，而且除了我們的覺性之外，這些任運顯現的事物也包括在中陰期間所體驗到的本尊，以及所有「頓超」的展現。同樣地，從三身（了無執著的本覺狀態）的廣袤領域而開展出來的清淨智慧界域，也被體驗為一種本然的展現。換句話說，所有從法身狀態開展出來的自顯（self-appearing）且本然顯現的「頓超」展現——三身和智慧，這些都是從本初清淨的本質和任運顯現的本性而展現出來。

輪迴的體驗也具有這種任運顯現的特質。任運顯現包括因為真實自性的無明之故而「自動顯現」的所有事物，例如世界、眾生、三界、六道，以及所有其餘的輪迴。這些事物全都自動顯現，我們不需要去想像其中任何一個；換句話說，我們全都生動、清晰地體驗從無明的、二元分立的心所開展出來的輪迴狀態。心及其對境——在輪迴三界被覺知的對境，以及具三毒之覺知的、二元分立的心，全都在二元分立的心（dualistic mind；藏 sem）的舞台上展開。我們不需要去觀想這世界，二元分立之心的覺受包括六道眾生不同的體驗，而這些體驗是可見卻觸摸不到的。目前，我們「不淨」（impure）的輪迴體驗清楚地呈現，而且相當實際而明確。我們可以碰觸周圍的事物，對不對？在「清淨」（pure）的明覺之內，即三身與智慧之內，覺受是以可見但無形的方式產生，這種無形的或非物質的特質，意味著覺受是可見但無法捉取的事物，它有如一道彩虹。

報身佛和報身佛土是顯露可見但觸摸不到的；在法身的無窮天空之中，它們如同彩虹般無形。在你首先認識本初清淨的基本狀態之後，你圓滿它的強度並獲得穩定性，你的身體返回虹光。換句話說，在這個身體裡，你的證量等同於報身佛的證量，所有屬於報身佛之不可思議的莊嚴寶飾和景色，全都如天空中的彩虹般可見。不像輪迴三界的有情眾生是以一種有形的方式來體驗事物，三身和智慧的展現是無形且非因緣和合的。你可曾聽說一個報身佛需要上廁所？那是因為報身佛是無形的，不是有形的。另一方面，六道輪迴眾生在飲食之後必須排便、排尿，這是六道輪迴眾生肉體存在的直接證明。本尊則是處於一種不具形體存在的狀態，他們有如天眾、彩虹。你不能把彩虹吃下肚，然後把它們排出來！虹光身並無食物的

念頭；但是擁有有形肉身的凡夫眾生不能沒有食物，否則就會餓死。

我在此所說的物質性或實體具有三個面向：（一）有形的血肉之軀；（二）有形的排泄，它需要食物為燃料；（三）有形的心，它有出生和死亡、生起和止息。本尊無形之清淨超越這三者，超越每一種有形的物質，這即是我們說本尊的身體由虹光構成的原因。簡而言之，輪迴是有形的實體，涅槃則是無形的。①

我們聽人們描述本尊具有光身，居住在無垢界之內的一座無形宮殿裡，但這只是它從我們的觀點所顯現的方式。超越肉體存在的見解是用來適應輪迴眾生的串習，因為我們居住在有形的處所、有形的房屋之內，並且擁有有形的身體，但從本尊的觀點來看，並無這樣的概念。

大圓滿修行的方式

大圓滿灌頂的完整面向允許瑜伽士開始從事「頓超」的修行。但是如果沒有「立斷」，就沒有徹底地斬斷，修行者就無法用「頓超」來直接越過。「立斷」是指本初清淨的狀態在你面前被指出來，在那時，你必須認識它，然後訓練自己去穩定那種認識。

從事大圓滿修行的方式是：從前行法（藏 ngöndro）開始，繼以本尊的修行，例如，持誦寂靜尊和忿怒尊的咒語，然後從事「立斷」的正行。之後，修行者從事「頓超」的修行，作為「立斷」的一種提增。修行者應該應用所有這些佛法來修行，在修學「立斷」時，讓心了無執著；在修持「頓超」時，修行者雖然了無執著，但仍然應用四個要點。

就所有的佛法修行而言，你需要前行的步驟，正如同在建造一幢房屋時，要先打地基一般。我們從事前行法來展開大圓滿之道，其原因即在於：在過去無數世中，我們已經創造無量的惡業和障蔽，而前行法能淨化我們透過身、語、意業所造作的每個不好的行為和障蔽。

在經過完整的前行法之後，接著是「正行」，這有如把宮殿建造在一個穩固的基礎之上，這座宮殿或許有很多樓層，但不論有多少樓層，它們將會保持穩定。「正行」是由生起次第（development stage）和圓滿次第（completion stage）兩個次第所構成。就此而言，生起次第是修行者觀想其個人的本尊，持誦該本尊的咒語；繼本尊修行之後，則是圓滿次第——「立斷」。

「立斷」是指我們認識自己的心性是本初清淨的；在此同時，認識我們的本然展現是任運顯現的，即是「頓超」的基礎。接著，認識本然展現——任運顯現是無形的，並且空無任何自性，即是究竟之道（勝義之道），也就是本初清淨和任運顯現的雙運，我們稱之為「立斷與頓超之雙運」。

「立斷」、「頓超」和解脫道（path of liberation）、方便道（path of means）兩個面向之間有一相似之處。在大圓滿的體系之內，藉由結合「立斷」和「頓超」，你能在今生體驗到寂靜尊和忿怒尊的本然展現，而不需要等到中陰。由於你在今生已經橫越整條修行之道，因此在中陰狀態，已沒有什麼需要再修學或淨化的了。

讓我再說一次，在徹底完成前行法之後，你繼續從事本尊法的生起次第。密續提及，在我們身處的時代，你必須把所有的修行法門做到四倍。在過去，修行者為每一個種子字念誦十萬遍咒語就已足夠，但是在這個年頭，修行者必須為每一個種子字持誦四十萬遍咒語。在閉關之中，不論要花多少個月的時間，都要完成持誦。前行法和持咒有固定的修持數量，但是修持「立斷」就沒有固定的數量，甚至連一次的限度都沒有。修行者不會在兩個月或兩年之後完成「立斷」，只要他活著，就要修學「立斷」。你絕對不會聽到有人說：「我現在已經完成『立斷』了！」在修行者的一生當中，必須認識心性；另一方面，你可以精通或成就「立斷」。這是當你完全不再有迷妄時，不論是白天或夜晚都沒有迷妄，在那時，你真的可以說自己已經超越「立斷」。然而，我確實相信，我們在餘生中將有足夠的理由去修行。請多次徹底地閱讀指引手冊，當你真正了解其中的內容時，就會了解大圓滿的意義。

「立斷」和「頓超」

「立斷」和「頓超」都不是正式的禪修法門。「立斷」純粹是指認識你的本初自性是空虛的；「頓超」是任運顯現的本然展現。心性及其展現不是我們創造出來的產物，我們不是透過修行來創造它們。在「立斷」和「頓超」之中，你不必以想像力創造任何事物，而只是安住在本然狀態之中。

讓我用稍微不同的方式來表達。「立斷」是認識我們的本然狀態或本初自性是本初清淨的；「頓超」是認識這本初清淨的本然展現是任運顯現的。而認識這本然展現是無形的——認識五智❷的本然展現是你無法執取的五色光❸，即是本初清淨和任運顯現的雙運。本初清淨

和任運顯現這兩個面向，並不像你的兩條手臂那樣是分離而不同的，它們是無別之雙運，因為心性的空虛品質是本初清淨，而心性的覺察品質是任運顯現，它們是完全無別的。所以，從根本上而言，「立斷」和「頓超」是無別的。

你不會把「頓超」描述為一種禪修法門，但你可以說它是一種修學，因為它有要點可資應用。我想要再次強調，「頓超」不是想像或觀修任何事物，它所顯現出來的展現是本然清淨的表達。如果你適當地修學，並且應用要點，所有的「頓超」展現將會自然地形成開展。

許多大圓滿教法之所以與寂靜尊和忿怒尊的儀軌有關，那是因為這些本然展現包括了這些本尊。修行讓已經存在於你之內的事物變得可見，除此之外，沒有其他事物展現。由於寂靜尊和忿怒尊已經存在於你的身體裡，因此在修持「頓超」期間，這些本尊變得可見。「頓超」裡的本尊和將在中陰顯現的本尊是相同的，因此，如果完整的壇城已經在你的今生展現，那麼在中陰狀態就沒有第二個壇城需要顯現，因為它不會展現兩次。這就是為什麼許多大圓滿教法強調寂靜尊和忿怒尊之壇城的原因。

寂靜尊和忿怒尊的修行法門有許多層次，例如在瑪哈瑜伽（Maha Yoga）、阿努瑜伽（Anu Yoga）和阿底瑜伽（Ati Yoga）等層次中的修行法門。例如，秋吉・林巴（Chokgyur Lingpa）❹為三乘揭顯儀軌，他為阿底瑜伽揭顯《普賢心髓》（*Heart Essence of Samantabhadra*；藏 *Kunzang Tuktig*）❺，以及屬於《大圓滿三部》（*Three Sections of the Great Perfection*；藏 *Dzogchen Desum*）❻的一部教法。你也可以把上師瑜伽（guru principle）當作大圓滿修行的基礎，因為證悟的上師體現一切。例如，吉美・林巴（Jigmey Lingpa）❼的心意伏藏《具明點印》（藏 *Tigle Gyachen*）

只以龍欽巴一人為基礎。如此一來，修行者有各種不同的方法，而且從事這樣的修行法門真的很好。

不論你是坐著或四處走動，不論處於哪種情況，你總要記得「立斷」——認識心性。它是大圓滿修行的核心。

在死亡的時刻，我們將首先體驗到的是聲音、顏色和光線，但這些事物將不會像它們現在這樣模糊、微弱或有限，而是強烈且勢不可擋的。在那時，顏色是燦爛的，而光線則如同針尖般刺眼，類似直接注視太陽。顏色代表「證悟身」（enlightened body），聲音代表「證悟語」（enlightened speech），光源代表「證悟意」（enlightened mind）。所以，《西藏度亡經》（*The Tibetan Book of the Dead*）提醒臨終者：「不要害怕這些光線，不要害怕音聲，不要因為顏色而感到恐怖。」[8]

在活著時對「頓超」產生某種熟悉程度的瑜伽士，在中陰狀態可以保持無懼，了無驚駭或恐懼，因為他們知道，顏色、聲音和光線是自己的展現——自己佛性之身、語、意的本然展現。這些最初的展現是中陰的前奏，然而，一般人卻會因為這種展現之巨大而完全不知所措。在中陰狀態，聲音不是小小的噪音，而是有如十萬個雷鳴同時發出的轟鳴；光線和顏色如同十萬個太陽那般燦爛閃耀。之後，當本尊們開始顯現，最大的本尊有須彌山那麼大，最小的本尊則不大於一粒芥子。本尊們生氣勃勃，手舞足蹈。面對這種景象，你有兩種選擇：你驚慌失措，或認知他們為自己的本然展現。這是為什麼在今生從事修行具有如此不可思議利益的原因，如此一來，你就會越來越熟悉於自己的本然展現。否則，你在中陰面對這些景

象，將會感到深深的迷惑和昏亂。

即使你是一個有成就的佛教學者，具有廣博的佛法知識且擅於辯論等，但是如果對此並不熟悉，在中陰面對令人畏懼的展現時，你將仍然感到害怕驚慌。你無法和這些本尊辯論，無法用言語的解釋駁倒他們。但是如果你遵循金剛乘的道路，熟悉生起次第和圓滿次第合一的道路，那麼就可以確定，你將認識所有這一切都是自己的展現；這將是真正的利益。

因此，《西藏度亡經》強調「不要害怕你自己的展現」。你沒有理由去害怕自己，沒有必要因為自己的聲音、顏色和光線而感到不知所措。如果你完整地修學大手印和六法（Six Doctrines）[9]，便可成功地度過中陰，但是如果你在「立斷」和「頓超」的修持中已經證得穩定，便可保證能夠成功地度過中陰。「立斷」是認識心的法性，以及認識顏色和聲音都是法性的本然展現，而聲音是法性的自回響（self-resounding）。我們必須認識到，這些可見但無形的展現不是來自他處，真正地了解這一點，死神將無法捉住你。

在今生，藉由修持「立斷」和「頓超」之雙運來熟悉這些展現，是非常重要的一件事情，因為每個人遲早都會進入中陰，這些展現肯定會顯現。這些強烈的中陰體驗不是只發生在少數人或佛教徒身上，而且說「我不必擔心那些中陰的體驗，因為我不相信死後的任何事情」也沒有幫助。中陰的體驗不在乎你的想法，它們顯現在每個人的面前。

大多數人完全不知所措地相信，自己佛性的展現是前來折磨他們，且把他們拖入地獄的惡魔。這是多麼可惜！我們要避免這種可悲的結局。

注釋：①原注，❶譯注

①…在此，祖古・烏金仁波切搬弄「zagchey」和「zagmey」兩個字。有時它們被譯為「有形和無形」（material and insubstantial），有時則譯為「因緣和合的與非因緣和合的」（conditioned and unconditioned）。在佛經的背景脈絡之中，它們通常被譯為「有垢和無垢」（tained and untained）或「有染和無染」（defiling and nondefiling）。

❷…五智是指佛果智慧的五個面向：㈠法界體性智；㈡大圓鏡智；㈢平等性智；㈣妙觀察智；㈤成所作智。

❸…五色光即白、藍、黃、紅、綠等光。

❹…秋吉・林巴（Chokgyur Lingpa, 1829-1870）：重要的蓮花生大士伏藏發掘者，是祖古・烏金仁波切的曾祖父。

❺…《普賢心髓》（藏 *Kunzang Tuktig*）是蓮花生大士把所有大圓滿密續精簡濃縮而成，是近代大圓滿最重要的教示之一，適合現代修行者使用。這部教法由秋吉・林巴掘取出來。

❻…《大圓滿三部》（藏 *Dzogchen Desum*）是由秋吉・林巴所掘取出的伏藏。內容共分為「心部」（Mind Section）、「界部」（Space Section）、「口訣部」（Instruction Section）三部，心部強調「明性」，界部強調「空性」，而口訣部強調「無別性」；它們代表了出現在這個世上最為深奧與微妙的靈修文獻。

❼…吉美・林巴（Jigmey Lingpa, 1729-1798）：龍欽巴的轉世，發掘了著名的「心髓」（藏 Nyingtig）系統。他的直接轉世包括蔣揚・欽哲・旺波（Jamyang Khyentse Wangpo）、巴楚（Paltrul）仁波切等。

❽…《西藏度亡經》第二章：「光芒射目，心為之悸……爾應鎮定，心毋驚恐，應知即係自心發光。此時實相，本有聲音，自光滚出，有如萬千雷鼓齊鳴，此亦自身所發之聲，切勿驚懼。……聲色光線不復傷爾。」（詳見《圖解西藏生死書》（橡樹林出版），頁 276）

❾…「六法」即印度大成就者那洛巴（Naropa）所傳的六種瑜伽，包括：㈠拙火；㈡幻身；㈢睡夢；㈣奪舍（已失傳，目前通常以光明瑜伽來討論）；㈤中陰；㈥遷識。

大圓滿修行精要

釋迦・師利・嘉那

本文源自《釋迦・師利・嘉那文集》（Rangjung Yeshe Publication, 2004）之〈至要精髓〉（The Vital Essence），內容是根據《大圓滿明光心要》所彙集之道次第的要點。

禮敬吉祥普賢如來。

在此，我將以五個標題來陳述大圓滿的口訣教導，即九乘次第（nine gradual vehicles，九乘）❶的頂峰阿底大圓滿（Great Perfection of Ati）之《明光心要》（*Luminous Heart Essence*）的解脫忠告。

一、口訣教導授予合格的弟子

一個合格的弟子已經從無數劫以來，積聚了廣大的功德，除了上師和口頭教導之外，沒有其他的目標或念頭，而且他擁有穩定的心和柔和的性格。就外在的層次而言，為了上師和教導的緣故，他可以犧牲身體和財富、聲譽和地位；就內在的層次而言，他完全地信任、奉獻於「共」的教法和九乘的上師；就內密的層次而言，這樣的弟子完全地信任傳授大圓滿成熟解脫教導的金剛上師，並且總是把金剛上師視為活佛。就此而言，成為一個適合大圓滿的容器是最重要的。

二、傳授教導的具格金剛上師

一般而言，金剛上師應嫻熟於教導、修持九乘的文字和意義。尤其，他應具有充分的能力，從理論和實修的面向來教導大圓滿之道次第。這包括從一開始，他能夠就文字和意義兩方面來區分涅槃的解脫之「基」和輪迴的迷惑之「基」、基虛空（ground-space）和基展現（ground-displays），以及「含藏」❷（all-ground）和法界（dharmadhatu）之間的不同。在中間，關於修「道」的部分，他應能區分「立斷」和「頓超」、思考的心（mind；藏 sem）和覺（awareness；藏 rigpa，本覺）、識（consciousness；藏 namshe）和智（wakefulness；藏 yeshe）之間的不同。關於究竟的「果」，他應能徹底而明智地完整解釋文字和意義，並能詳述所有由三身和智慧所構成的外在明燦展現，是如何融攝入內在明燦「童子瓶身」（Youthful Vase Body）❸之中，而非一無所知。他應能徹底而明智地解釋明覺如何佔領法身之不變莊嚴堡壘；然後，解釋兩種色身如何從輪迴深淵顛覆輪迴。尤其最重要的是，具格的金剛上師在理想上已經圓滿「立斷」與「頓超」的心之狀態與所展現的大力覺受，已經達到「法性遍盡」❹的境界，或次佳的是已經把明覺帶至頂峰。

三、傳授的教導

在九乘之中，《大圓滿明光心要》（*Luminous Heart Essence of the Great Perfection*）特別讚揚透過遭遇或透過聽聞而獲得的勝妙解脫。在此，我要以適當的先後順序來加以解釋。

四、教導如何被傳授

當擁有強效靈丹妙藥的上師和如同一只領受之容器的弟子之間，建立了吉祥的連繫時，即是傳授教導的時機。首先，上師給予「修心七要」的必要指引，讓弟子訓練二元分立的心。上師先教導「修心七要」的綱要，接著詳細地闡釋，最後以概括所有的文字和意義來作總結。教導應該以如此的方式來解釋，進而加以實際應用。

尤其，上師應該要求弟子達到高度穩定之無念的「止」。繼此之後，上師應該給予弟子明覺展現（awareness-display）的灌頂，使其成熟，為明光大圓滿作好準備。上師也應該傳授藉由運用諸如《自生密續》（*Self-Arising Tantra*）等的文字，來逐漸灌輸弟子了解闡釋傳承（explanatory lineage）❺。上師尤其應該以直接和揭隱的方式來教導所有的文字和意義，讓弟子徹底而完整地領受「立斷」和「頓超」的甚深教導。

在領受以上所有的教法之後，你應該這麼做：觀想金剛上師在頭頂之上或在心間，熱切地呼喚上師，喚起誠摯虔敬的熱情。把你的心和上師的心融合為一，在不離「止」的狀態

下，同時徹底地檢視自己的身、語、意。在修行和世俗的背景脈絡之中，仔細而謹慎地判定誰是最重要的，誰在感受喜悅和悲傷，誰是善行和惡行的作者（doer）。

在檢視判定的最後，當你作出結論而判定心是最重要時，仔細地檢視這個似乎活潑地生起而後消失無蹤的心——在此心之中，心作為生起的基礎和眾多有意識的念頭之間，似乎並無任何差異。剛開始，專注於有形的事物，仔細地探究這有意識的心是從何而來。它來自無生命宇宙之外在世界的某處嗎？它來自有情眾生、有生命的棲居動物，或來自自己的五蘊、五大元素或五根？它來自上至頭上的頭髮，下至腳上的腳趾甲的任何地方嗎？

當你已經確定這有意識的心並非來自任何有形的事物之後，你像之前的作法那樣地探究它是否來自無形的虛空，來自虛空的上方或下方，來自四大方位或四小方位之一？

如果你相信有某件事物起源自一個有形的或無形的處所，而且這個起源有其發生的過程，那麼你要回到上師面前，徹底地用文字和意義釐清這個要點，然後再重複這項修學。

接著，如之前那般徹底地探究有意識的心安住的處所，以及它的出發點。

一旦你已經確定無法找到有意識之心有個起始處、安住處或出發點後，你要繼續探究體驗歡樂和痛苦、善與惡的主體，而此主體也是一切輪迴與涅槃的種子。

就作為某件具體的事物而言，這個創造每個修行和世俗活動的心，是否擁有一絲一毫的外觀、顏色、形狀或尺寸？或者它不是具體的，如同一個開放、空虛的半空中般，完全一無所有？

最重要且不可或缺的是，你徹底地探究這一點，直到確定這個既不屬於具體或不具體、

永恆或不存在類別的心，是既無基礎也無根據為止。

保持本然的狀態

一旦你已經徹底地確定之後，第二個部分是「正行」，即「立斷」的修持。

在開始，如果你的身、語、意太過放鬆，便可能會偏離而進入一般的狀態。所以，你的身體要採取「大日如來七支坐」(seven fold posture of Vairochana，又稱「毘盧遮那七支坐」)❻的坐姿。尤其要挺直背脊❼，並保持如一座雄偉的巨山那般自在。

睜開雙眼，直接凝視廣大的虛空，並保持如一面平靜無波的汪洋那般自在。

四種含藏（fourfold all-ground）❽是心迷惑的基礎，而三種無明❾則是迷惑的因緣。這四種含藏和三種無明是在迷妄生起各種粗重或細微的念頭期間，連接風息（wind；藏 lung）和心之狀態的所緣因素。在每一個剎那，都有覺察的品質，它既是空虛的，也是覺察的，既不受到任何念頭的改變，也不受到任何念頭的腐化。只要保持這個本然狀態，住於其中而不偏離它，這是無上的要點。

當你處於這種本然狀態時，會有感官的印象——六種識的對境，它們既粗重又細微，以各種方式栩栩如生、暢通無阻地顯現。即便如此，也不要偏離自生明覺（self-existing awareness）的自性。

當你維持這種相續時，這種空虛且覺察的明覺表現，可能會以各種不同粗重和細微念頭的形式顯現，但是你不該如較低層次的道乘那般排拒它們，也不該如菩薩教法那般轉化它們。

在「心部」（Mind Section）、「界部」（Space Section）和大手印系統的教法都告訴我們，修行的核心在於藉由深入探究粗重與細微念頭的本質，讓它們處於本然狀態之中，而使它們自然而然地消失。雖然這些教法如此說，但它卻直接牴觸大圓滿的見地。所以，這是極為重要的：在你認識本然狀態的同時，要讓所有粗重和細微的念頭（生起為空虛且覺察之明覺表現的念頭），保持無基礎和無根據的狀態，並在生起的同時被釋放，正如同波浪自然而然地消退回水中。這是無上之要點。

「覺醒」不需要分析，也不需要培養

接著，當你證得更加穩定的明覺之後，有特別針對大圓滿本身的三種定位方法：

如同綁繩被切斷的一束稻草般，讓你的身體保持舒適自在。

如同被斬斷的西塔琴（sitar）琴弦一般，讓你的聲音保持其本然的狀態，不從事世俗的對話，不持誦咒語，也不刻意地專注於脈❿和氣⓫。

如同水被改道的水車一般，讓你的心保持其本然的狀態，不要偏離於空虛且覺察之明覺未損的本然狀態。即使可能會激起過去、現在、未來三時的念頭，也不要試著去做任何事情。你如此超越，而進入念頭在法性本質內自行竭盡的狀態之中（法性遍盡）。

此外，在建立《大圓滿明光心要》的這種見地的背景脈絡中，即在「立斷」之本初清淨的背景脈絡中，切勿把此見地和屬於九乘的「假設的見地」（views of assumption）相混，這是

一個極為重要的要點。這是因為空性或教法的見地，以及從聲聞乘上至密咒乘的其他乘修行者，全都只透過分析式禪修（analytical meditation，觀察修）而建立。

大圓滿不需要分析，也不需要培養。相反地，它只是一個「認識」的問題，因為你的自性——本然了知的覺醒，在整個輪迴和涅槃中是自生且任運顯現的。

這種「認識」不像在較低道乘中之智識或概念禪修的死板執著，那種禪修牽涉了希望和恐懼，以及接受和排拒什麼事物的許可和禁止，如同困於獵人所設陷阱的鹿一般。這種「認識」也不像較低密續部的密咒乘修行者在所有的道次第之中，都忙於心的造作和概念的活動，如同在生起次第、圓滿次第等的修行，全都需要心的分別（mental discrimination）。

這些觀點可能每一個都有它們各自的「見」、「修」、「行」，但是它們完全不同於大圓滿本淨明覺的清新本質，這種本質貫穿三時都是不變的。

因此，除非你圓滿這種明覺之大力，否則將不會證得三身與智慧之究竟「果」，即在本初清淨之本初虛空內，獲取明覺本然狀態之「果」，而這個本初虛空即是整個輪迴與涅槃解脫之處，這個差異廣大如天空，因此最為重要。

根據這個見地之王（大圓滿傳統）的說法，不論念頭活動的表現是生、住或滅，其本質不會改變，只是安住在一個清新、本初的本然狀態之中。

明覺的本質不受染污

不論可能會生起什麼樣的輪迴與涅槃的展現，除了這個充滿明覺的不變本質之外，沒有其他什麼要去證得，也沒有其他任何事物較這不變本質更加殊勝。人們可能會把這種不變本質貼上「佛」或「果」的標籤，但它是超越解脫的。

由於這種本質從未受到迷惑的染污，因此它了無投生由三界、六道眾生和四生[12]所構成之世界的種子。

這樣的結果是，輪迴和涅槃只不過是語言文字和人造的標籤，沒有絲毫真實的存在，甚至連一丁點也沒有，正如容器內的虛空並不真的和容器外的虛空分離一般。藉由個人的覺受，你一定要真實地了證這一點。

「本初清淨」是指明覺的本性既不屬於輪迴，也不屬於涅槃，因此它本身是本初清淨的。沒有任何種類的善業因果能改善此本初清淨，也沒有任何種類的不善業因果可使其變得染污。

簡而言之，這種自生了知的覺醒（wakefulness of self-existing knowing）不會因為任何屬於九乘的「見」、「修」、「行」之相對或概念上的善行而有所改善，連一丁點也不會。同樣地，即使人累積了大量相對或膚淺的惡行，包括十不善業[13]和五無間罪[14]，也都不會對這種覺醒造成絲毫的傷害。

這種本初清淨的明覺本身，不會因為任何事物而增益或受傷害。各種源自善行或不善行的因果顯現為這種明覺的表現，如同魔術師變化出來的幻相一般。了悟這些展現全都是不實且空虛的，只是一場魔術表演，你將超越需要造作的因果修行。

「本然」（Nakedness；藏 jenpa）是指清新的本初自性，如同天空般是空虛的、覺察的、不

變的，絲毫未受到怠惰、迷惑或昏沉所染污，或受到大樂、明晰、無念的禪修覺受所染污；或受到「見」、「修」、「行」的概念思索所染污。

「開放」（Openness；藏 zangtal）是指明覺開放且本然的狀態，它既不是由概念的念頭所組成，也不是由概念的念頭所製造。它是一種完全的開放，不受世界和眾生、有生命和無生命的事物所障蔽，甚至也不受五蘊、五大元素或五根所遮蔽。它是一種全然的明晰，未被分類為內、外和中間。它是一種日夜持續不斷的、不變而開放的明覺。

簡而言之，當迷惑混亂的體驗方式及其各種面向都竭盡於法性的本初虛空中時，所有被覺知的外在對境顯現，但同時它們毫無真實的存在，正如同映現於水面的月影一般。

當所有各種聲音傳入你的耳朵時，你甚至毫無智識的去思索：「是它或不是它？」聲音和文字的交流傳達並未止息，但聽在耳中卻有如回音。

各種屬於認知行為和心之狀態的念頭，都在明覺的本初自性中自生自滅（現見法性）。[15]

接著，當你在這種自生了知的覺醒之中，達到一種增益層次的覺受（悟境增長），念頭將如同在水面上作畫般自行消失。

當你甚至達到更加勝妙的穩定之時，即達到明覺頂峰（明智如量）的階段，念頭將如同半空中的水微粒般，在生起的同時消滅。

在此之後，當你達到「法性遍盡」的階段，所有的表現（儘管它們會顯現）都在明覺的本身中超越生起或消滅的類別，如同在半空中作畫一般。

在這個已經於「法性遍盡」圓滿明覺大力的階段，即使最細微的識也都已經消融入於明

覺的空性與覺性之中。這有如一只原先盛裝樟腦或其他五大香的容器，如今甚至連一丁點的氣味都沒有。同樣地，迷惑的所有面向，即因為迷惑之基的緣故，所產生的迷惑混亂的覺知方式，都會完全滅盡，而且在一世之內，你已經佔據普賢如來心的本初虛空內的莊嚴堡壘。

多麼勝妙！多麼不可思議！

此外，為了應用「頓超」之任運顯現的眾多要點，例如前行法，三種身體姿勢、三種目光凝視、呼吸和覺察的要點，以及為了使用日、月、火焰等所依物和無依之虛空，你應該先從上師那裡領受「直指教導」。

接著，你要精進不懈地修學，直到達到現見法性、悟境增長、明智如量和法性遍盡為止。

修行成就的「果」

至於最後的「果」，最重要、最上乘的是解脫進入本初清淨的本初虛空之中，沒有任何肉體或物質的殘餘。次佳的「果」，是在解脫進入「基」的本初虛空時，內在與外在的呼吸也同時中斷。最下的「果」，是認識所有屬於「法性中陰」⓰或任運顯現的中陰的顯現，都是自己的展現。藉由「在每一個剎那作出分別」，你投生一個超越退轉之界（a realm beyond return），如同從一把強弓飛射出去的箭一般，這最起碼的情況是，你所有屬於「生有中陰」的迷惑覺受都融入覺受本身，於是你不會從五身任運顯現的法身界退轉，具有等同於十地菩薩的果位。

「頓超」的道次第在其他地方也有所描述。

對已經以這種方式完成「立斷」的修學並圓滿明覺大力的人而言，造作的表徵（conditioned attributes）在非造作法性（unconditioned dharmata）的本初虛空內滅盡，並且明覺成為「不變」。對這樣的人而言，有形的肉身融入無形的粒子，勝者們稱這種現象為「彷如一個翱翔天空者」或「彷如虛空」。

次佳的是，於死亡的同時，在本初清淨的本初虛空之內佔領本然之席，以達不變之自性本身。而此本初清淨之本初虛空，是一切諸佛和有成就的瑜伽士的解脫之地。只要輪迴存在，一種依靠兩種色身（form kaya）⓱的事業將會為了利益眾生，而不停地從此一勝妙的空性本初虛空中顯現。

那些擁有甚至更下等根器的人，「基」之母、子明光⓲和「道」之母、子明光將在法性中陰期間相融合，然後在「向上直接」（upper directness）之內⓳，覺醒達到正等正覺。

那些擁有稍微更下等根器的人，將在任顯中陰期間，認識到聲音、顏色和光線是自己的展現，並且在這種認識之內，住於平等捨之中，然後在那種平等捨之內，達到超越退轉的狀態，如同一個偉大的弓箭手射出去的箭一般。

一個擁有最下等根器，並且已經領受大圓滿成熟解脫教導的人，他的心續之流無法藉由修行而獲得解脫，雖然他沒有破損自己和上師或教法之間的三昧耶（samaya）⓴，但是他尚無足夠程度的修行進展，得以使自己在之前的中陰期間獲得解脫。因此，在「生有中陰」的覺受於他面前顯露時，他所有迷妄的覺知將融入覺知本身。如同一場夢或魔術幻相一般，他將神妙地投生於五佛佛土內的一朵蓮花之中。這五佛佛土分別是：東方的妙喜淨土、南方的吉祥淨土、西方的蓮花淨土、北方的無上妙行成就淨土，以及位於中央的奧明淨土（Akanishtha）等。

在此，他將觀看住於該淨土的佛容，聽聞佛音。在粗重和細微的煩惱障蔽被淨化之後，他將獲得十地中之第八地菩薩的果位。在五百年之後，他將投生位於所有其他淨土上方的熾火山（Blazing Fire Mountain）屍陀林。在此，他將注視薄伽梵金剛手祕密主（Youthful Warrior of Great Strength）的面容，淨化所知障（cognitive obscuration）[21]，並在本初清淨的本初虛空之內，達至真正的覺悟。

五、教導之利益

這些珍貴殊勝的明光大圓滿教法是一切道乘的頂峰，也是住於三身佛土之所有正等正覺佛所傳授殊勝教法的精要。

所有護持佛法、長久住於娑婆世界的上師們，先從進入這些作為道乘之頂峰的必要教法開始。接著，他們持有這些教法，並且從未背棄這些教法。這些知識的持有者和無上的人物，為他們自己如實地了證明光大圓滿的狀態，在了證這種狀態之後，他們藉由覺知一切可能存在之事物的知識來利益其他眾生，從最深處顛覆每一個輪迴狀態。因此，他們如同在天空中升起的太陽一般，為了自己和他人實現甚深而圓滿的事業。

貫穿三時，這些大圓滿的漸進次第，《明光心要》的整個修行精要是如此地難遇。為文撰寫這些漸進次第的人，多次從蔣揚・欽哲（Jamyang Khyentse）仁波切和無數其他上師那裡領受《明光心要》成熟解脫之教法。這些上師在經典和證量上都持有大圓滿的教法，尤其，這些修行精要是由釋迦・師利・嘉那一氣呵成。釋迦・師利・嘉那是大圓滿瑜伽士，在札里（Tsari）的奇卡（Chikchar）吉祥森林，一再地受到烏底雅那（Uddiyana，舊譯「烏仗那」）之殊勝上師[22]和遍知的龍欽・冉江的三密加持。我的兒子慈林・仁千（Tsering Rinchen）虔敬地把口述的內容記錄下來。此文極為甚深，屬於無上密部（innermost section）。ITHI。[23]願它充滿善妙！㉔

注釋：①原注，❶譯注

❶…寧瑪派把整個佛教教法劃分為九個方面，稱為「九乘」，即聲聞、緣覺、菩薩、事部、行部、瑜伽部、瑪哈瑜伽、阿努瑜伽與大圓滿阿底瑜伽。這也是修行佛法的道次第。

❷…含藏（all-ground，梵 Alayah）音譯為「阿賴耶」，其義為「攝藏」、「含藏」。寧瑪派不共宗趣對「含藏」之義的區別頗細，《功德藏疏》中分有本義含藏、和合含藏、習氣身含藏、眾習氣含藏等四種含藏。此處所說之「阿賴耶」不同於八識之一的阿賴耶識，阿賴耶識是指習氣蓄積之基，以及一切異熟及種子的依存處。有時在名言中所說的「含藏」也易與法身之義混用，用來表示一切輪涅之基。大圓滿實修時，辨明「含藏」是參辨中的一大課題。

❸…「童子」意指離諸生死、凋零衰老，「瓶」意指任運外縛裂解，「身」意指積聚一切智慧功德。因為具有這些意義 所以稱為「童子瓶身」。（引自查同・

敦炯・林巴著、法護譯《自性大圓滿本來面目現前教授・深密精華》，大藏文化出版，2006年）

❹…「法性遍盡」（藏 chos zad blo 'das）是大圓滿法「頓超」修道上的經驗或四相之一，是指一切現象在唯一本性的曼達中淨化，一切心所造作的事物遍盡在法性中，甚至也無留存任何對法性的執著。其他三相是：㈠現見法性（藏 chos nyid mngon sum）；㈡悟境增長（藏 nyams snang gong 'phel）；㈢明智如量（藏 rig pa tshad phebs）。

❺…闡釋傳承（explanatory lineage）是指三種傳授方法中的第一種。三種傳授方法：㈠以文字闡述的引導方法傳授；㈡直接方法傳授；㈢如旅客越山全盤攜帶之傳授（契要傳授）。

❻…「大日如來七支坐」是理想的禪坐七要點：㈠雙腿金剛跏趺坐；㈡背挺直；㈢手結禪定印；㈣視線朝鼻尖方向往下；㈤微縮下巴；㈥肩微張，如鷹之雙翼；㈦舌尖頂上顎。

❼…挺直背脊能使微細的氣在微細的脈中順暢流動。此身體的微細系統與心的活動密切相關，傳統上說心騎在氣之上，如人騎馬一般。

❽…四種含藏（fourfold all-ground）：《功德藏疏》中將「含藏」分成四種：㈠本義含藏；㈡和合含藏；㈢習氣身含藏；㈣眾習氣含藏。

❾…三種無明：㈠同性無明，是指心性自己；㈡俱生無明，是指不識其本來面目者；㈢遍計無明，是指自顯而執為他者。

❿…脈：微細之脈，其中有微細之氣運行著。左、右二主脈自鼻孔通至臍下，在此與中脈會合。

⓫…氣：字義為「風」（wind），其特性是「輕盈可動」。心被喻為馬上的騎師，能駕馭著氣。五種不同的氣，可調節身體的功能：㈠上行氣；㈡下行氣；㈢平住氣；㈣遍行氣；㈤持命氣。

⓬…「四生」是有情眾生在三界、六道投生的四種不同方式，分別是胎生、化生、濕生和卵生。

⓭…十不善業是指由貪、瞋、痴三毒發起而造作的十種不善的行為。包括三個身業（殺生、不與取、邪淫）、四個語業（妄語、兩舌、惡口、綺語）與三個意業（貪、瞋、邪見）。

⓮…五無間罪是指：㈠殺父；㈡殺母；㈢殺阿羅漢；㈣破和合之僧；㈤出佛身血。犯其中一項者，死後立即墮入無間地獄，而不經中陰狀態。

⑮…根據祖古・烏金仁波切的口頭開示，「自生自滅」（self-arising and self-dissolving；藏 rangshar rangdröl）是指念頭從法性本身生起，然後消融入於法性本身之中，如同波浪從水中生起，然後又平息入於水中。

⓰…「中陰」是指在死亡與下一生之間不同經驗的階段，更廣泛的也包括此生意識的不同狀態。一般分

為四：㈠生有中陰；㈡臨終中陰；㈢法性中陰；㈣投生中陰。在法性中陰狀態，根據個人的習性，法性以寂靜或忿怒面向的清淨形式顯現。

⓱…兩種色身（form kaya）是指粗、細兩種色身。粗色身是對不淨有情所顯現的「化身」；細色身是對清淨有情所顯現的「報身」。

⓲…「明光」是指心之本性（或本覺）的任運、光明（明覺）的面向。「母」明光就是我們的本性，具足在一切眾生之中，上師已為我們指出了它。「子」明光則是我們在修行中已經培養的對該本性的持續認知。

⓳…「upper directness」的藏語是「yar gyi zang thal」，「yar gyi」意指「向上」，「zang thal」意指「直接穿透，無間隔」。當人在法性中陰期間，「基」之母、子明光和「道」之母、子明光相融合，之後便可一直向上且直接地達到正等正覺，而不必經過中陰。

⓴…三昧耶（samaya）：字義為「承諾」（promise），是指在金剛乘中，上師與弟子間或弟子相互之間的神聖連繫，包括上師身、口、意的戒律和十四根本墮。雖然三昧耶有很多細節，但最主要的是視上師的身、語、意是清淨的。

㉑…金剛乘強調所有眾生的心性都被兩種障蔽所覆蓋。第一種是「煩惱障」（emotional obscuration），即貪、瞋、痴。第二種是「所知障」（cognitive obscuration），即對主體、客體和兩者交互作用的細微執著，在此之中，明覺偏離成為二元分立的執著。

㉒…烏底雅那（Uddiyana）：舊譯為「烏仗那」，是空行母的國度，也是蓮花生大士的出生地。某些人認為是現今阿富汗與喀什米爾一帶，此處也是極喜金剛的出生地。「烏底雅那之殊勝上師」即指蓮花生大士。

㉓…「ITHI」是伏藏的結尾字，代表「精華」。

㉔…英譯者後記：為了利益在確吉．尼瑪（Chökyi Nyima）仁波切的貢德中心（Gomde centers）從事大圓滿閉關的學生，在領受祖古．烏金仁波切的口語教導之後，艾瑞克．貝瑪．昆桑在二〇〇一年於納吉寺隱居所完成翻譯，然後和麥可．特維德（Michael Tweed）在二〇〇三年重新編輯。本文在經過確吉．尼瑪仁波切的特准之下，收錄於本書之中。

第一部

背景

1 大圓滿傳承簡史——無垢友
2 無垢友和毘盧遮那的故事——耶喜・措嘉
3 空行母心要簡史——蓮花生大士
4 大圓滿的歷史背景——祖古・烏金仁波切
5 大圓滿的直接指引——祖古・烏金仁波切
6 勸閱《七寶藏》之歌——巴楚仁波切
7 勝妙遍知者著作暨無上密《十七續》之祈願文——堪布噶旺・帕桑
8 大圓滿經典摘錄——堪布噶旺・帕桑

第1章

大圓滿傳承簡史

無垢友

本文摘自《大寶伏藏》（*Rinchen Terdzö*）第五十六函《大圓滿祕密心髓‧更深總集精華》（*Dzogchen Sangwa Nyingtig: Dzogchen Sangwa Nyingtig Yangzab Düpey Nyingpo*, Rangjung Yeshe Publications, 2006）。

禮敬吉祥金剛薩埵（Vajrasattva）。

本初狀態，任運圓滿之二安樂（twofold well-being），
在其中，佛身與佛智之本質是無別的，
你已經了證這無死金剛身，
五明班智達[1]傑瑪拉（Jemala），
願你懷著慈悲看顧我揚班（Nyangben）。
賜予你的加持，願我們不分離。

Ema（唉瑪）！

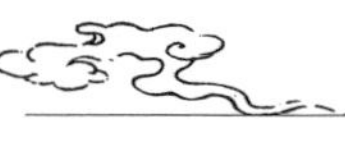

西藏這片土地，位於斧形南贍部洲之北部，
或許是佛足未抵之蠻荒國境，
但是尊貴的觀世音菩薩已經加持它，
把它帶入他的影響範圍之內。

轉世法王托多．延謝（Toto Nyenshel），
創建神聖之佛法，僅僅講說它的名稱。
法王松贊．干布（Songtsen Gampo）與建寺院，
制定十善法律❷。
透過觀世音菩薩，
他關懷眾生。

目前，至尊主赤松王已經建造吉祥桑耶寺（Glorious Samye）及其他寺院，
他已經邀請眾多博學多聞的班智達，
連同眾多大譯師（lotsawa），
他們已經徹底地翻譯所有神聖佛法之佛經與咒語，
建立比丘與在家瑜伽士（ngakpa）的僧伽。

尤其，大班智達、第二佛，
普賢王如來，即眾所周知的傑瑪木札（Jemamudra），
透過法王的仁慈，
他慈悲地看顧我，
賜予我大圓滿之祕密口耳傳承。
擔憂它可能被遺忘，
於是我寫下這些提醒的文字。
願它們被幾個具有「業」之因緣的幸運之人持有！

以下是所有大圓滿密續精要之歷史，八萬四千部佛法之巔峰至極。

一切諸佛之首普賢王如來

在法身佛土的五色光宮殿之內，一切諸佛之首的吉祥普賢王如來之身、語、意和事業化現為五部佛，實行無窮無盡之事業，以各種必要的方式來影響任何有所需要的人。

接著，在完美無垢的兜率天無量喜（Abundant Delight）淨土之內，於一朵千瓣蓮花之上，第六佛部之勝妙金剛總持（Vajradhara）❸對著賢劫千佛、吉祥金剛薩埵、金剛手（Vajrapani）祕密主及其他聖眾，教導包括《聲應成本續》（*Dra Talgyur Root Tantra*）等的祕密心髓。

然後，薄伽梵金剛手祕密主在勝妙的熾火山屍陀林宮殿之內，日日夜夜地對人、天的持明者和四部空行母轉動法輪。

正是在此時，西方烏底雅那的國王烏帕拉嘉（Uparaja）和王后明燦（Radiant）生下一個女兒，即比丘尼法日（Dharma Sun）。當法日在世界汪洋區域的「試煉密林」（Jungle of Trials）從事禪修時，她夢見一個白水晶男孩把一只由五種珍貴物質所製成、充滿甘露的寶瓶放在她的頭頂上。

九個月又十天後，她產下一個漂亮的男嬰，沒有任何身體的不適，但是在羞愧之下，她把男嬰隱藏在一堆灰燼之內。當她看見智慧空行母、年輕的男女天眾對著男嬰禮敬供養時，她請求寬恕，並把他從灰燼中抱起。然後，男嬰被命名為「再生灰燼色」（Resurrected Ash-Colored One）。當他長大到七歲時，已經能了解佛語的大部分意義。

人間第一位大圓滿傳承者格拉．多傑

在秋季最後一個月的第八天，他前往森林裡去透氣時，看見金剛薩埵佛在虛空的一團五色虹光之內。金剛薩埵指示他：

Kye❹！出身尊貴家庭之子，

在空性的虛空之內，空覺（empty cognizance）的彩虹散放光芒。

自生的音聲發出「Ali-Kali」（阿里—噶里）的回響，叮噹鏗鏘。
有圓滿無暇之香、味、觸；精緻美麗但了無執著。
在此一無生（nonarising）的廣袤虛空內生動地覺醒，被稱為「自生覺醒」（self-existing wakefulness；藏 rangjung yeshe），
但它超越象徵和意義。
Emaho（唉瑪吙）❺！

在給予這個指示後，金剛薩埵接受男孩為其弟子。

大約在此時，男孩的母親問：「你去了哪裡？」

「我到尊貴吉祥的金剛薩埵那裡聽聞佛法。我已了知所有金剛薩埵了證的教法，因此我要前去烏底雅那國王的宮廷，與在其中服事的班智達們辯論。母親，請向妳的父親國王陛下請求應允。」

他的母親向其父提出請求，國王回答：「我不會允許一個小孩去辯論。但是，我應該詢問宮廷班智達的意見。」

中午用餐時間，國王前去詢問眾班智達：「比丘尼法日有一個天資聰穎的八歲兒子，他說想要和宮廷內所有的班智達進行辯論。」

班智達們回答：「偉大的國王，讓那個年輕的孩子來辯論。如果他贏了，我們將成為他的追隨者；如果我們贏了，他應該受到國王的懲罰。」

於是男孩和班智達們進行辯論，結果男孩贏了。國王感到欣喜，並且把他命名為「格拉．多傑」（Garab Dorje），即「極喜金剛」（Delightful Vajra）之意。

之後在明燦山（Mount Radiance），他寧靜地安住於三摩地（samadhi，定）時，金剛薩埵再度顯現在他面前的虛空之中，並且說：「Kye！出身尊貴家庭之子，前往勝妙的熾火山屍陀林！」

格拉．多傑前往熾火山屍陀林，他在那裡遇見吉祥尊貴的金剛手。他完整地領受所有六百四十萬大圓滿密續之後，便前往摩那耶山（Mount Malaya）。他在那裡寫下所有大圓滿的密續、陳述和口訣教導。在把它們交託給智慧空行母照顧之後，他在勝妙的清涼苑（Cool Grove）屍陀林安住於禪修之中。

文殊友的伏藏傳承

此時，在印度西部的二次第城（Twofold Stages），婆羅門順緣（Fortunate）及其妻子明燈（Effulgent Lamp）有個兒子文殊友（Manjushrimitra）⑥，他是一位通曉五明的班智達。文殊友從文殊師利那裡領受此一授記：「Kye！出身尊貴家庭之子。如果你希望在今生即身獲得證悟，請前往勝妙之清涼苑屍陀林！」

文殊友按照此一授記的說法，前往勝妙的清涼苑屍陀林，他在那裡遇見上師格拉．多傑。在賜予所有大圓滿的教法之後，格拉．多傑在一團光亮之中，出發前往廣袤之虛空。文殊友昏倒在地，發出深摯而絕望的呼喊，隨之一個裝著五種珍貴物質的小寶盒落入他的手中，其中包含《椎擊三要》（*Three Words Striking the Vital Point*）⑦的教法。

在此之後，文殊友致力撰寫所有《口耳傳承密意》（*Secret Essence Hearing Lineage*）的密續、陳述和口訣教導，並且在印度金剛座（Vajra Throne）東北方的金剛杵石（Vajra-Cross Boulder），把它們封藏為伏藏。然後，他在勝妙的索沙林（Sosaling）屍陀林安住於三摩地之中。

大班智達師利・興哈

於此同時，在中國黑秀揚（Black Shokhyam）城中，長者善發心（Virtuous Attitude）及其妻子智光（Wise Light）所生的兒子是眾所周知的大班智達師利・興哈（Shri Singha，吉祥獅子）。在他沿路前往瑟林城（Serling）途中，於一片廣大平原的中央，尊貴的觀世音菩薩顯現在他面前的虛空之中，說：「出身尊貴家庭之子，諦聽！如果你想要在今生即身獲得證悟，請前往印度金剛座西方的勝妙索沙林屍陀林！」

師利・興哈依照此一授記，以雙足離地一腕尺❽的方式迅速前往，在九天之內抵達勝妙索沙林屍陀林。他在那裡遇見文殊友大師，並向他呈獻無數曼達供養，從事大量大禮拜和繞行。在請求文殊友大師接受他之後，文殊友完整地傳授他所有的教導。然後，文殊友告訴師利・興哈：「取出封藏於印度金剛座東北方金剛杵石的伏藏經典！」

在給予這個指示之後，文殊友在一團光芒之內進入廣袤之虛空。師利・興哈發出深摯

而絕望的呼喊，然後從一團光中降下一個一英寸大小、由八種珍貴物質製成的小寶盒，內有《修定六受》（*Sixfold Meditation Experience*）的教法。

於是博學多聞的師利・興哈前往印度金剛座，取出封藏在金剛杵石的伏藏經典。接著，他前往位於中國的菩提揭顯樹（Bodhi Revealing Tree），把所有的經典安置於此，他把經典封藏在吉祥萬門寺（Auspicious Ten-Thousand-Gate Temple）的一根柱子旁。然後，安住於清涼苑屍陀林之中。

智經與無垢友

於此期間，在印度東部噶瑪拉城（Kamala），低下種姓香提（Shanti）及其妻子善心（Virtuous Heart）所生的兒子——眾所周知的智經（Jñanasutra），以及在印度西部喀什米爾象脊（Elephant Ridge），長者至樂輪（Blissful Wheel）及其妻子明心（Bright Mind）所生的兒子——眾所周知的大班智達無垢友（Jemalamudra）⑨，當他們兩人在金剛座停留時，前往蘆葦林（Reed Grove）去清涼提神。吉祥尊貴的金剛薩埵在廣袤虛空中顯現，給予他們此一授記：「Kye！你們兩個出身尊貴家庭之子，已經連續五百世不間斷地投生為班智達，但是你們尚未證得心要之果。因此，如果你們想要在今生即身獲得證悟，請前往清涼（Cooling）屍陀林！」

無垢友前去清涼屍陀林，在那裡遇見博學多聞的師利・興哈，師利・興哈授予他整部大圓滿。當他返回印度之後，他再度遇見智經。智經記得之前的授記，於是問：「無垢友！你見到師利・興哈嗎？」

「我已見到他。」無垢友回答。在把來龍去脈告訴智經之後，無垢友在小屍陀林（Little charnel ground）安住於三摩地之中。

繼此之後，智經也前往清涼屍陀林，遇見博學多聞的師利・興哈。在做了大禮拜和繞行之後，他懇請師利・興哈：「請接納我！」於是師利・興哈賜予智經整套口耳傳承，以及所有屬於《內深精要之祕密心要》（*Secret Heart Essence of the Innermost Quintessence*）的教導。接著，師利・興哈指示他：「這些教導的經典以伏藏的形式，被封藏在吉祥萬門寺的一根柱子裡。把它們取出來，並且加以應用。」

在給予這個指示和授記之後，師利・興哈讓他的肉身消失在一團光芒之中，進入廣袤之虛空。在那個剎那，智經昏倒在地，發出深摯而絕望的呼喊之後，一個由珍貴的白水晶製成的小寶盒落入他的手中，盒內裝著《七釘橛》（*Seven Spikes*）。

如師利・興哈所囑咐的，智經從吉祥萬門寺柱子的凹穴中取出經典，然後在巴森（Bhasing）屍陀林，他寧靜地安住於三摩地之中。

在此同時，空行母光燦智慧（Resplendent Wisdom）真實顯現在無垢友面前，說：「Kye！出身尊貴家庭之子，如果你想要領受比之前更甚深的教導，請前往巴森屍陀林！」

依照此一授記，無垢友前往巴森屍陀林，在那裡和智經相遇。在做了無數次大禮拜和繞行之後，無垢友呈獻無窮無限的薈供輪（ganachakra）和曼達供養。然後他提出此一請求：「Kye！最慈悲的怙主。請接受我！」

在無垢友懷著深摯的虔敬心如此地懇求時，智經完整地賜予他所有的教導，無一例外。在把所有的經典交託給無垢友之後，智經在一團光芒之內進入廣袤之虛空。在那個剎那，無垢友倒在地上。在他發出深摯而絕望的呼喊時，一個由珍貴的黃金製成、五寶嚴飾的小寶盒落入他的手中，盒內裝著《四安住法》（*Fourfold Means of Settling*）的教法。

繼此之後，無垢友受到國王興哈巴札（Singhabhadra）⑩的邀請，前往印度東部的噶瑪拉，擔任宮廷內的首席僧侶。在白天，他為國王、王后、孩童、大臣、眷屬和所有臣民轉動法輪；在夜間，他安住在任運顯現寶藏（Spontaneously Present Treasure）屍陀林，對空行母們傳授佛法。

這些細目完成佛陀之密意傳承（mind transmission）⓫和持明者之表示傳承（symbolic transmission）⓬的簡史。⑬

注釋：①原注，❶譯注

❶…「班智達」（pandita）即指博學多聞的大學者。「五明」是指班智達必須學習的五種學問：㈠工巧明；㈡醫方明；㈢聲明；㈣因明；㈤內明。

❷…松贊干布制定的「十善法律」，共計二十條。諸如孝敬父母、敦睦親族、敬事長上、幫助鄰里、虔信三寶（佛、法、僧）等；還有殺人者償命、鬥爭者罰金，姦淫者斷肢並流放異地、誑語者割舌等。它反映了統治者以佛教的戒律為準繩，為人們規定了行為規範的標準。

❸…金剛總持（Vajradhara）即本初佛，代表證悟圓滿覺性之究竟本質，是無形的法身。

❹…「Kye」為藏文的發語詞，有「歡喜」之意。

❺…「Emaho」（唉瑪吙）是讚歎之聲。

⑥…在《蓮華心髓》（*Vima Nyingtig*）裡的《綠松石經》（*Turquoise Scripture*）提及，文殊友的名號最初是「Manjushriprati」。

⑦…《椎擊三要》（*Three Words Striking the Vital Point*；藏 *Tsiksum Nedek*）是格拉．多傑著名的口訣教導。格拉．多傑是大圓滿傳承的第一位人類大師。

❽…從手肘至中指端的長度，大約十八至二十二英寸。

⑨…在《蓮華心髓》裡的《綠松石經》提及，無垢友的其他名號是「Jemalamudra」，藏文意譯為「廣印」（Seal of Vastness；藏 phyag rgya rgya chen）。

⑩…在原始法本的注解指出，他又名「法護」（Dharmapala）。

⓫…密意傳承（mind transmission）是指由心到心傳遞教法的傳承。

⓬…表示傳承（symbolic transmission）是指以手印或象徵傳遞教法的傳承。

⑬…記述繼續圍繞在無垢友把大圓滿教法引入西藏所發生的事件。

第2章

無垢友和毘盧遮那的故事

耶喜・措嘉

本文摘自《蓮花生》（*The Lotus-Born*, Rangjung Yeshe Publications, 2004）。

赤松・德贊王（Trisong Deutsen）深思後有了這個打算：「在西藏，我們創造一個有如旭日東升那般的神聖佛法殿堂。因此，我必須邀請偉大的無垢友大師前來。他被公認為印度五百位班智達之中，最博學多聞的一位。」

無垢友的誕生

無垢友大師是大悲觀世音菩薩的化身。印度的阿育王（Dharma Ashoka）有個女兒法菩提（Dharmabodhi），美麗迷人有如天女。有一次，她在花園中睡覺時，夢見一個極為俊美的白色男子前來，把一整瓶的甘露塗抹在她身上。當甘露從她的頭頂滲入時，她整個身體充滿大樂。

二十一天之後，在沒有任何身體不適的情況下，法菩提產下一名男嬰。她心想，產下一個沒有父親的孩子是一件多麼可恥的事，於是她把男嬰拋棄在沙漠之中。後來，當法菩提回頭前去尋找男嬰時，發現他完全清醒，睜大雙眼地坐在那裡。法菩提可憐他，於是把他帶回家養育。

在月月年年之間，男嬰成長的速度遠快於其他孩子。五年過去之後，他前往那爛陀寺（Nalanda Monastery），他在那裡和班智達們一起學習五明和三藏，他尤其通曉所有的密續。他在師利・興哈大師座下出家，並被賜名為「無垢友」，即「無垢之聲望」（Immaculate Renown）之意，他名副其實地成為博學多聞者之中最知名的一位。他擔任法王法輪（Dhamachakra）的執行僧侶，並且和五百位班智達住在超戒寺（Vikramashila Monastery）。

赤松・德贊王邀請無垢友入藏

赤松・德贊王發給譯師噶瓦・拜則（Kawa Paltsek）、「久」（Chok）家族的譯師陸・嘉岑（Lui Gyaltsen）、「瑪」（Ma）家族的仁千・秋（Rinchen Chok）每人一公斤（drey）①的金沙，並命令他們出發：「到印度超戒寺，供養法王法輪一些黃金，懇請法王回贈一位通曉所有內、外教法的班智達當作禮物，你們三位譯師應該邀請那位班智達返回西藏。」

三位譯師把黃金呈獻給超戒寺的法王說：「由於你是一位護持佛法的君主，因此，西藏的法王赤松・德贊王請求你賜予他一位精通所有內、外教法的班智達當作禮物。」法輪王回答：「我們必須詢問五百位班智達所組成的廷臣，他們將在明天中午聚會。」

隔天中午，法王法輪喚請五百位班智達，獻給每位班智達一個黃金曼達的供養，並且

說：「西藏的法王獻給我黃金當作禮物，並且請求我派遣一個通曉所有內、外教法的班智達。他已經提供三位譯師作為護衛，因此，我懇請你們當中最博學多聞者前往。」

五百位班智達之中最博學多聞的無垢友大師坐在中央，五百位班智達──坐在他左、右邊各兩百五十位班智達──全都往無垢友的方向看。法王法輪說：「這表示你必須前往。」

無垢友深思：「西藏國王必定對佛法有極大的信心，但是他的大臣們卻反對佛陀的教法。眾所周知，他們把譯師毘盧遮那（Vairotsana）驅逐出境，我不確定自己是否能夠調伏他們；然而，我不應該背棄西藏王的信心。為了不違反印度國王的命令，我必須前往！」在如此深思之後，無垢友站起來，大聲說：「菩薩，Dathim！（達聽）」三次。

三位譯師對無垢友的舉動作出不同的詮釋。噶瓦．拜則把它理解為無垢友同意前往，於是說：

當受到弓支持的箭
被人的指力射出時，
箭可以射中標靶。

仁千．秋把它理解為無垢友同意前往，於是說：

當受到海洋支撐的船

被人用槳的力量搖動時，
船可以渡過汪洋。

根據陸・嘉岑的了解，它有這樣的意義：

在異鄉之地，
具有功德者，
將從他滿溢的身之瓶，
傾注他的心流。

於是，在獲得法王法輪和所有班智達的許可之後，三位譯師邀請無垢友大師入藏。

無垢友前去桑耶（Samye），手中拿著一個四指高、上面書寫八個梵文字母的顱器（藏kapali）。赤松・德贊王和所有的臣民舉辦一場歡迎宴，當無垢友抵達桑耶時，他們護送他到闊薩・千摩（Khorsa Chenmo）。無垢友大師既未向西藏王頂禮，也未禮敬諸神。因此之故，大臣們說：「我們在過去已經邀請許多班智達到我們的寺院，未來也將邀請他們前來。為什麼你這個班智達既不向國王頂禮，也不在大殿禮敬諸神？」無垢友回答：「國王和大臣們，你們知道『禮敬』是什麼意思嗎？」

「我不知道『禮敬』的意思。」國王回答。無垢友回應：「我是透過無二無別於本尊來禮

敬，因此之故，象徵性的本尊無法忍受我尊敬的姿態。所以，我不對著本尊像禮拜，也不向國王禮拜。」

於是赤松．德贊王心想：「我納悶他是否真的是一個佛教徒或是邪門外道？」無垢友知道西藏王的想法，於是說道：「國王，你不高興嗎？」

於是，無垢友穿上他的法袍，禮敬西藏王個人修行的佛像毘盧遮那佛像，並且說：

向毘盧遮那——無上本尊之色身，
智慧本尊無垢友，
在虛妄的相對狀態之內頂禮。

在無垢友禮敬之後，毘盧遮那佛像從頭頂到佛像基座裂成兩半。赤松．德贊王心想：「他真的是一個邪門外道！」臉上露出完全沮喪的表情。無垢友再度詢問：「國王陛下，你不高興嗎？」

「我不高興。」國王回答。無垢友再度禮敬，並且說：

向毘盧遮那——無上智慧本尊，
無垢友之色蘊，

授予具有五智之真實灌頂。

當無垢友把他的雙手放在毘盧遮那佛像的頭頂，佛像甚至變得比以前更加光輝燦爛。無數的光芒從佛像射出，充滿三層樓高的中殿。然後，無垢友施行加持，把光芒充滿桑耶寺內所有的佛像。

赤松．德贊王對此發出驚叫：「我向你頂禮！」他做了大禮拜，然後說：「從外表來看，你身穿僧袍，但是在內裡，你是個已經證得密咒之成就的瑜伽士。從今以後，我乞求你不要向我禮敬！」無垢友回答：「在西藏，你是一個護持佛法的國王，因此我肯定要對你表示敬重。」無垢友合掌，從他手中散放出來的光芒把國王的衣服烤焦。國王再度做大禮拜。

赤松．德贊王請偉大的無垢友大師坐在一張有著九層坐墊的獅座之上，供養他一件錦緞大斗篷、各種食物和一只裝滿三公斤金沙的銀瓶。大師看起來極為不悅，並未說隻字片語。因此，國王心想：「這個來自尼泊爾南方的貪圖之人仍然不滿足！」無垢友大師覺知國王的想法，於是說：「國王，舉起你的袖子！」國王依言而行，無垢友把三公斤的沙子裝進國王的袖子，說：「把袖子舉好一下子！」赤松．德贊王無法舉著袖子，沙子於是從袖子漏了出來。此時，沙子已經轉變成為黃金。無垢友說：「偉大的國王，對我來說，一切顯相皆是黃金。但是為了實現你國王陛下的願望，我現在應該接受你的禮物。」

在中殿前面的草原上設立了一張法座，人們請求無垢友上座傳法。無垢友大師思考著：「之前毘盧遮那傳授果乘（resultant vehicle），但他沒有調伏西藏人，而被驅除出境。所以我現

在必須循序漸進地教授，先從因乘（cause vehicle）開始。」當他對赤松．德贊王和大臣們闡釋因乘的宗派見解時，國王派遣人到香波（Shangpo）地區取茶。當商人抵達嘉莫．容卡（Gyalmo Rongkhar）時，毘盧遮那問他們：「你們從哪裡來？」商人們回答：「我們來自西藏中部。國王遣我們來取茶。」毘盧遮那問：「國王的龍體可安好？王室法律的統治堅定不移嗎？佛法法則的絲結緊密嗎？誰是國師？被翻譯的教法名稱是什麼？」

商人們回答：「國王的龍體康健。王室法律嚴格。佛法法則也很緊密。從印度受邀入藏的無垢友是國師。他們翻譯的教法是因乘。」接著，毘盧遮那大師說：「當人們翻譯諸如殊勝大圓滿等果乘時，我被驅逐，但是他們現在正在聆聽因乘。玉札．寧波（Yudra Nyingpo）去那裡做一點事情，滿足這些痛恨佛法的西藏大臣。」

無垢友與毘盧遮那

玉札．寧波穿上織布外套，戴上一頂粗布咒師帽，手上拿著一把木劍。他把大圓滿的「前譯」（Early Translation）和「後譯」（Later Translation）製成兩個卷軸，並且在卷軸上寫《六金剛句》（*Six Vajra Lines*），然後把卷軸塞在他左耳和右耳後方。接著，便出發前往西藏。

玉札．寧波抵達桑耶，無垢友正對著赤松．德贊王和大臣們教導因乘。玉札．寧波把衣服脫個精光，騎上木劍，彷彿那是一匹馬，邊騎邊以鞭子抽打他的臀部，大叫：「Kakapari！kakapari！」（喀喀巴里！喀喀巴里！）由於大臣們對佛法所產生的敵意，以及害怕受到律法的懲處，因此無垢友抵達西藏以來，都不曾笑過一次。但是當他看見玉札．寧波這個瑜伽士，他笑著說：「Dathim ! dathim !」（達聽！達聽！）

無垢友後來受邀前往宮殿。在供養食物之後，赤松．德贊王問：「大師，自從你抵達西藏以來，不曾笑過一次，但是今天你笑了。為什麼呢？」無垢友回答：「我過去從來不笑，那是因為西藏大臣辱罵佛法令我感到抑鬱。我今天笑了，那是因為我很高興有這麼一個瑜伽士住在西藏。」

國王說：「當那個瑜伽士說：『Kakapari ! kakapari !』是什麼意思？」無垢友回答：他是在談論教法。他在說：

成佛不是透過聲聞乘不成熟的教法而達成；
一隻蹦蹦跳跳的烏鴉無法遠行。
沒有金剛果乘的教法，
因乘的教法有何用處？

國王問：「那麼大師，你為什麼說：『Dathim ! dathim !』」無垢友回答：「它的意思是，所有的教法都是勝者們的了證，它們不是二元分立的。正如同糖蜜或鹽巴的本質一般，所有的佛法都無二元性。」

國王派人去尋找那位瑜伽士，說：「去探聽那個瑜伽士是何方人士！」國王的人馬發現

那個瑜伽士正坐在那裡，邊喝酒邊和酒吧女侍打情罵俏。當人們問他：「你叫什麼名字？你的老師是誰？你的教法的名稱是什麼？」他回答：「我是玉札・寧波。我的老師是毘盧遮那。我的教法是殊勝的大圓滿。」

他們把結果向赤松・德贊王報告。國王宣布：「邀請他來這裡，我一定要向他請法！」於是，玉札・寧波被安置在一張由珍貴物質所製成的法座上，接受黃金曼達的供養。在早晨，國王和親近的弟子從無垢友大師那裡領受教法；在下午，則從玉札・寧波那裡領受教法。因此，他們領受了《大圓滿五前譯和十三後譯》（*Five Early and Thirteen Later Translations of the Great Perfection*）。結果，兩位大師的教法一模一樣，西藏大臣們後悔驅逐毘盧遮那。赤松・德贊王派人帶著一個金錠，從札娃榮（Tsawarong）邀請毘盧遮那返回西藏。赤松・德贊王和大臣們把毘盧遮那的雙足放在他們的頭上，把他當作一個無上的對象來崇敬。

這是《蓮花生大士之無垢生平》（*Immaculate Life Story of the Lotus-Born Master*）的第十六章，談論無垢友大師如何受邀前往西藏，以及西藏大臣如何後悔驅逐毘盧遮那。

注釋：①原注，❶譯注

①：一個「drey」大約等同於兩磅或一公斤。

第3章

空行母心要簡史

蓮花生大士

本文摘自《空行心髓》（藏 *Khandro Nyingtik*; *The Heart Essence of the Dakinis*, Rangjung Yeshe Publications, 2006）。

禮敬所有至高無上之大師。

為了使人們信任資料來源的權威性，在此我應該簡要地提及傳承上師的接替順序。我引用《日月合璧續》（*Union of Sun and Moon Tantra*）裡的話：

除非解釋歷史的意義，
否則人們對這些究竟勝密（Definitive Great Secret）的教法，
將會生起不信任的瑕疵。

至於這個教導如何產生的歷史，《日月合璧續》繼續說道：

藉由上師普賢王如來及其佛母給予尊者們的加持，
這些尊者是薩埵（Sattva）❶的容器，
並不次於普賢王如來本身，
如此，由了知者所釋出的一切佛法，
都超越束縛與解脫的限制。

藉由金剛薩埵的加持，
這些加持從自顯格拉．多傑的心意中生起，
格拉．多傑把密續交託師利．興哈。
師利．興哈把圓滿果之《觸解脫續》（*Tantras That Liberate by Wearing*）
交託給烏底雅那的貝瑪（Padma）❷，
把它們顯示給五弟子。
它如是說。

大圓滿的傳承

這麼解釋：在全然清淨虛空的奧明淨土的法界宮（palace of Dharmadhatu）之中，吉祥尊貴的普賢王如來及其佛母是超越垢染之法身，不是由任何本體所構成，但卻以有著臉龐和手臂

的身相來顯現。在奧明淨土，從這個非造作的法身狀態之內，普賢王如來透過本然的加持來教導吉祥尊貴的金剛薩埵。

吉祥尊貴的金剛薩埵是以大人相與隨行好❸為莊嚴的報身。在熾火山屍陀林的天宮內，金剛薩埵用數語教導化身格拉．多傑。格拉．多傑雖然住於人世，但是在證量上，卻等同於諸佛。在荒野叢林（Wild Jungle）屍陀林，格拉．多傑藉由在師利．興哈本身建立實相的方式，來教導師利．興哈大師。然後，在勝妙的索沙林屍陀林，師利．興哈藉由顯示離於戲論的本然狀態，來教導偉大的持明者蓮花顱鬘力（Padma Tötreng Tsal）❹。蓮花顱鬘力如金剛般的身體超越生與死，超越寂滅與輪迴。

然後，在修堆（Upper Zho）的提卓洞穴（Tidro Cave），蓮花顱鬘力教導從所有的空行母那裡領受授記的喀欽之女（Lady of Kharchen）耶喜．措嘉（Yeshe Tsogyal）。他破除措嘉盲修瞎練、意識分別和心的闇鈍，並且把五智的本質建立為一種自明光（self-luminous）的實相，藉以揭顯五智之本質。接著，我、喀欽之女擔任結集者，並且給予我的加持，願這些教法在未來可以傳給那些具有宿緣的人的心中。因此，我把這些教法交託給空行母，並且把它們封藏為珍貴的地伏藏。願未來有緣者得值遇！

三昧耶。封印，封印，封印。

注釋：①原注，❶譯注

❶…薩埵（Sattva）意指「有情眾生」。

❷…「貝瑪」(Padma)是蓮花生大士的自稱，意即「蓮花」。

❸…「大人相與隨行好」是指佛的三十二大人相、八十隨行好。「三十二大人相」係轉輪聖王與佛之應化身所具足之三十二種殊勝容貌與微妙形相；「八十隨行好」是指佛容貌的八十種隨三十二形相的微細特徵。

❹…蓮花顱鬘力（Padma Tötreng Tsal；藏 pad ma thod phreng rtsal）：字義為「以顱骨環飾的蓮花」，是蓮花生大士的名號之一。

第4章

大圓滿的歷史背景

祖古・烏金仁波切

本文摘自祖古・烏金仁波切《彩虹丹青》(*Rainbow Painting*, Rangjung Yeshe Publications, 1995)之〈背景〉(Background)。

大圓滿是初祖普賢王如來的主要教法，大圓滿的教法是九乘的至極。在大圓滿的教法抵達人間之前，它們在三個天界，透過勝者們的密意傳承而被弘揚。這三個天界分別是：首先在奧明淨土，接著在兜率天淨土，最後在位於須彌山山頂、帝釋天及其附屬之三十二天王居住的三十三天。

三個天界的傳法

奧明淨土有兩種：究竟的奧明淨土，通常被稱為「法界宮」，是指一切諸佛證悟的狀態。另外一種是象徵性的奧明淨土，是五淨居天❶之中的第五個淨居天，仍然屬於色界，位於須彌山上方的天空。象徵性的奧明淨土是色界十七天的最高天，恰恰位於無色界的下方。整個

輪迴由欲界、色界和無色界所構成，在欲界上方，有十七天構成色界，而在十七天上方，則有四無色界，即四空處❷。「一切諸佛在奧明淨土內達至正等正覺」此句裡的奧明淨土是指法界，而不是象徵性的奧明淨土。

在奧明淨土之後，教法在色界的兜率天宣揚，而兜率天是彌勒佛居住之地。然後，教法在色界下方欲界的三十三天廣布。身為金剛持的普賢王如來在帝釋天位於須彌山頂的尊勝宮（Mansion of Complete Victory）傳法。此即三個天界。

一般而言，有六百四十萬個大圓滿教法透過格拉・多傑而進入這個世界。格拉・多傑是第一個人身持明者，他直接從金剛薩埵佛那裡領受教導。這些教法首先抵達烏底雅那，然後弘揚至印度和西藏。在釋迦牟尼佛住世以前，大圓滿的教法是由名為「十二大圓滿上師」（Twelve Dzogchen Teachers）的其他諸佛來宣揚。釋迦牟尼佛通常被認為是此賢劫的第四佛，在此賢劫之中，有一千位正等正覺之佛顯現在我們的世界之中。雖然在這個背景脈絡之中，釋迦牟尼是眾所周知的第四佛，但他也是「大圓滿上師」這個世系的第十二位上師。

如果沒有佛在這個世界顯現，就不會有大圓滿的教法，因此我們必須把釋迦牟尼佛視為傳授大圓滿教法的主要上師之一。雖然釋迦牟尼佛不是以相對的、世俗的方式來傳授大圓滿的教法，但是他確實傳授了此一教法。他的相對教法主要是由那些和適合聲聞、緣覺、菩薩的教法有業緣的人所領受，他們並非不可以領受大圓滿的教法，而是他們的業緣使自己領受適合的教法。佛陀在傳授大圓滿教法和其他的金剛乘教導時，他首先展現本尊的壇城，然後對著座中的眷眾傳授密續的教法。然而，這一切不在凡夫所能覺知的範圍之內。

大圓滿的教法用三種祕密來封印：（一）本初的祕密（primordial secrecy）：是指它們是自祕密的（self-secret）；（二）隱藏的祕密（hidden secrecy）：是指教法不是對每個人明顯；（三）封藏的祕密（concealed secrecy）：表示它們刻意被保密。所有其他諸佛也傳授大圓滿，但是從未如釋迦牟尼佛住世期間那般公開傳授。在這段期間，甚至連「Dzogchen」（大圓滿）這個字都舉世皆知，風所到之處都可聽聞。儘管它們具有廣為傳布的本質，但教法本身（口訣教導）卻由密印封印起來。

釋迦牟尼佛以本尊身相傳法

釋迦牟尼佛透過他的無垢慧，總是根據領法者的能力來施教；換句話說，他不會傳授超越人能力範圍的法，他順應聽法者的能力，傳授適合且適當的教法。因此，那些聽聞他教法的人，可以說只能吸收其資質所能理解的部分。之後，當重述釋迦牟尼佛的教法時，他們的記述是以其個人覺受所覺知的內容為根據。但是，釋迦牟尼佛的教法不只限於領受者的個人覺受，根據一些歷史文獻的記載，這些領法者是聲聞、緣覺和菩薩，他們所覺受的教法被包含在不同版本的經藏、律藏和論藏等三藏之中。佛陀並未傳授聲聞、緣覺和菩薩更深的教法，那是因為這些更深的教法不適合他們理解的範圍。他們所領受的教法被稱為一般的（共的）佛經體系，除了傳授這些「共」的佛經教法之外，釋迦牟尼佛也在整個宇宙的不同地點傳法，他以本尊的身相化現為無數壇城的主尊而教導密續。如此一來，我們應該可以了解，

以其他身相所顯現的釋迦牟尼佛本身，即是傳授金剛乘教法的重要人物，這不是就世俗義而言，而是就勝義而言。因此，當我們聽到金剛乘的大圓滿面向透過格拉．多傑而被傳授時，我們應該明白，這個教法事實上是來自以金剛薩埵的身相顯現的釋迦牟尼佛。從那裡，這個教法透過其他大師而延續下去，首先透過格拉．多傑，然後透過各個印度大師，最後透過蓮花生大士和無垢友。

我們的主要導師釋迦牟尼佛指派蓮花生大士作為他傳授金剛乘的主要代表人物，他說蓮花生大士是阿彌陀佛的身化身、觀世音菩薩的語化身，以及釋迦牟尼佛本人的意化身。

在沒有父親或母親的情況下，蓮花生大士出現於世，顯現在一朵蓮花中央。他居在印度超過一千年，於西藏停留五十五年，然後在尼泊爾邊境貢塘（Gungtang，意為「天空平原」〔Sky Plain〕）的山隘離開這世界。四位空行母出現來支托他的坐騎，扛著他前往銅色山（Copper-Colored Mountain）淨土。

蓮花生大士的伏藏教法

自從他離開西藏以來，他不停地派遣代表他的特使前來，這些特使被稱為「伏藏師」（tertön，德童），而且他們是蓮花生大士二十五位主要弟子的轉世。今日，我們把這些以各種不同化身顯現的大師稱為「一百零八位大伏藏師」（108 Great Tertöns）。數個世紀以來，這些伏藏師已經顯現，並且掘取出蓮花生大士為了未來世代的利益而封藏於西藏各地的伏藏。這

些伏藏以經典、教導、神聖的物質、珍貴的寶石、法物等形式被發掘出來。❸

許多伏藏師以如此令人印象深刻的方式取出蓮花生大士隱藏的伏藏，甚至連那些對伏藏心存極大疑問的人都不得不承認伏藏的可靠性。有時，伏藏師會當著四百個或五百個人的面，開啟一塊堅實的岩石，並且顯示被封藏在裡面的事物。藉由公開施展這樣的事蹟，容許人們親眼目睹掘取出來的伏藏，完全地消除了他們心中的懷疑。透過蓮花生大士不息的事業，直至今日，這類的伏藏師一直持續不斷地出現。因此，源自蓮花生大士本身的伏藏教法，以一種不可否認的直接方式被揭顯出來。這不是某種遠古的傳奇，即使直到近代，這些偉大的伏藏師仍能施展如穿過堅硬的物質、飛越天空等神通。

金剛乘的教法，尤其大圓滿的教法是由十七部主要密續所構成。這些密續由蓮花生大士和無垢友帶入西藏，並且加以傳布弘揚。儘管在印度，許多其他大師已經把這些教法發揚光大，但是這些教法在西藏傳播，主要歸功於蓮花生大士和無垢友的仁慈。許多世紀之後，當阿底峽（Atisha）抵達西藏，他參訪桑耶寺的圖書館，對其大量而豐富的藏書感到驚奇。他說：「這些伏藏一定是取自空行母的界域！我從未聽說在印度的任何一個地方有數量如此眾多的密續。」阿底峽承認，金剛乘教法在西藏發揚光大的程度遠遠超過印度。

從佛教引入西藏至今，伏藏以新伏藏（new terma）❹教法的形式持續被掘取出來。一些最著名的新伏藏包括龍欽巴的《四部心髓》（*Four Branches of Heart Essence*；藏 *Nyingtig Yabzhi*）❺；多傑．林巴（Dorje Lingpa）的《廣博見地》（*Vast Expanse of the View*；藏 *Tawa Longyang*）；由嘉春．寧波（Jatsön Nyingpo）取出的《三寶總攝》（*Embodiment of the Three Jewels*；藏 *Könchok*

Chidü）；以及由仁津・果登（Rigdzin Gödem）取出的《普賢密意洞徹》（*Unimpeded Realization of Samantabhadra*；藏 *Gonpa Zangtal*）。除此之外，尚有無數其他的新伏藏。大約在一百多年以前，蔣揚・欽哲・旺波（Jamyang Khyentse Wangpo）取出《傑尊心髓》（*Heart Essence of Chetsün*；藏 *Chetsün Nyingtig*），秋吉・林巴取出《普賢心髓》。因此，大圓滿傳承因為新伏藏的發現而持續不斷地更新。

人們或許會問，堆起一疊又一疊的大圓滿經典的目的是什麼？這牽涉了一個非常重要的要點，那就是傳法的清淨性。當教法從一個世代傳到另一個世代時，一些染污或三昧耶的毀損可能會不知不覺地產生，而削弱了加持。為了抵消這個作用，蓮花生大士以他無量的善巧智慧和慈悲，給予我們清新的、隱藏的伏藏。沒有什麼比「心部」、「界部」和「口訣部」（Instruction Section）等「大圓滿三部」更甚深的了。當掘取出的伏藏是清新而直接時，佛陀與修行者之間的距離就非常近，對教傳的世系也沒有損害。因此，傳法的清淨性與否不在於教法本身，而在於傳法的世系有多長久。這就是大圓滿教法有持續更新之教導的原因。

蓮花生大士和無垢友的主要弟子是西藏國王和二十五位弟子，他們全都證得虹光身，即在死亡時，他們的肉身融攝入虹光的狀態。這樣的修行者在死亡之後，只留下他們的毛髮和指甲。

從這些修行者以降，經過許多的世代，如同一條川流不息的河流般，眾多弟子也以虹光身離開這個世界。在法身、報身和化身三身之中，報身以可見的虹光形式展現。因此，在今生證得虹光身，是指直接在報身的證悟狀態中覺醒。西藏大譯師毘盧遮那的弟子龐・米滂・

貢波（Pang Mipham Gönpo）證得虹光身，❻他的弟子也證得虹光身，並且在之後的七個世代，每個弟子的弟子都證得虹光身。在西藏東部的康區（Kham），有四大寧瑪派寺院：噶陀寺（Katok）、白玉寺（Palyul）、雪謙寺（Shechen）和佐千寺（Dzogchen）。在噶陀寺，從創寺者開始，一直到接續的七代弟子等八代修行者，都證得虹光身。直至今日，一直不斷地有修行者以虹光身的形式離開這個世界。

注釋：①原注，❶譯注

❶…「淨居天」是指色界的第四禪天，為證得阿那含（不還果）的聖者所生之處，共有五天，即無煩天、無熱天、善現天、善見天、色究竟天。

❷…「四空處」是指修四空處定的人所生之處，即空無邊處、識無邊處、無所有處、非想非非想處。因這四處的眾生無物質的色身，只有微妙的精神存在，也無國土、宮殿，故名「四空處」。

❸…這些伏藏的埋藏處包括土中、石中、湖中、樹木中，或甚至更微細的如虛空中或心意中。

❹…此處的「新伏藏」是指不斷被發掘出來的伏藏。

❺…《四部心髓》是龍欽巴的著作，而非龍欽巴所發掘出來的伏藏。

❻…毘盧遮那教導八十歲的龐·米滂·貢波（Pang Mipham Gönpo）如何將上師的加持作為修持之道。那時，米滂·貢波的身體已老化僵硬，毘盧遮那便以禪修帶將他的身體綁直，並讓他的頭靠在禪修棒上。米滂·貢波完全無誤地了悟「立斷」本淨，而證得虹光身。

第5章

大圓滿的直接指引

祖古・烏金仁波切

本文摘自祖古・烏金仁波切在策列・那措・讓卓（Tsele Natsok Rangdröl）所著的《太陽的循環》（*Circle of the Sun*, Rangjung Yeshe Publications, 1990）之〈入門教法〉（Introductory Teachings）。

如果你把源自聞、思、修三種層次的智慧，以及理論上的了解、覺受和了證應用於大圓滿教法之上，你將擁有在今生證得普賢王如來果位的必要教導。

對修行者而言，在此一黑暗的末法時代，最有效的教法形式不是學問精深的冗長闡釋，而是直接的指引手冊（guidance manual；藏 triyig）——一種簡短而無所不包的教法。大圓滿密續本身是以一種遮掩、隱藏意義的風格書寫而成，因此只有極為精通口語教導和論著的大師，才能夠釐清密續的陳述。另一方面，指引手冊是使用口語教導書寫而成，因此清晰易懂。一個針對大圓滿教法所作的精彩摘要，可以使一個可尊敬的修行者在今生達到本初證悟的狀態。

認識本覺是「立斷」的關鍵

「立斷」和「頓超」是大圓滿的兩大主題。「立斷」是所有八大實修傳承（Eight Practice Lineages）❶的主要見地，過去所有的大師們都透過「立斷」而獲致證悟，如果沒有「立斷」的見地，修行者無法達到「頓超」的核心。「頓超」的淨相（vision）是明覺（awareness；藏rigdang）的展現，但是如果沒有認識本覺的正見，這些淨相就不過是業風（karmic wind；藏lungdang）的展現，即二元固著（dualistic fixation）的表現。因此，認識本覺是「立斷」的關鍵重點。

在修行者通曉明覺之後，從事「立斷」的修持時，所有的顯相都會顯現為明覺。佛身和佛智是本覺的成熟，而非二元之心的成熟。

如帝洛巴（Tilopa）尊者所說，本覺的認識透過積聚資糧、淨化障蔽和具格上師的加持而產生，如果依止其他的方法即是迷妄。你可曾聽說有任何人僅僅透過閱讀書籍而認識無二明覺？除了領受加持、積聚資糧和淨化障蔽之外，沒有其他認識本覺的技巧。

虔敬心比學識更重要。某個人可能在辯論和分析式的思考方面，擁有令人印象深刻的技巧，但是仍然挑大圓滿教法的毛病，並稱它們為「摩訶衍和尚（Hashang Mahayana）❷追隨者的邪見」。

「領受加持」是指一個深刻虔敬心的剎那。光是透過智識的思索和推測來認識本覺，的確非常困難。噶舉派和寧瑪派強調瑜伽士單純而安住的禪修，並不強調班智達分析式的禪修。

藉由虔敬心、領受加持和專注於禪修的單一法門，過去無數的修行者已經獲致成就。

噶舉派和寧瑪派比較是以了證上師之久遠的世系聞名，而比較不以偉大的學者聞名。雖然這兩派有數個博學多聞的大師，但是他們的追隨者大多是男性和女性的在家修行者。這些無數的修行者以採取坐姿的方式，在了無散亂的覺醒中死亡，都是因為這個傳統簡單而直接的教法。你自己可以在寧瑪派和各種噶舉派傳承追隨者不可思議的歷史中，讀到這些事蹟。

讓我舉一個例子，成就者謝通・秀貢（Seltong Shogom）和他的一群弟子在堅硬的岩石上，留下三十多個清晰的足印。當我年輕時，父親曾帶我到西藏東部去看這些足印。他們曾經在數個地點，把岩石當作麵糰那樣揉捏。多麼令人驚奇！

在月中時，月亮在太陽升起的同時落下，沒有任何間隙。大鵬金翅鳥（garuda）❸在從蛋中孵化出來的剎那，即可展翅飛翔，牠翅膀的力量在出生時就已經圓滿。同樣地，大圓滿修行者在肉身死亡的同時，證得全然的證悟。在死亡的時刻，一個經驗豐富的瑜伽士不會失去意識，反而會達至證悟！

注釋：①原注，❶譯注

❶…八大實修傳承是指寧瑪派、噶當派（和其後發展的格魯派）、薩迦派、馬爾巴噶舉派、香巴噶舉派、息解派、覺囊派與布頓派（布魯派）。

❷…摩訶衍和尚（Hashang Mahayana）是唐代入藏傳法的禪僧，高唱直指人心，頓悟成佛之說，一時藏地僧人風靡相從。後蓮華戒入藏傳教，其中觀、因明教規迥異於摩訶衍的禪風，雙方徒眾遂興爭論。藏王召雙方辯論，蓮華戒陳詞破難，摩訶衍終究無言以對，遂回歸漢土。史稱「拉薩論爭」。

❸…大鵬金翅鳥（garuda）：神話中的鳥，傳說振翅之間即可從宇宙的一端到達另一端；牠從蛋中孵化而出即已成熟，能夠隨即翱翔天空。

大圓滿之歌

第6章

勸閱《七寶藏》之歌

巴楚仁波切

本文摘自巴楚仁波切〈鼓勵閱讀《七寶藏》之歌：遍知者龍欽・冉江巴之殊勝語〉(Song of Encouragement to Read the Seven Treasuries, The Excellent Words of Omniscient Longchen Rabjampa)，出自《水晶洞：實修傳承大師之教法概要》(*Crystal Cave: A Compendium of Teachings by Masters of the Practice Lineage*, Rangjung Yeshe Publications, 1990)。

頂禮一切智(Sarvajnanaya)。

從本初、本然、遍在之界域，
即恆常不動之法身智慧虛空，
擁有證量之最大力、圓滿之光芒，
遍知之上師，於您足下我頂禮。

最卓越出眾者，在此聆聽關於善德之種種，
除非你追隨聖者們的步履，否則無法生起善德。
最細緻的珍珠位於海洋的最深處，

因此，它們怎麼能夠在較淺處尋得？

如同陽光一般，覺醒的了悟狀態從大師的口訣教導，
從未損的加持世系中湧現。
愚鈍的禪修者培養空白的狀態（vacant state），
在圓滿的道路上將鮮少達到純正的果位。

雖然在這個世界上，欠缺學識是最大的弱點，
但是，扭曲的學問則是更大的禍害。
因此，當你有閒暇去細讀博學大師的著作時，
何不張開你的學習之眼？

有如獨一無二的如意寶，
在這個世界上，
找不到其他有如珍貴經典的遍知上師之佛。
誰能不在它們之中找到極大的喜樂？

諸乘之究竟頂峰，至高無上之金剛精要（vajra essence）①，

即是了悟十萬續的珍貴寶藏，
包含了「廣大」——表達意義的語言文字，
以及「甚深」——被表達的意義本身。
把它視為親見普賢王如來。

藉由閱讀它，
你將了解六千四百萬續的意義；
你將了解所有存在的事物、寂靜、輪迴與涅槃的本質；
你將了證諸乘之頂峰、甚深道路之含意的特殊品質。
所以，請堅持不懈地閱讀此一經典。

法身之本然狀態超越持戒，②
此是普賢王如來證量之寶藏，超越因與果。
如果沒有透過如此殊勝的經典來斬斷心之造作，
誰能夠摧毀知解之乘的有害執著？

所有口頭教導之精要，簡明且扼要，③
把殊勝之佛法完全包含在每個六句教法之中。

即使你親見勝者本人，
要一次領受這樣一條殊勝的道路，
難道不困難嗎？

珍貴的《宗派寶藏論》（*Treasury of Philosophical Views*）④
是一部闡述的論著，完整地包含所有的教法。
我發誓，這樣一部卓越出眾的經典，
尚未出現在印度或西藏，
尚未出現在過去，也將不會於未來出現。

聞、思、修整個教法主體的《如意寶藏論》（*Wish-Fulfilling Treasury*）⑤
精彩地顯示所有應該接受或避免的事物。
藉由閱讀這部法本，你將了解一切教法的本質，
因而嫻熟百部經典。

這關於修持口頭教導要點的單一寶藏論，
諸乘之頂峰的含意，完整而精簡，
徹底包含在十一句義之中，⑥

是這個世界上真正能斬斷輪迴根源的唯一慰藉。

尤其，最甚深珍貴的《法界寶藏論》（*Treasury of Dharmadhatu*）⑦

是遍知上師證量之核心。

它完整且直接地顯示超越接受與排拒的覺醒——

你本具心性的法身本質。

這部法本是真實的法身，以有形之相展現。

這樣一部殊勝的法本，即是佛陀本人。

在這個世界上，它實現勝者們的行誼。

這部法本直接顯示了佛心。

我發誓，即使你遇見佛陀，

也沒有什麼可以勝過這部法本！

這樣一部殊勝的法本，是一切神聖佛法之集錦，

所有的教法展現了勝義，

它直接顯示法身的智慧。

我發誓，即使你比較所有的教法，

也沒有什麼可以勝過這部法本。

這樣一部殊勝的法本，是聖僧伽之核心。
貫穿三世，所有尊貴佛子之了證智慧，
都無法超越它。
我發誓，聖者們的智慧不勝於此。

這法身的舍利器皿——完整的三寶，
即是一切勝者無可超越的道路。
任何遇見遍知上師證量之仿效者，
就已經終止投生輪迴。

只要聽聞如此殊勝法本中的一句話，
就能夠終止你的輪迴體驗。
如果你有機會可以完整地閱讀它，
卻放棄這樣的機會，你會有什麼樣的感受？

請注意！
三藏和九乘的教法多半是為了精力旺盛的人而設計。
聲稱透過禪修、修行和精進而獲得解脫，

將不會使你看見超越接受和排拒的智慧。

這任運的金剛頂峰，超越概念的心，
即是非造作的佛果——空覺之本然虛空。
藉此，當離於禪修、修行和精進等概念的執著時，
即使連怠惰的人都能夠了證法身。

在這個世界和天眾的世界，
唯有遍知的法身上師教導此一道路。
在所有現存的法身教法之中，
此《法界寶藏論》是佛法之精髓。

在這個世界上，這樣一部卓越出眾的法本，
即是見解脫、聞解脫和憶念解脫。
任何與此一法本結緣者，即是未來佛。
如果你了證它，即是現在佛。

當加持傳承的力量不間斷時，
你將透過他交託的發心而領受真實傳承的智慧。

他用他對未來弟子的寄託加以封印，
它等同於親見遍知上師本人。

你可能不了解文句的確切意義，
但是如果你具有虔敬心，便將領受加持傳承的智慧。
藉由閱讀此一法本，你領受了珍貴的文字灌頂，
它並且賜予明覺展現之灌頂。

當你因悲傷而疲倦、恐懼或煩惱時，
如果你閱讀此一法本，妙喜之智慧將會生起。
你的心將會歡欣、喜悅，明晰且光燦，
你迷惑的覺知將立即瓦解。

當你的喜悅擴展，且大樂燃熾時，
如果閱讀此一法本，你對喜悅的執著將會瓦解，
遍在、本具之虛空離於諸如接受等分別。
因此，你被教導遍知上師的甚深了證。

當你對今生的努力奮鬥和執著使你感到折磨苦惱時，
閱讀此一法本，你對堅實實相的固著將會瓦解。
懷著一顆開放的心，不論你做什麼都會是美妙的。
離於希望與恐懼的束縛，你的禪修是任運的。

它是中道，也是波羅蜜多。
它是「斬斷」（Cutting）痛苦，也是「平息」（Pacification）痛苦。⑧
它是大手印，也是大圓滿。
它體現所有的教法，超越所有的教法。

如果你是一個追隨遍知上師的孩子，
那麼永遠不要讓自己與此一殊勝的法本分離，
僅僅依止這恆常的明覺友伴就已足夠。
我發誓，沒有更勝於它的永久庇護。

就當下而言，你的心將會自在安適，最後你將成佛。
不因努力而受傷，你的心的束縛將會鬆解。
興高采烈時，它使你沉靜；悲傷難過時，它給予撫慰，

這樣一部殊勝的法本永不欺瞞。

為它增添旋律，把它當作一首歌來詠唱。
它以偈頌寫成，因此，閱讀它，直到能夠自在地吟誦為止。
如果你從不與它分離，
你迷妄的輪迴覺受將會崩解。

當你領受加持傳承——了證的重點，
無法描述的覺醒將會在你心中顯露。
當你看見遍知法身上師的真實面容，
你的安樂將在本初大樂的狀態中永不止息。

除了閱讀此一法本，你不需要其他的修行，
因為它是禪修和儀軌的精要。
只要你閱讀此一殊勝的法本，
法身的證量將會任運生起。

因此，切勿懷有許多焦躁不安的奮鬥努力，

只要用一顆自在安適的心閱讀這些卓越傑出的法本，
決定沒有什麼比它們表達的意義更加甚深，
然後安住在本然狀態之中。

你不需要掙扎和專注，以尋求文句的意義，
因為在學者們的論著之中，這些文句是那麼地難以理解。
只要把你的心和法本融合在本然狀態之中，
本然的開放將會暢通無礙地產生。

這是「直指教導」，這是你內在的覺醒！
這是遍知上師的教導！
它是表達出來的意義，也是真實的灌頂，
它也足以作為不可或缺的修行。

不論你是否了解定義和內涵，
不論你是否了解甚深的意義，
不論你是否發現究竟和最祕密的教義，
斬斷你的希望和恐懼，在無散亂的狀態中閱讀。

一再地閱讀它，邊閱讀邊把它融入你的覺受，
把你的心和法本融合在一起，以這些經典封印自心。
在這個雙運的狀態中，以充滿喜悅的旋律來吟誦，
虔敬心的力量將燃熾，證量的智慧將顯露。

請注意！此乃精要中之精要。
除此之外，沒有「深刻中的最深刻」。
它是加持的寶庫、精要教法，
它是導師本人——置於你掌中之佛陀。

即使我讚揚它的善德達數劫之久，
我狹窄心胸的渴望也不會竭盡，
更別提其他智者的舌燦蓮花。
沒有更勝於此的殊勝道，能令聖者感到欣喜。

請留意！這麼一顆珍貴的寶石！
現在你擁有閱讀它的閒暇順緣，
即使你必須留在輪迴之中，

你又何必感到悲傷！
擁有虔敬心和開放的心難道不夠嗎？

親愛的朋友！當你閱讀此一法本時，
在自在輕安的狀態中，決意把你的心放在其上。
就在這裡，放鬆你努力奮鬥、焦躁不安的心。
就在這裡，斬斷你追尋許多其他教法的努力。

如此眾多的有趣宗見有何用處？
如此眾多的甚深教導有何用處？
如此眾多的繁複修行有何用處？
如此眾多的枯燥闡釋有何用處？

它本身即是純粹安住的自在禪修！
它本身即是自解脫的無憂安樂！
它本身即是「知一解脫一切」的好書！
它本身即是「跨越百川之橋」的教導！

切勿把它留在家中，然後到他處尋找！
切勿丟棄果核而收集果皮！
切勿放棄任運，而透過努力奮鬥去成就它！
切勿放棄「無作」(nonaction，無所作為)，而使自己忙於活動！

一旦你生於遍知上師的血統，
這殊勝的法本即是你應得的遺產。
這是你的祖先鋪下的卓越道路，
如果你想要感到輕安，這是你應該著手之處！

請注意！請注意！幸虧三傳承！
遇見此一殊勝法本是多麼幸運！
得以修持此一卓越的道路是多大的利益與恩惠！
佛在你心中，多麼地真實！

在這條令勝者們欣喜的傑出道路上，
親愛的朋友，把你的心和佛法融合在一起！
這是我衷心的忠告——請把它銘記在你的內心！

如果你把它謹記在心，它將會有一些用處。

我這個粗心大意、一無是處的糟老伯，
不希望去解釋自己尚未了悟的文字。
但可以肯定的是，
我對遍知上師所傳授的著作具有信心，
也有一點點覺受。

我受到五毒❾的燃熾，受役於散亂而四處流浪！
但是即使像我這樣身負惡業、難以征服迷妄的人，
當我聽聞和閱讀這樣一部殊勝法本時，
輪迴的體驗隨之瓦解。

所以，當你和某個像你一樣擁有順緣和清淨三昧耶，
以及擁有穩定的心和少數五毒的人閱讀這部法本，
你們肯定會獲得加持傳承的無上智慧。
一再地生起信心！

這是千真萬確的，

任何被遍知上師——圓滿之佛——的加持光燦觸及的人，
能夠直接覺知，了悟和解脫是同時發生的。
因此，遍知上師是數百位成就者之祖。

偉大的拉尊（Great Lhatsün）——了悟者之主，
獲得任運證量的仁津．吉美．林巴（Rigdzin Jigmey Lingpa），
以及教法之王大寶上師（Great Treasure Master），
透過遍知者的著作而得到加持傳承。

我親愛的朋友，請把這謹記在心！
同樣地，願你真正地敬重遍知者的傑出著作，
領受真實傳承的智慧，
在他證量的廣袤之中，在真如的虛空之中獲得解脫。

一切吉祥（Sarva Mangalam）。

注釋：①原注，❶譯注

①…這是《七寶藏》的第一個寶藏《勝乘寶藏論》（*Treasury of the Supreme Vehicle*；藏 *Tekchok Dzö*）。

②…《實相寶藏論》（*Treasury of the Natural State*；藏 *Nelug Dzö*）。

③…《竅訣寶藏論》（*Treasury of Oral Instructions*；藏 *Man-ngag Dzö*）。

④…《宗派寶藏論》（*Treasury of Philosophical Views*；藏 *Drubtha Dzö*）。

⑤…《如意寶藏論》（*Wish-Fulfilling Treasury*；藏 *Yishin Dzö*）。

⑥…《句義寶藏論》（*Treasury of the Meaning of Words*；藏 *Tsigdon Dzö*）。

⑦…《法界寶藏論》（*Treasury of Dharmadhatu*；藏 *Chöying Dzö*）。

⑧…「斬斷」（Cutting）即是瑪姬・拉準（Machik Labdrön, 1031-1129）的施身法（Chö）、「平息」（Pacification）是帕當巴・桑給（Padampa Sangye，十一至十二世紀）的息解（Shijey）系統。（譯按：施身法是一種禪修的方法，行者布施自己的身體，以斬除內在的四魔。）

❾…五毒是指心的貪、瞋、痴、慢、疑等五種煩惱，這五種煩惱會使我們造作惡業，就像毒藥會妨礙修行，故稱「五毒」。

第7章

勝妙遍知者著作暨無上密《十七續》之祈願文

堪布噶旺・帕桑

本文摘自《堪布噶旺・帕桑文集》（*Rangjung Yeshe Publications*, 2005）。這個小小的法本包含「這些是金剛持納吉・旺波之語（Words of the Vajra Holder Ngagi Wangpo）」的解說。

Emaho（唉瑪吙）！

普賢王如來法身、報身金剛持，
正等密意傳承的十二位導師，
格拉・多傑和四位表示傳承之持明者，
定津・桑波（Tingdzin Zangpo）、丹瑪・倫賈（Dangma Lhüngyal）等，
口耳傳承的上師持明，請注意！
尤其，勝者龍欽・冉江，
怙主，請見證此一願望！

從今以後，以及在我所有的生生世世之中，
願最祕密、精練的明光心要《十七續》（*Seventeen Tantras*）、《七寶藏》和《三密

意》（*Threefold Secret Essence*），
以及這些祕密主題所有深廣的文字與意義，
都藉由圓滿憶念的方式在我心中生起。
願我用充滿勇氣的雄辯，
為一切眾生開啟佛法之門。
願法性之證量不息！

無垢（Vimala）本人即無垢光（Flawless Light Ray），
請接受我，在你的智慧身之中，
傳授我究竟的證量傳承，
因此，我可以變成如你一般的遍知上師。

當佛法之生滅在此界完盡，
當大圓滿教法的「三徵兆」（Triple Portents）①滅入具美（Beautiful Array）佛土時，
願我在那裡聽聞與思惟。
透過禪修，願我持有最祕密之教法，
於是可以為有情眾生開啟佛法之門。

之後，在廣護（Immense Protection）佛土的北界，
在優缽羅佛（Utpala Flower Buddha）的尊前，
願我投生成為他的首批眷眾。

並且協助護持佛陀之教法。
願我品嚐他成熟解脫之最甜美甘露，
願我以最圓滿的方式服侍善逝。

接著，當教法之「三根源」（Triple Sources）升騰至西方，
降至名為「無上虛空」（Space Sublime）的世界，
教法將在那裡保存七十萬年，
從拘樓孫佛（Buddha Krakuchanda）的時代以來，
願我首先成為他的主要弟子，
然後再成為這位勝者的攝政王。

最後，願我調伏那裡的每個人，
無一例外地以隻手成就他們的成熟與解脫，
把他們送往無上解脫之島。

從今生到我未來的所有生生世世，
願我能夠自在地掌控憶念、智慧和充滿勇氣的雄辯。

在所有祕密之祕密中，
《明光十七續》（*Seventeen Tantras of the Luminosity*）、
《明覺自現續》（*Tantras of Self-Manifest*）、《明覺自解脫續》（*Tantras of Self-Liberated*）
和《無字續》（*Tantra of No Letters*），
正如同一個君王及其親密的眷眾，
願我用圓滿的憶念把密續之精要含納在心中，
並且運用充滿勇氣的雄辯，
普降法雨於每個眾生身上。

《摩尼鑲嵌續》（*Tantra of Studded Jewels*）、《普賢心鏡續》（*Mirror of the Heart*）、《金
剛薩埵心要鏡續》（*Tantra of the Mirror of the Mind of Vajrasattva*），
願我用圓滿的憶念，
把這明晰、特殊的密續三要含納在心中，
並且運用充滿勇氣的雄辯，
普降法雨於每個眾生身上。

《珍珠寶鬘續》（*Tantra of the Garland Pearls*）、《獅子力圓續》（*Tantra of Perfected Lion*）、《吉祥具妙續》（*Tantra of Graceful Auspiciousness*），
願我用圓滿的憶念把此三者含納在心中，
並且運用充滿勇氣的雄辯，
普降法雨於每個眾生身上。

唯一的摘要——《大圓滿自生續》（*Self-Existing Tantra of Perfection*），
從內圓滿境相的《直指引導續》（*Tantra of the Pointing-out Instructions*），
在智慧戰場獲勝的《日月合壁續》（*Tantra of the Sun and Moon in Union*），
修補過患的《寶積續》（*Tantra of the Pile of Gems*），
以及《舍利熾燃續》（*Tantra of the Shining Relics*）的兩個部分，
願我用圓滿的憶念把它們含納在心中，
並且運用充滿勇氣的雄辯，
普降法雨於每個眾生身上。

完全解脫的《熾燃炬續》（*Tantra of the Blazing Lamp*），
有如核心的《普賢六界續》（*Tantra of the Sixfold Spheres*），
本身祕密的《聲應成本續》（*Dra Talgyur Root Tantra*），

以及摧毀所有逆緣的《護密忿怒母續》（*Tantra of the Wrathful Black*），
願我用圓滿的憶念把它們含納在心中，
並且運用充滿勇氣的雄辯，
普降法雨於每個眾生身上。

透露一切細節的祕密《七寶藏》，
如母子〔相生相承〕的最甚深教導《四部心髓》，
願我在今生和我所有未來的生世，
從不與這些《更密金剛藏》（*Vajra Essence of the Greatest Secret*）的教法分離，
願我親自在遍知上師的足下受教。

願我達到顯露最深密續和教導之智慧光、六際（six limits）和四法（fourfold modes）❷，
願我獲得三勝觀（triple perspicacity）之眼，
成為一個具有完整三正理（threefold reason）之上師。

無垢光，在如此獲得你的正見和證量，
以及圓滿如實的三摩地和行止之後，
願我保固一切眾生之安樂與福祉。

長久以來，我的內心一直對遍知上師（無垢光，即眾所周知的龍欽・冉江）懷有這個祈願。然後，我思及在這個黑暗的時代，這些祈願或許能夠利益其他一些和我程度相當的人，於是我歐瑟・仁千・寧波・貝瑪・雷澤・察（Ösel Rinchen Nyingpo Pema Leydrel Tsal）寫下這篇祈願文。願它充滿善德！

注釋：①原注，❶譯注

①…大圓滿教法的「三徵兆」是指證悟身、語、意的三個本初代表，即金剛薩埵像、自回響密續和法性金剛杵。

❷…「六際」是指了義、不了義、密義、非密義、依名言、不依名言。「四法」是指名相的字義、總義、隱密義、究竟義。

第 8 章

大圓滿經典摘錄

堪布噶旺・帕桑

本文是無垢友、龍欽巴和堪布噶旺・帕桑的教法之精要，記錄在《四部心髓》及其相關釋論裡。此外，作者亦摘錄自頂果・欽哲和祖古・烏金仁波切的口語教導（Rangjung Yeshe Publications, 1990）。

大圓滿是佛法八萬四千深部和廣部的巔峰極致，它是普賢王如來之如實證量。

就密續經典而言，大圓滿的六百四十萬部密續可區分為「心部」、「界部」和「口訣部」三部。《遍作王續》（*All-Creating King Tantra*；藏 *Kulayaraja Tantra*）是「心部」的首要密續，《普賢大虛空續》（*Tantra of Infinite Vastness*）是「界部」的首要密續，《聲應成本續》是「口訣部」的首要密續。

金剛薩埵彙編、傳授大圓滿密續

所有這些大圓滿密續都是由金剛薩埵彙編而成，金剛薩埵是普賢王如來心之大樂與空性的展現。接著，金剛薩埵把這些密續傳授給三位主要的菩薩，這三位菩薩再把教法傳布至三

個世界。他們分別是文殊師利菩薩把教法傳授給天眾，觀世音菩薩教導龍眾（nagas），金剛手菩薩教導人眾。因此，無數眾生被帶領至解脫的本初基地。

為了把大圓滿教法傳布至我們身處的世界南瞻部洲，金剛薩埵從他的心間化現出天王子聖靈（Noble Spirit），然後在人道轉世成為因札菩提王（Indrabhuti）之子格拉．多傑，也就是眾所周知的龍朗．提婆（Rolang Deva）。格拉．多傑從金剛薩埵本人那裡領受大圓滿所有的密續、經典和口語教導，因此而成為大圓滿傳承首位人類持明者。

格拉．多傑把這些教法交託給他的主要弟子文殊友。於是文殊友再把這些教法分類成為《大圓滿三部》。

文殊友的上首弟子偉大的上師師利．興哈，把大圓滿的「口訣部」區分而成為《精華四部》（*Four Cycles of Heart Essence*），即外密、內密、祕密和無上密四部。

蓮花生、無垢友和毘盧遮那三位偉大的大師把《大圓滿三部》引入西藏。

「口訣部」中的無上密部由十七部密續構成。如果加入《護密忿怒母續》，總共就有十八部密續；這部密續是以一髻佛母（Ekajati）的護法儀式為焦點。根據蓮花生的系統，如果包括《法界光明熾燃續》（*Tantra of the Blazing Sun of the Brilliant Expanse*；藏 *Longsal*），就有十九部密續。

大圓滿十八部密續及《四部心髓》

這些密續教導人在今生修行和達至圓滿佛果的所有必要條件。它們彼此獨立，每部本身

都是完整的。

一、《聲應成本續》有如通往無上乘「明光心要」（Luminous Essence）的入口和鑰匙，解釋如何證得化身的果位，以及如何透過與音聲有關的修行來成就其他眾生的利益。

二、《吉祥具妙續》有如一個輪子，教導如何建立覺性（nature of awareness），以及如何辨識迷惑的基礎和無謬的智慧。

三、《普賢心鏡續》有如一把寶劍，顯示如何辨識、斬斷陷阱和錯誤，以及如何確立本具的事物。

四、《熾燃炬續》有如一顆散放光芒的寶石，教導如何辨識與明覺有關之「燈炬」的專門用語；智慧如何生起；如何與明覺雙運的比喻；如何釐清關於自我覺察（self-cognizance）的誤解；以及如何從事修行。

五、《金剛薩埵心要鏡續》有如太陽，教導「燈炬」何以是明覺的自我展現；藉由二十一個「直指教導」，不同種類的人因而認識智慧；它進一步教導四個關鍵要點和修行的方法。

六、《明覺自現續》有如海洋，教導修行者如何分辨「見」、「修」、「行」。

七、《摩尼鑲嵌續》有如精純的黃金，顯示如何根除與見地有關的過患和偏差，以及「修」、「行」和「果」的修行。

八、《直指引導續》有如把一面鏡子顯示給一個少女，描述如何透過各種指示，把明覺心要應用在修行之中。

九、《普賢六界續》有如一隻巨大的大鵬金翅鳥，教導如何清淨業障且避免投生六道，以及如

何展現自顯之淨土。

十、《無字續》有如眾山之王，描述修行的真實意義；如何放棄活動；居住在了無過患的處所；自在安住的四種方式；如何維持本然狀態；以及修行之正行的無染法門。

十一、《獅子力圓續》有如一頭獅子，解釋修行進展的程度和出現的徵相；如何穩定明覺；以及如何增長覺受的層次。

十二、《珍珠寶鬘續》有如一個鬘飾，這個教導藉由把明覺帶至成熟的階段來預防明覺偏離。它教導修行的方法，以及如何達到熟稔和解脫。

十三、《明覺自解脫續》有如一條打結的蛇自行解開，教導明覺如何不是創造出來的，而是自行解脫；如何控制顯相；如何熟悉金剛鏈；以及如何自然而然地離於涅槃和輪迴。

十四、《寶積續》有如國王之寶庫，解釋展現之品質何以都是虛空和明覺的本質。

十五、《舍利熾燃續》有如掌控其領土的國王，描述明覺達至成熟的內、外徵相。為了鼓舞和灌輸其他眾生的信心，這些徵相在死亡之前和之後展現。

十六、《日月合璧續》有如爬上母親雙腿的孩子，顯示人在死後的中陰階段的經歷和體驗。它教導如何在今生的中陰期間分辨上師的口語教導；如何在死亡中陰期間穩定明覺；如何在法性中陰期間，藉由認識明覺而達到證悟；以及如果有必要的話，如何在投生中陰期間，確定投生在本然的化身淨土，並在那裡成佛，而沒有進一步的投生。

十七、《大圓滿自生續》有如一條河流，教導如何藉由四灌頂，使自己作好準備，成為一個領受教法的適當容器。

六、《護密忿怒母續》有如一把鋒利的剃刀，描述如何保護修行者免於其他眾生所造成的傷害。

無垢友結合無上密部的兩個面向：有經典的解釋傳承和無經典的口耳傳承，然後把它們封藏起來，在未來掘取出來。這些教法成為知名的《蓮華心髓》（藏 *Vima Nyingtig*），即無垢友的《無垢心髓》（*Secret Heart Essence*）。後來，龍欽巴在他的《最祕上師心髓》（藏 *Lama Yangtig*）五十一品裡闡明這些教法。

蓮花生大士把他無上密部的教法封藏起來，成為《空行心髓》（*Heart Essence of the Dakinis*；藏 *Khandro Nyingtig*），在未來被掘取出來。

這四部非比尋常的大圓滿教導，連同龍欽巴額外的教法《甚深心要》（*Profound Quintessence*；藏 *Zabmo Yangtig*），都包含在他著名的集結著作《四部心髓》裡。

第二部

理論基礎

9　普賢王如來祈願文——普賢王如來

10　阿底瑜伽——蓮花生大士與蔣貢·康楚仁波切

11　文殊師利大圓滿祈願文——蔣貢·米龐仁波切

12　岡波巴第四法——祖古·烏金仁波切

第9章 普賢王如來祈願文

普賢王如來

本文摘自《北伏藏密意洞澈大圓滿教法》（*Dzogchen Teachings of the Gongpa Zangtal, the Northern Treasures*）之《直指普賢王如來密意洞澈本續》（*The Root Tantras That Directly Reveals Samantabhadra's Mind*）第十九品。它是由仁增．果登（Rigdzin Gödem）重新發掘出來的伏藏（未出版之手稿）。

Ho（吙）！

一切事物——顯相與存在的事物，即輪迴與涅槃，
都只有一個「基」，
但卻有兩個「道」和「果」，
並且幻化展現為明覺或無明。

藉由普賢王如來的祈願文，願一切眾生皆成佛，
在法界宮中達至正等正覺。

一切事物之「基」是非合成的，
自生之勝妙廣袤虛空超越言語表達，
也不具有「輪迴」或「涅槃」之名。

未了悟這一點，你就是在輪迴中流轉的眾生。
只要了悟這一點，你就是佛；

我祈願，你們所有三界眾生，
了悟無可表達之「基」的真實意義。

我——普賢王如來，已經了悟此「基」之真諦，
離於因與果，
而它正是這自生之明覺。

它未受到外在的（表達）和內在的（念頭）、肯定或否定所染污，
也未受到失去正念的黑暗所染污。

〔我——普賢王如來〕，住於本覺，

即使三界要被摧毀，
也了無畏懼。

對於（感官對境之）五欲，
了無執著。

在無念的自生識（self-arising consciousness）之中，
既無堅實的色相，
也無五毒。

在明覺不息的明晰之中，
只有一個本質，
卻生起五智。

從此五智之成熟，
顯現本初五佛部，
藉由諸佛智慧之廣袤，
顯現四十二尊（寂靜）佛。

藉由五智生起之力量，
顯現六十尊（忿怒）黑魯嘎（heruka）❶。

因此，本覺從未謬誤。

我〔普賢王如來〕，是一切之本初佛，
透過我的祈願文，
願你們所有在輪迴三界流轉的眾生，
了證此一自生明覺，
願你們之勝妙智慧任運增長！

我的化身將以數十億種無法想像的方式持續展現，
以色身顯現，
（幫助）可受教之眾生。

藉由我充滿慈悲之祈願文，
願你們所有在輪迴三界流轉的眾生，
脫離六道輪迴！

從初始以來，眾生即是迷妄的，
由於你們並未認識「基」之明覺，
因而失去正念、優柔寡斷，
此即無明之狀態，
偏離正道之因。

從此一（迷妄之狀態），
生起一種突然的昏暈，
接著是一種躊躇恐懼的細微意識。
從那種動搖躊躇之中，
生起一種分別敵、我的覺知。

漸漸地，這種分別的習性增強，
輪迴也從此開始。

接著，五毒的煩惱發展出來，
而這些煩惱的行為是無盡的。

你們眾生欠缺明覺，
那是因為你們失去正念，
這就是你們偏離正道的基礎。

藉由我的祈願，
願你們所有眾生認識自己的本覺！

俱生無明（innate unawareness）是指失去正念和心思散亂；
遍計無明（imputing unawareness）是指對自我和他人生起二元分立的念頭。
兩種無明都是一切眾生迷妄的基礎。

藉由普賢王如來的祈願文，
願你們所有在輪迴中流轉的眾生
清除失去正念的黑霧，
清除二元分立的執著念頭！
願你們認識自己的本覺！

二元分立的念頭製造疑惑。

從細微的執著到這種二元分立的心轉，
二元分立的習性變得越來越強烈濃厚。

食物、財富、衣物、家園和朋友，
以及五種感官對境和你摯愛的家人，
因為創造渴望與貪欲，
所有這些事物都製造苦惱與折磨。

這些事物全都是世俗的迷妄；
執著的活動永無止盡。

當執著的果實成熟時，
你投生成為餓鬼，
受到渴望與貪欲的折磨，
痛苦悲慘，又飢又渴。

藉由普賢王如來的祈願文，
願你們所有充滿貪欲、渴望的執著眾生，

既不排拒渴望的貪欲，
也不接受對欲望的執著。

讓你的意識放鬆在其本然狀態之中；
然後，你的明覺將能夠自行維持。
願你達到妙觀察的智慧！

當外在的對境顯現之時，
恐懼的細微意識將會生起，
從這種恐懼，
瞋怒的習性變得越來越強烈。

最後，敵意生起，引起暴力和謀殺。
當這種瞋怒的果實成熟時，
你將在地獄承受滾燙、焚燒的痛苦。

藉由普賢王如來的祈願文，
當你們六道輪迴眾生生起強烈的瞋怒時，

既不要排拒它，也不要接受它。
相反地，放鬆在本然狀態之中，
達到明晰的智慧！

當你的心充滿驕慢時，
將生起爭強好勝和羞辱的念頭。
隨著這種驕慢變得越來越強烈，
你將體驗爭吵和虐待的痛苦。

當這種業果成熟時，
你將投生天道，
體驗改變和墮入（三惡道）的痛苦。

藉由普賢王如來的祈願文，
願生起驕慢的眾生，
把你們的意識放鬆在本然狀態之中；
你的明覺將能夠自行維持。
願你達到平等捨的智慧！

藉由增長二元分立的習慣，
藉由讚美自己、詆毀他人，
你爭強好勝的心將使你嫉妒、好鬥，
你將投生阿修羅道，
面臨許多殺戮和傷害。

從那種殺戮的結果，
你將墮入地獄道。

藉由普賢王如來的祈願文，
當嫉妒和競爭的念頭生起時，
切勿執著它們為仇敵，
只要放鬆自在即可；
然後意識可以維持它自己的本然狀態。
願你達到成所作的智慧！

由於散亂、草率和失去正念，
你們眾生將變得遲鈍、昏沉和健忘。

因為不知不覺和怠惰懶散，
你將增加無明，
這種無明的結果將使你無助地流轉於畜生道。

藉由普賢王如來的祈願文，
願你們已經墮入無明黑暗深淵的眾生閃耀正念之光，
進而達到無念的智慧。

你們所有三界之眾生，
事實上和諸佛——總基——一模一樣；
但是因為你們對「基」的誤解，
使你們偏離正道，
毫無目標地行動。

六種業行是如夢的迷妄。

我是本初佛，
在此透過我所有的展現來訓練六種眾生。

藉由普賢王如來的祈願文，
願你們一切眾生無一例外地在法界狀態中達至正等正覺。

Ah ho（啊吙）！
從今以後，
每當一個充滿力量、明覺燦亮、離於迷妄的瑜伽士，
念誦這篇強而有力的祈願文時，
所有聽聞它的眾生，
都將在三世之內達至正等正覺。

在日蝕或月蝕期間，
在地震期間，
或在夏至、冬至，或新年期間發生地動時，
你應該觀想普賢王如來。

如果你大聲地祈願，
大聲到所有眾生都能夠聽聞，
那麼，三界眾生將能夠藉由瑜伽士的祈願，

逐漸地從痛苦中解脫，最後達至正等正覺。

注釋：①原注，❶譯注

❶…「黑魯嘎」（heruka）一詞常用在忿怒尊上，但事實上，它是指代表我們究竟本性的任何形式。「he」代表虛空（即空性），「ka」代表智慧，「ru」代表兩者之雙運。

第10章

阿底瑜伽

蓮花生大士與蔣貢·康楚仁波切

本文摘自蓮花生大士和蔣貢·康楚仁波切之《智慧之光》（*The Light of Wisdom*, Rangjung Yeshe Publications, 2001），第四卷〈阿底瑜伽〉（Ati Yoga）。

在你內心穩定了大樂和空性的覺受後，
此時此刻，為了勝義之道，藉由無上真實之灌頂，
果乘阿底瑜伽之勝妙成就，
你應該分辨無可超越的金剛喻定❶，
自性大圓滿。

「心部」的教義，
在外，視所有外在的對境如夢；
在內，視感官諸根為如魔幻般不真實；
在中間，所有的認知空無生、住、滅；
最祕密之總基，是一種覺察和無概念的狀態。

此見地是一切的作者，是本初的覺醒心。
以任運的禪修，了無造作地留下任何生起的事物。
運用「行」，了證「果」。

這條道路和第四灌頂（修學明覺與空性雙運的阿底瑜伽）有關，並且具有兩個部分：連接前後文字的簡短陳述，以及廣泛的闡釋。

簡述

《道次第智慧藏》（藏 *Lamrim Yeshe Nyingpo*）本續說道：

在你內心穩定了大樂和空性的覺受後，
此時此刻，為了勝義之道，藉由無上真實之灌頂，
果乘阿底瑜伽之勝妙成就，
你應該分辨無可超越的金剛喻定，
本然之大圓滿。

藉由漸進之阿努瑜伽道次第之祕密灌頂和智慧灌頂的修行，當以大樂作為善巧方便和以空性作為智慧之雙運覺受，完全在內心生起和穩定後，你應該藉由修持直接顯露真實本覺之第四灌頂「明覺展現灌頂」（empowerment of awareness display）②的智慧，進入所有道乘的究竟目的地，即所有瑜伽之無上瑜伽或究竟瑜伽——阿底瑜伽之任運果乘。

也就是說，你應該分辨如金剛喻定，即在等覺位不被其他三摩地超越的本初覺醒。這種金剛喻定是由無修道所構成，是四種修道之最終要點。③它之所以稱為「無修道」，那是因為它摧毀難以摧毀的、最細微的垢染，並且擁有諸如無可分別、無可摧毀、無可阻礙等七種特質。④因此，你應該分辨所有善巧方便和解脫的道路，以及在了悟本初狀態之本質（明光大圓滿）之內的整個道果。引用《遍作王續》所說的：

做為眾生，它不超過一個眾生。
做為教法，它被教導為兩種教法。
做為顯相，它顯現為九乘。
做為包含物，它們被包含在大圓滿之內。

同一部密續說道：

我分辨所有教法之重點。⑤

在這個背景脈絡之內，大圓滿「不共」（特殊）觀點之「共」（一般）的要點被以這樣的方式來描述：「基」的本然狀態是什麼樣子；有情眾生是如何受到它的迷惑；在迷妄期間，明光如何呈現；修行的方法；以及最終的果如何被成就。尤其，這些主題顯然屬於大圓滿「口訣部」的無上密部：

基、迷妄的方式，以及迷妄呈現的方式，
住、途徑、門（gate）和境（field），
修、測度和中陰，
解脫之狀態；
此乃十一個要點。⑥

即使明白這些重點的意義是必要的，但是在此，我擔心自己使用了太多語言文字。一般而言，我們只能從密續、陳述和教導來了解這些重點，尤其要從直美．歐瑟（Drimey Özer，即龍欽．冉江）的著作來了解。

詳釋

這有三個部分：描述在外在的「心部」、內在的「界部」和祕密的「口訣部」的修學方法。

外在的「心部」

這有四個重點：（一）透過「見」來決定；（二）透過「修」來分辨；（三）透過「行」來清除危險的通道；（四）透過「果」來捨棄希望和恐懼。

透過「見」來決定

首先，《道次第智慧藏》本續說道：

「心部」的教義，
在外，視所有外在的對境如夢；
在內，視感官諸根為如魔幻般不真實；
在中間，所有的認知空無生、住、滅；
最祕密之總基，是一種覺察和無概念的狀態。
此見地是一切的作者，是本初的覺醒心。

自性大圓滿之道是具有極為敏銳根器者的行徑，他們不同程度的能力帶來三種獨特的觀點。自性大圓滿之道是諸乘的至高點，它是超越造作和努力，這些造作與努力只會是大圓滿的歧路與障蔽，需要被捨棄。

在這些之中的第一個是如身體般的外部（Outer Cycle）——「心部」的教義，諸如《遍作

王續》、《心之十八幻化》（*Eighteen Marvels of Mind*）等其他密續和經典都陳述了它的意義。

就此而言，把所有外在的覺知對境，包括所有顯現和存在的事物、輪迴和涅槃，視為己心的展現，而且它們除了是自己的心之外，不具有任何的存在，正如同我們在夢中所覺知的對境一般。

在內的覺知者沒有差異。這樣的結果是，由於受到身體支持的六種感官（六根）是迷妄覺受內的虛幻現象，因此，它們就如在魔術幻境內的人的感官一般不真實。我們要以智識的探究來否定它們，進而了解它們是不真實的。

在內與外之間，與對境有關的六種認知原本就欠缺「生」的起點、目前住的處所，以及最後「滅」的位置。如果你檢視和探索這些處所，便會發現它們正如同虛空一般，欠缺貼上這種標籤的任何基礎。因此，一切事物都被體驗為心本身的戲耍。

在祕密的部分，總基和心的本初狀態在本性上是覺察的，在本質上是一種無概念和自生的覺醒。在這個無可描述和非造作的狀態之內，把所有造作的現象視為圓滿的。

確定這全然創建者的見地——輪迴與涅槃之一切創造者的見地，即是全然非造作、本初覺醒心的本質。如《遍作王續》所提及的：

> 構成世界和眾生的一切事物——所有顯現和存在的事物，
> 有情眾生之業與串習等，
> 佛之身與智慧之功德，

從一開始，皆是覺醒心之本質。

透過「修」來分辨

第二，《道次第智慧藏》本續說道：

以任運的禪修，了無造作地留下任何生起的事物。

在透過超越限制和種類的見地做出確認之後，現在要談談如何從事禪修。你在僻靜處採取「大日如來七支坐」的坐姿時，放鬆當下的心，離於任何三門的努力或造作，處於如虛空般的本初空性狀態之中。由於對境在根本上是自在的，覺知者是本初自在的，因此無論生起什麼，都要藉由一種對治解藥來毫不造作地重新解脫這些對境，並且在勝妙的本然安住中分辨這一點。《遍作王續》提及：

在離戲的大樂中，如是，
切勿勉強你的三門；既不造作，也不專注；
切勿心造；切勿追求表徵（attribute）；
安住在自生覺醒的大樂本質之中。

透過「行」來清除危險的通道

第三，《道次第智慧藏》本續說道：

運用「行」……。

不論你覺知哪一個討喜的對境，讓它成為主體「自解脫之本質」的莊嚴，並且注視五毒的本質。結果，五毒被體驗為在生起之際即解脫的覺醒，而這即是本然自在之情緒的「行」。

在與六種認知有關的念頭生起的剎那，認識它們如三種任運顯現、非造作的壇城般圓滿，即是通曉覺知之「行」。

當所有想像出來的接受和排拒、確認和否定的對境，藉由促進平等覺受的轉化修學，而自然而然地解脫進入「無二」（nonduality），那麼從希望和恐懼的危險通道中解脫，即是運用充滿勇氣的戒律之「行」。

運用這三種「行」，進而強化你的「見」和「修」。

透過「果」來捨棄希望和恐懼

第四，《道次第智慧藏》本續說道：

……了證「果」。

由於你當下的心的本初虛空——原本超越「基」與「根」的自在自性身（梵 svabhavika-kaya，或稱「體性身」）——原本就離於聚合與分離，並且了無造作地於你內在圓滿，因此沒有要在其他地方成就其他的佛（果）。⑦所以，你應該藉由修學「見」和「修」來了悟這個事實。如《遍作王續》所說的：

除了你的心性本身之外，
切勿成就任何其他的事物。
它是你的自性，因此切勿在其他地方尋求。
勝者們的本初虛空不是透過尋求而尋獲。

注釋：①原注，❶譯注

❶…「金剛喻定」是指能破除一切煩惱的禪定，此定如同金剛能摧斷一切物，所以稱為「金剛喻定」。

②…第四灌頂常被譯為「明覺展現灌頂」。

③…修學的四條道路分別是資糧道、加行道、見道、修道，而無修道是它們最終的目的。在佛經之中，金剛喻定常和勇行定、如幻定一起被提及。（祖古．烏金仁波切）

④…我們要捨棄的最細微的染污是難以摧毀、征服或擊敗的。《摧破金剛》（*Vajra Vidarana*）提及摧毀染污的七種金剛特質，例如不可斬斷等特質。在《金剛頂經》（*Peal Scripture*）裡也提及「堅實、不可或缺、了無空洞」等金剛特質；在這個背景脈絡之中，這些特質最為適當。（久雅〔Jokyab〕仁波切）

⑤…在此，根據康楚仁波切的說法，「resolve」（藏 la bzla）是指「超越」（to transcend；藏 la 'da' ba）。根據欽哲仁波切的說法，它是指「分辨」（to resolve；藏 thag chod pa）。（久雅仁波切）

⑥…這十一項要點分別是：㈠〔基——抉擇基位之次第〕：可分為在迷惑與解脫分離之前，事物本質的本然狀態之「基」，具有本覺的三個面向。㈡〔迷妄的方式——輪迴產生錯亂次第〕：有情眾生因它而迷妄的方式。㈢〔迷妄呈現的方式——如來藏如何遍於有情之身〕：即使有情眾生因為任運顯現的能力而迷妄，但「基」呈現為佛身與佛智的方式。㈣〔住——抉擇覺性所住之處〕：自我了知之覺醒的住所是心的「意壇城」（Chitta Mandala）。㈤〔途徑——智慧顯現之道〕：這個智慧的通道是四脈和流動的風息。㈥〔門——抉擇智慧顯現之門〕：智慧顯現之門，即眼睛等，以及明燈的必要特徵。㈦〔境——智慧起現境相之要〕：境（field）的要點是無瑕之虛空、日、月和酥油燈。㈧〔修——修行之次第〕：「立斷」和「頓超」是把這些付諸實修的方式。㈨〔測度——決定修持之徵相和準量〕：測量進展的可靠徵相是四種信心等。㈩〔中陰——修持勝王之妙殿〕：假使修行尚未圓滿，母子智慧明燈在中陰狀態交會。(十一)〔解脫之狀態——指示究竟菩提善道（大解脫地）〕：所有這些的究竟要點，解脫之勝妙狀態是本初「基」本身，以及在解脫之後，能力如何再次展現。因而有這十一項要點的綱要。（久雅仁波切）

無垢友在他的《口耳傳承巨釋》（*Great Commentary on the Hearing Lineage*）裡，用以下的方式描述這十一個要點，即無上密部的十一個主要課題：㈠在諸佛透過證量而顯現之前，在有情眾生因為欠

缺證量而顯現之前，「基」之本然狀態的本初面貌。㈡證實迷惑如何在這個狀態中生起。㈢描述圓滿佛果的基礎或種子如何在迷惑的時期，呈現在有情眾生之內。㈣說明「抉擇覺性所住之處」位於眾生的哪一個地方。㈤存在於有情眾生之內的這個明覺智慧展現的通道。㈥這個透過那條通道而展現的明覺智慧，透過這個門而顯現。㈦這個透過那個門而顯現的明覺智慧，在此境被看見。㈧看見這個顯現明覺智慧之境的人，如何從事修行。㈨辨識修行進展的徵相與標記。㈩對一個已經擁有這些口訣教導，卻因為怠惰散漫而未成功修行的人而言，它在法性中陰顯現的方式。⑪描述勝妙解脫之究竟狀態。（艾瑞克．貝瑪．昆桑）

⑦……根據堪布仁千．南賈（Rinchen Namgyal）的論釋，「果」被包含在此句裡。（艾瑞克．貝瑪．昆桑）

第11章

文殊師利大圓滿祈願文

蔣貢・米龐仁波切

本文摘自《蔣貢・米龐仁波切文集》（Rangjung Yeshe Publications, 1998）之〈文殊師利大圓滿祈願文——基、道、果之無別本質〉（An aspiration of the Great Perfection of Manjushri, the inseparable nature of the ground, path, and fruition）。

你擁有十方、四時之如來及其子嗣之智慧身的無二身相。
永遠青春年少的文殊師利，
在你平等捨的狀態之內，
願我們在「無作」本質之內任運圓滿。

藉由對吉祥上師本初主的虔敬心，
並且視其為平等捨之法身，
願我們透過了證傳入我心之勝義傳承的加持，
獲得明覺展現之勝妙灌頂。

從初始以來，它即已呈現，
它不仰賴生起，也不仰賴根器的差異。
由於這個心的要點看似太過容易而不受人信任，
因此，願此要點透過上師口頭教導的力量而被認識。

去詳盡闡述或去檢視，只會增加概念，
去努力或去培養，只會讓自己筋疲力盡，
去專注或去禪修，只會設下更糾結的陷阱。
願這些充滿痛苦的造作從內被斬斷。

因為它超越念頭或描述，
所以看不見一物。
然而，也沒有任何餘物遺留在那裡被看見。
那是分辨己心的甚深意義。
願我們了悟這難以說明的本質。

由於它是一切造作之本初清淨，

所以，「常」邊被拋棄了。
由於明覺的展現是任運顯現的，
所以，它離於「斷」邊。
雖然它們被描述為兩個面向，
但這兩者都只是「概念心」(conceptual mind) 的造作。
願我們覺知這超越描述、無別的平等捨本質。

雖然它最初是透過智識的陳述而被理解，
正如同指著月亮的手指，
但是法性的本然狀態超越假設的範疇。
願我們把這一點謹記在心，並且自行覺知它。

在這之中，
沒有看見什麼要拋棄的，
也沒有什麼要保留或確立的。
願這個並未受到接受和排拒染污的法性狀態，
被覺知為任運顯現之本質。

雖然執著於表徵，
但是被了知之「基」，被行走之「道」，被證得之「果」，
都如同真實本質虛空內的層次。
願我們任運地住於「無作」的本質之內。

因為迷惑而生起的輪迴不淨現象，
以及與其相反的清淨覺知，
都是造作出來的表徵，只是仰賴假名。
願我們在非造作的心性中，覺知它們的不存在。

在它的存在方式之中，
法性之無概念本質只受到概念的障蔽，
或因為擁有「見」和「修」而受到損壞。
注視平常的心性，離於「見」和「修」，
願我們任運地安住在真正的本質之中。
我們所專注的任何事物，都是「見」的毒藥。
我們努力接受的任何事物，都是「修」的錯誤。

我們所接受或拋棄的任何事物，都是「行」的過患。
願我們覺知離於一切過患的本質。

如果我們沒有陷入心之造作的泥淖，
我們就會直接看見明覺之展現，了無概念。
沒有用猜測的繩索在空中打結，
願我們精通任運地安住在真正的本質之中。

在那個剎那，願來自自生智慧之明燈的光芒，
自我覺察之童瓶身的智慧面向，
本然覺察之文殊師利，
克服障蔽之濃重黑暗。

由於非造作、非合成的法性
並無任何新奇的事物需要透過造作之道去獲得，
願我們覺知勝義果的本質，不是源自一個因，
而是原本就存在於我們之內。

被猜測的語言文字所覆蓋，即是迷惑之道。
被語言文字所表達的任何事物，都只是一張概念之網。
願各個眾生認識甚深的教導，
這種認識不是源自陳述，而是在我們的心中修持。

在本質上，持有主體與客體的心是迷妄的，
它從來不會像人所想像的那般。
願我們成就不是源自二元分立之心的自生智慧身，
即成就佛果的真實意義。

在明覺與空性的覺察虛空之內，
所有的現象都處於平等的狀態之中。
在這個單一的領域之內，
輪迴與涅槃的希望和恐懼都已經瓦解。
願我們在這個本質之中，證得無住法身的王國。

任何被覺知為人的身體或感官對境的事物，
都如同充滿概念的念頭所製造的視覺錯亂那般顯現。

藉由了無概念的勝妙覺醒的本然光燦，
願它在諸法遍盡的本初虛空內被淨化。

這等同虛空的智慧身，即是帶來安樂的如意寶。
願我們為處於一切時間和一切方向的所有眾生，
獲得此一無礙之勝義果實，
直到輪迴竭盡為止。

本文是應傑尊瑪・德永・耶喜・旺嫫（Jetsünma Dekyong Yeshe Wangmo）之令而撰寫。傑尊瑪・德永・耶喜・旺嫫是著名的空行母瓦拉希（Varahi）的轉世。她在第三個月第四天的吉時轉世，身上佩戴一條哈達和珍貴的水晶念珠。本篇祈願文正是在她轉世那一天，由米龐・蔣佩・給帕・歐瑟・多傑（Mipham Jampal Gyepa Ösel Dorje）撰寫完成。藉由說出這些大圓滿法教獨立且獨特文字的善德，隨著它們自然地生起。願一切眾生證得永遠青春年少的本初主文殊師利之狀態。

第12章

岡波巴第四法

祖古・烏金仁波切

本文摘自《如是》(*As It Is*, Rangjung Yeshe Publications, 1999)第1冊,以及《重述佛陀的話語》(*Repeating the Words of the Buddha*, Rangjung Yeshe Publications, 1991)之〈岡波巴四法〉(The Four Dharmas of Gampopa)。

惑生為智

現在,讓我們看看龍欽巴和岡波巴的第四法——讓迷惑顯露為智慧(願惑顯智)。一切有情眾生都具有佛性,從法身佛下至最微小的昆蟲,無一例外。這種證悟的本質在個別的有情眾生之間,沒有品質或大小的差異。然而,諸佛和正等正覺的菩薩們從一開始就已經斬斷二元分立的心的活動,這就是諸佛、菩薩異於有情眾生之處。諸佛、菩薩的心是以慈悲事業的形式來展現,為了教導其他的眾生,諸佛、菩薩的慈悲事業透過化身和再化身的方式在輪迴中顯現。

另一方面,有情眾生已經落入二元思惟的控制。凡夫的注意力隨著心的活動而移動偏離,突然之間有了迷惑——相信自我與他人、主體與客體,而這種情況永無止境地一再重複上演，這就是輪迴。諸佛、菩薩成功地踏上證悟的乾燥地面，但是有情眾生的我們卻變得迷惑糊塗，並且發現自己陷入一個不成功、不滿足的狀態之中。我們仍然置身於輪迴的汪洋，尚未把頭完全浮出水面。我們在一個接著一個迷惑的覺受狀態中流轉，永無止境。在此同時，我們並未失去自己的佛性，它從未與心分離。雖然我們沒有與佛性分離，但是我們卻不知道，因此仍在輪迴中流轉。

「惑生為智」（confusion arising as wisdom）的意義在於，了解佛性普遍存在於一切有情眾生之內。我們沒有喪失佛性，佛性從未與我們的心分離，連一剎那也沒有。這個佛性一直存在，唯一隱藏它的是我們自己的思惟，沒有其他事物障蔽佛性，佛性是因為表相而受到障蔽。我們自己的注意力以迷惑的思惟的形式展現，而這種思惟障蔽了我們。換句話說，我們遮蔽了自己的佛性，現在是清除這種迷惑的時機。

現在是我們從輪迴中解脫的時刻，除非我們在今生這麼做，否則它不會自行發生。佛陀不只出現在這個世界上，也傳授如何了證自己佛性的殊勝教導。透過不間斷傳承的偉大上師，我們得以親近這些教導如何了悟證悟本質的教法。

在此，「迷惑」是指信假為真，它和誤解是一樣的。我們要如何把迷惑轉變為智慧？首先，需要了解什麼是「迷惑」，它是指把「不是」當作「是」，即「了知什麼是『如是』」的相反。在西藏，有一種叫做「達圖拉」（datura）的藥物，當服下這種藥之後，你會把其他人看成有五十個頭或三十隻手。我們知道在這個世界上那是不可能的，這就是「迷惑」的一個例子。

在我們的佛性之內，有證悟身、證悟語和證悟心（證悟意）三種功德。「不變」（unchang-

ing）的功德有如虛空般開放，稱為「金剛身」（vajra body）；「不息」（unceasing）的功德稱為「金剛語」（vajra speech）；「無謬」（unmistaken）的功德——在無念頭的情況下有所覺知的能力，被稱為「金剛意」（vajra mind）。金剛身、金剛語和金剛意三者原本就存在於一切有情眾生的自性之內，我們所需要的就是認識這種自性。即使具有「三金剛」，我們卻一無所知，因而繼續在輪迴中流轉。世間的迷惑覆蓋我們本具的「三金剛」：我們的血肉之軀覆蓋「金剛身」；時斷時續所說的話、所發出的聲音，障蔽「金剛語」的不息功德；來來去去、一刻復一刻、一日復一日、一生復一生永無止境地生滅的念頭，正是障蔽「金剛意」無謬功德的事物。現在我們要做的是認識自性，而不是繼續迷惑。

佛和自心沒有分離

如果我們要更仔細地解釋龍欽巴和岡波巴的第四法，那麼「迷惑顯露為智慧」是指「圓滿次第」。之前提及的圓滿次第①是根據某種觀想來定義，也依賴某種觀想，這種觀想融攝入空性，或者從空性中重新顯現出來，因此它被稱為是具有表徵的圓滿次第。真正的圓滿次第是認識我們的佛性，當純金被泥土覆蓋時，即使這泥土是暫時的，但它是黃金這件事情並非顯而易見，可是一旦移除了泥土，我們就能了解到那黃金就是黃金。同樣地，當我們淨化了迷惑時，原本是我們本覺的智慧就會顯露出來。

目前，凡夫所處的狀態有如被泥土覆蓋的純金，我們的佛性被暫時的障蔽所覆蓋。我們對二元分立的執著，以及對堅實實相的執著，即是需要淨化的主要障蔽之一。一旦淨化了它，那麼黃金就只是純金。只要我們的心是迷惑的、昏亂的、迷妄的和謬誤的，我們的佛性就會繼續被拖入輪迴的三界中；但是當心無迷惑、無謬誤、無迷妄時，它就是佛性本身。佛性和我們的心不是分別的兩件事物，它們不是兩個不同的本體，無妄的心本身即是純金——佛性。有情眾生並沒有兩個心，當心迷妄時，它被稱為「有情眾生」；當心無迷妄、無謬誤時，它就稱為「佛」。

話說：「佛和你的自心沒有分離。」我們沒有兩個心，我們只有一個心，這個心要不是迷妄的，就是無迷妄的。佛性正是我們的心本初「無謬」的功德，也稱為「法身佛普賢王如來」（dharmakaya buddha Samantabhadra）。

在迷妄和無迷妄之間，在認識自性和不認識自性之間有一種差別。本初「無謬」的功德被稱為「證悟」、「佛果」或「法身的覺醒狀態」；本初迷妄的狀態則稱為「無明」或「有情眾生的迷妄覺受」。雖然我們內在擁有成佛的自性，但是它暫時被遮蔽。

如何讓迷惑顯露為智慧的法門，即是佛陀教法的精髓。在此，最重要的重點即在於引介和認識佛性——已存在於每個眾生之內的本具法身智慧，這第四法即是教導如何認識、修學和穩定對佛性之認識的教法。了解佛性即稱為「見」，修持它稱為「定」，穩定它則稱為「佛果」。佛果不是外在的，它不是突然之間有某件事物融入於我們內在，並神奇地把我們轉化成為一個佛。

心的兩個面向

我們有一個心，但是我們需要區分心的兩個面向——心的本質（essence）和心的表現（expression），這可以透過比喻來了解兩者之間的關係。心的本質如同太陽在天空照耀；心的表現如同太陽映現在水面。天空上的太陽是真正的太陽；顯現在水面上的日影看似太陽，但不是真正的太陽。讓我們把天空上的太陽稱為「佛性」、「無謬無妄的功德」、「心性」（心的本質）；水面上的日影則用來比喻我們一般的迷妄思惟——心的表現。如果沒有天空上的太陽，太陽就無法映現在水面上。雖然事實上只有一個太陽，但是看似有兩個太陽，這即是所謂的「一體兩面」。心的本質（佛性）有如太陽在天空照耀；心的表現即是我們的思惟，被比喻為日影。

成佛的狀態是無惑、無迷妄的，正如同太陽在天空照耀；而有情眾生的心之狀態有如水上的日影，正如同日影本身仰賴水一般，我們的念頭也仰賴對境。對境（客體）是被思惟的事物，主體是覺知的心，而固著於主體和客體即是使我們日日夜夜、生生世世繼續置身於迷妄輪迴的原因。在每一個剎那，我們對主體與客體、覺知的主體與被覺知的客體的執著一再地被鞏固，因而重新創造了輪迴。此時此刻，我們有色、聲、香、味、觸等五種感官對境，在其間，有五種感官作為入口，也有不同的識持續不斷地理解這些不同的感官對境。

水面上的日影能夠照亮整個世界嗎？它甚至能夠照亮整個湖面嗎？它能夠使事物生長嗎？不能，因為它不具有真正太陽的品質。同樣地，心的表現面向——我們的思惟，欠缺真正佛果狀態的品質；但是天空中的太陽本身能夠照耀整個世界，散布它的溫暖，照亮所有的黑暗。簡而言之，諸佛的心是了無障蔽的，而有情眾生的心是受到障蔽的。什麼是障蔽？它就是我們對主體與客體一再產生的執著。

佛性持續不斷地在我們內在呈現，也在每個其他眾生的內在顯現，無一例外。在本質上，佛性永遠是了無障蔽的。它不會增長，也不會消滅；它不是有時被覆蓋或不被覆蓋；它完全超越心的造作；它不會改變尺寸，不是某個人有個大佛性，另一個人有個小佛性；它也沒有品質上的差異。它以相同的程度存在於每個眾生之內。

認識佛性存在於我們之內，即稱為「見」。正確地維持「見」的持續性，即稱為「修」。符合佛法地把那種「見」融合在日常活動和行為之中，即稱為「行」。了悟它完全了無障蔽，如同太陽以不變的光燦在天空照耀，即稱為「果」。我們需要去認識「見」，去認識佛性。雖然佛性是我們已經擁有的事物，但我們仍需要去認識自己所擁有的事物。前行法、生起次第等，全都是為了能夠讓我們認識佛性，它們如同助手。

「認識你的自性──佛性！」這句話不表示我們必須製造某件不存在的事物，如同試圖從一塊木頭裡擠出黃金，這是不可能的，我們必須認識自己已經擁有的事物。但是在所有不同種類的有情眾生裡，最聰明、最有能力的人類似乎完全拋棄了這最珍貴的如意寶。人道眾生的一般狀態就是如同某人已經發現了珍貴的如意寶，卻加以忽視，並認為一塊假珠寶比這如意寶更有價值，再也沒有比這個更可悲或更浪費的事了。

最珍貴的如意寶——佛性

請非常努力地思考這一點。試著去了解，我們現在身處的狀況有如手中握著一塊如意寶。投生為人並非易事，獲得珍貴的人身，並有機會修持佛法，肯定是不容易的。珍貴的人身是極為稀有難得的，如果我們不運用現在擁有的機會，那就無法保證自己在來世會生而為人。事實上，幾乎可以肯定的是，我們將不會生而為人，因為惡業的串習模式是如此地強烈。在我們有另一個機會生而為人之前，現在這個短暫的大好時機將會再度封閉起來，將會達數劫之久。請真心誠意地思考這一點。當你終於找到一個如意寶，卻把它丟棄，有比這個還要更大的浪費嗎？

如果我們尚未擁有這個如意寶，那麼它將難以尋獲。但事實上，貫穿我們所有無始的生生世世，我們始終擁有這個如意寶。如果有人對我們說：「你必須擁有一個如意寶！」那麼我們就麻煩大了，因為突然之間，我們必須弄出一個自己所沒有的東西。但是，「佛性」的如意寶已經存在於我們之內，因為自己的無明和迷惑，使得我們並未認識它，生生世世地持續投生為六道有情眾生。人們丟棄真正有價值的事物，而去追逐食物、財富、聲譽和讚美，是多麼地可悲啊！但是如果不把握今生真正有價值的事物，我們將永無止境地繼續置身於輪迴之中。我不是在要求你們去了解這一點，因為你們當然已經了解，我只是在提醒你們。

佛性——善逝藏（sugata-garbha）——已經存在為我們自己的心性，正如同太陽不變的光燦在天空照耀。但是因為我們一般二元分立的思惟，這佛性的太陽並不明顯，我們未看見它。

在一般人的心之狀態中，甚至連一丁點佛性的本具功德都未顯現。我們日日夜夜擁有的、充滿概念的念頭障蔽了佛性，正如同天空中的太陽暫時被雲朵覆蓋，看似是障蔽的。由於短暫經過的無明雲朵，我們因而未認識佛性。

永遠存在的佛性有如無礙的太陽在天空照耀，但是陽光永遠無法觸及朝北的洞穴內部，此洞穴用來比喻誤解、邪見或片面的了解。

從本初時刻到這個剎那，我們所從事的主要行為，一直都是貪、瞋、痴三毒的活動。我們持續不斷地忙碌於喜歡、厭惡和保持漠不關心等活動，而且這不只是一、兩世，而是無數世。

「心超越概念」是指心離於三毒的狀況。在一般人的整個生命之中，他會全神貫注於三毒。為了從輪迴中解脫，我們需要拋下三毒。我們如何能離於三毒？我們無法把它們埋在地底下，無法把它們沖走，無法燒毀、炸毀它們，甚至無法對它們丟擲核彈，以期望它們會消失。我們持續不斷地與三毒牽扯，有如一台邪惡的機器，正等正覺的佛陀把輪迴描述為無盡痛苦的汪洋，或如同一台持續旋轉的邪惡機器，如同一個惡性循環。我們需要應用一個法門，使自己和所有其他有情眾生從輪迴的汪洋中解脫，那個法門即是認識佛性，它可以清除我們心中的三毒，並根除它們。自生明覺本身是三世一切諸佛所遵循的道路，過去諸佛遵循自生智慧（self-existing wisdom，藏 rangjung yeshe）之道而獲致證悟，現在諸佛遵循自生智慧之道，未來的任何人也唯有透過認識自生智慧來獲致證悟，甚至沒有任何其他的道路可以通往真正的證悟。

讓我們舉另一個例子。想像一個完全被封閉的房間，在完全的黑暗中達一萬年之久。一般未認識心性（佛性）的人，其心的無明狀態就如同那個房間內濃濃的黑暗，而認識自覺智慧（self-aware wisdom）的剎那，就如同在萬年的暗室內按下電燈的開關。在那個剎那，所有的黑暗都消失了，對不對？萬年的黑暗在剎那間被驅除。同樣地，認識人之自性的智慧，也能驅除數劫的無明和惡業。當你在萬年的暗室內按下電燈的開關，黑暗立即消失。

如果房間內所有的門窗都是緊閉的，我們無法看見任何東西，但是當光線進來時，便可以清楚地看見一切。在此生中淨化無數劫的惡業，達到正等正覺的狀態是可能的，因為自生智慧是那麼地強而有力且有效能。

空覺之自生覺醒

現在，我將賦予佛性一個名稱——「空覺之自生覺醒」（empty and cognizant self-existing wakefulness）。心性的空虛面向有如遍在的虛空，但是與這個空虛品質無別的是覺察和覺知的本然能力，即本初的覺醒（basic wakefulness）。佛性稱為「自生」（self-existing），是因為它並非從某件事物中製造出來，或由任何人創造出來。「自生」是指在初始時，它不是由「因」所創造；在最後時，它不會被「緣」所摧毀。這自生的覺醒存在於一切眾生之內，無一例外。我們的思惟和自生覺醒從未分離，思惟的心稱為「表現」，而本覺則稱為「心性」（心的本質）。因此，心事實上有兩個名稱，就無明的有情眾生而言，心被稱為「有個無明（藏 marig-

pa）核心的空覺」；一切諸佛的心則稱為「有個明覺（藏 rigpa）核心的空覺」。

為了使我們能夠認識和了知心性，金剛上師給予我們所謂的「直指教導」。金剛上師會如此做，單單只是為了那個目的。然而，金剛上師所指出的，並非我們尚未擁有的事物，我們早已擁有了佛性。

首先，我們必須認識自性——心性。接著，我們必須精進努力，持續不斷地維持那種認識，即所謂的「修」。最後，當我們達到連極微小的概念思惟都不存留的狀態，當完全淨化了概念思惟時，即所謂的「證得穩定」，這種穩定即我們所知的完全證悟的佛果。

花的種子是另一個比喻。知道它是一粒種子，相對應於認識我們的佛性。在種子被種植、灌溉，開始長出葉子、雄蕊和花瓣，這稱為「修」。當花朵終於完全綻放，有著美麗繽紛的色彩時，這相對應於「證得穩定」。花的種子看起來不像一朵完全綻放的花朵，但如果種子無謬誤地是一朵美麗之花的種子，那麼它就可以被種植，並且將會長成美麗的花朵。

儘管我們看見一朵美麗得令人感到驚豔的花，但是我們卻一點也不會認為那朵花的種子有何驚人之處；同樣地，切勿期待認識心性有何驚人處。但是當這種認識穩定之後，如同佛一般，那麼正等正覺的狀態就包含許多勝妙的功德，例如四無畏❷、十力❸和十八不共法❹等。佛果的狀態也包含把一刹那轉化成為一劫，把一劫轉化成為一刹那的能力。佛果的功德不可思議，而且所有這些功德原本就存在於佛性之內，它們並非某些在日後達成的新功德。並無兩種不同的佛性——不是諸佛有一種佛性，而有情眾生的我們有另一種佛性。

人類的數量有如黑夜的星辰，但是那些擁有珍貴人身的人，其數量卻有如晨星。雖然我

不必要求你們去珍愛這個教法，或把它視為真正重要的教法，但是我有必要重述：在一生當中，我們應該持續這個認識佛性的修持，應該使生活和修行達到平等；換句話說，我們不應該短時間地修行，然後放棄佛法。只要我們活著，就應該修行。

注釋：①原注，❶譯注

①…請參見本書第32頁〈大圓滿修行精要〉。

❷…「四無畏」是指佛對眾生說法時有四種的泰然無畏，包括：㈠一切智無所畏；㈡漏盡無所畏；㈢說障道無所畏；㈣說盡苦道無所畏。

❸…「十力」是唯如來具足的十種智力，即佛十八不共法中之十種，又作「十神力」。謂如來證得實相之智，了達一切，無能壞，無能勝，故稱為「力」。包括：㈠知處非處智力；㈡知業報智力；㈢知遍趣行智力；㈣知一切界智力；㈤知種種解智力；㈥知根勝劣智力；㈦知靜慮、解脫、等持、等至智力；㈧知宿住隨念智力；㈨知死生智力；㈩知漏盡智力。

❹…「十八不共法」即不共通於聲聞、緣覺，唯佛與菩薩特有之十八種功德法。根據《大毘婆沙論》的說法，包括十力、四無畏、三念住、大悲等十八種法。

第三部

修持方法

第13章

用拐杖指著老人的教導

蓮花生大士

本文摘自蓮花生大士《來自蓮花生的忠告》（*Advice from the Lotus-Born*, Rangjung Yeshe Publications, 1994）之〈用拐杖指著老人〉（Pointing the Staff at the Old Man）。

當偉大的蓮花生大士在桑耶的巨岩隱居所（Great Rock Hermitage）停留時，一個未受教育的六十一歲「俄」（Ngok）家族的老人喜饒．嘉波（Sherab Gyalpo）對蓮師懷有極大的信心和強烈的虔敬心，並且在那裡服侍蓮師一年。在這段時間之內，喜饒．嘉波未請求蓮師傳授任何教法，而蓮師也未給予任何教法。一年之後，當蓮師打算離開時，喜饒．嘉波供養蓮師一個曼達盤，上面放了一朵重量一盎司的黃金花朵。然後他說：「偉大的上師，請懷著仁慈思量我。第一，我未受教育。第二，我的才智低微。第三，我年紀老邁，所以我的元素（四大或五大）都已耗盡。我乞求您傳授一個教法給一個瀕臨死亡的老人。這個教法要簡單易懂，能夠徹底地斬斷疑慮，容易了證和應用，具有一個有效的見地，並且將在來世有助於我。」

蓮師用他的拐杖指著老人的心間，給予這個教導。

它的本質是本然的覺察

諦聽，老人！注視你自己明覺的覺醒心。它既無形狀，也無顏色，既無中心，也無邊際。首先，它沒有起源，它是空虛的；接著，它沒有住所，它是空虛的；最後，它沒有目的地，它是空虛的。這種空性不是由任何事物所構成，它是明晰而覺察的。當你看見這個空性，並且認識它時，你就了知自己的本然面貌，了解事物的本質。然後，你已經看見心性，分辨實相的本初狀態，並且斬斷關於知識主題的疑慮。

這個明覺的覺醒心不是由任何有形的物質所構成；它是自生的，並且原本就存在於你之內。這是事物的本質，容易去了證，因為你不必從他處尋求。這是心性，不是由一個具體的覺知者和被覺知的事物所構成。它否定「常」與「斷」的限制。在它之內，沒有要去覺醒的事物，證悟的覺醒狀態是你自己本然覺醒的明覺。在它之內，沒有下地獄的事物，明覺是本然清淨的。在它之內，沒有要從事的修行，它的本質是本然的覺察。這個本然狀態的勝妙見地，存在於你自己之內，請分辨它不是從他處尋求的事物。

念頭的生起是本然解脫自在

當你以這個方式去了解見地，並且想要把它應用在自己的覺受之中時，那麼不論你停留何處，那個處所即是你身體的山間關房。不論你覺知什麼樣的外在顯相，都是本然顯現的顯

相，都是本然空虛的空性；讓它保持本然的狀態，離於心的造作。本然解脫自在的顯相變成你的助手，你可以一邊把顯相當作法道，一邊從事修行。

於內在，不論什麼事物在你的心中移動，不論你思考什麼，它們都沒有自性，都是空虛的，念頭的生起是本然解脫自在的。當你憶念自性時，可以把念頭當作法道，而且修行是容易的。

至於祕密的忠告：不論你感受到哪一種煩惱，注視那個煩惱，它就會了無痕跡地平息。因此，煩惱是本然解脫自在的。這容易去修持。

當可以如此修行時，你的禪修就不侷限於座上。當了知一切事物皆是助手時，你的禪修覺受就是不變的，內在的本質是不息的，你的行止是無拘無束的。不論停留何處，你都永遠不離內在的本質。

覺醒心不會衰老

一旦你了證這一點，儘管你的肉身可能老邁，但覺醒心卻不會衰老，它知道年輕和老邁之間並無差別，內在的本質超越偏見和分別。當你認識明覺，內在的覺醒存在於自己之內時，就沒有利根和鈍根的差別。當你了解離於偏見和分別的內在本質存在於自己之內時，就沒有學識多寡的差別。即使你的身體（心的依物）瓦解，明覺智慧的法身卻是不息的。當這種不變的狀態達到穩定時，就沒有壽命長短的差別。

老人，修持真實的意義！把修行放在心中！切勿誤解文字和意義！切勿與你的朋友「精進」分離！以正念接受一切！切勿沉溺於無益的談話和無用的流言蜚語！切勿忙碌於一般的目標！切勿因為擔心後代而煩擾自己！切勿過度貪戀飲食！打算死為一個平凡人！①你的生命即將耗盡，因此請努力精進！瀕臨死亡邊緣的老人請修持這個教導！

因為蓮師用拐杖指著喜饒．嘉波的心間，因此本文題為「用拐杖指著老人的教導」（The Instruction of Pointing the Staff at the Old Man）。喜饒．嘉波解脫自在，並且證得成就。本文是喀欽公主（耶喜．措嘉）為了未來世代而寫下。本文又名「指著拐杖的教導」（The Instruction of Pointing the Staff）。

注釋：①原注，❶譯注

①：相對於一個擁有財富、名望或權勢的人。

第14章

給予有緣弟子的珍寶

敦珠仁波切

本文摘自敦珠仁波切〈給予有緣弟子的珍寶〉（A Dear Treasure For Destined Disciples），出自《水晶洞：實修傳承大師之教法概要》。

禮敬上師。

蓮花生，烏底雅那的偉大上師，說：

切勿分辨佛法，
分辨你的心。
分辨你的心，即是去了知解脫一切者。
不分辨你的心，即是去了知一切，但欠缺解脫一切者。

停止迷妄的思惟

當你從事修持心性的正行時，身體要保持挺直，讓呼吸自然地流動，雙眼半開地直接凝視面前的虛空。如此思量：「為了所有曾經是我母親的有情眾生，我將注視自我明覺的本然面貌——普賢王如來！」全心全意地向你的根本上師祈請，你的根本上師無別於烏底雅那的蓮師。在最後，把你的心和根本上師的心融合在一起，並安住在平等捨之中。

當如此安住在平等捨之中時，你的心將不會留在空虛且覺察的明覺狀態太久，而將會變得焦躁不安、心煩意亂或心神不寧，並會像猴子般到處亂竄。這不是心性，它被稱為「思惟」。如果你沉溺於其中，思惟將會復甦而讓念頭四起，或計畫實行任何事情！在過去，這正是把你丟進輪迴汪洋的事物。可以肯定的是，它將再次把你丟進輪迴的汪洋之中。此時，停止這個陰險狡詐、迷妄的思惟不是比較好嗎？

在試圖停止這個思惟的背景脈絡之中，「明覺」是什麼意思？①明覺是完全空虛、完全開放、無邊無際和充滿大樂的。它從來不是由具有堅實屬性的事物所構成，它普遍存在於輪迴和涅槃的所有現象之中。從一開始，它就一直是你自己的一部分，從未與你分離，並且超越造作和概念的領域。

如果它是如此，那麼當你認識自我明覺的本然面貌時，會發生什麼事情？當你認識自我明覺的本然面貌時，它就有如一個啞子的夢。你自己這個維持明覺者和被維持的明覺，是不可能彼此分離的。

當你原原本本、自自然然地安住在明覺的勝妙開放之中時，切勿擔憂你的宿敵——那些會招致非議，並具有大量的表徵，且在過去從未給你一刻歇息的念頭。相反地，在如無雲晴空的明覺虛空之中，念頭的活動已經消失、瓦解，所有思惟的力量已經敗給明覺。這個明覺是你本具的法身智慧，本然而清新！

接著，是誰指出這個明覺？是根據什麼來考慮決定？修行者如何獲得信心？

練習保持明覺的連續性

首先，明覺是由你的上師所指出。由此，你認識自己的本然面貌，並且被引介自己的自性。所有輪迴和涅槃的現象，不論它們如何顯現，都不過是明覺本身的展現。因此，這取決於一件事物——明覺。

正如同波浪再度平息於海洋，不論生起什麼念頭，都會在解脫所有念頭中獲得信心。信心超越禪修的對境和禪修的行為，它離於充滿概念、固著於禪修的心。

如果真是如此，你或許會說：「我們有足夠的理由不從事禪修！」不，那是荒謬可笑的！你尚未達到純粹藉由認識明覺而達到的解脫狀態。因為從無始的生生世世以來，我們一直被包裹在迷妄串習的繭之內。直到現在，我們一直在這個概念化思惟的謊言下，度過自己的人生。

在死亡的時刻，你不確定自己將前往何處，但是必須跟隨自己的業，並且經歷更多的痛

苦。所以此時此刻，在你認識了明覺之後，就應該練習去維持明覺的連續性，除此之外無他。

偉大的遍知上師龍欽巴說：

你或許已經認識自性，

但是除非你熟悉它，

否則「思惟」這個敵人將使你如同戰場上的嬰兒那般喪命。

一般而言，「禪修」（meditation）一詞意指以本然且本具的正念去維持明覺的連續性，安住在了無散亂的無著之中，並且熟悉本具的自性。

隨著你越來越熟悉本具自性，當你禪修時，念頭生起就讓它生起，沒有必要把它視為敵人，在它的生起之中放鬆。如果沒有念頭生起，切勿讓它生起，只要安住在它的無生（non-arising）之中即可。

當禪修時，你很容易認識一個突然生起的粗重念頭，但是在幾個細微的念頭生起之後，你就不會注意到任何事情。這稱為「念頭的暗流」，這個暗流有如你禪修期間的一個鬼鬼祟祟的小偷，因此保持正念是必要的。如果你能夠在各種情況下，以正念保持明覺的連續性，那麼不論你是在飲食、睡眠、行走或坐臥，在座上或座下禪修，它本身就足夠了。

偉大的上師蓮花生說：

不論解釋一百次或一千次，
只有一件事要了解——
了知解脫一切者，
維持自我明覺之本然面貌！

再一次地，如果你不禪修，就不會獲得定解（certainty）。如果你從事禪修，就能證得定解。我們應該證得什麼種類的定解？如果懷著強烈的精進來禪修，你對堅實二元分立且焦躁不安的固著將會逐漸地鬆弛。你常時的起起伏伏、希望和恐懼、努力和掙扎，將會逐漸消滅，這是你已經完全熟悉明覺的一個本然徵相。你對上師的虔敬心將變得越來越強烈，你將充滿信心，從內心深處深信他的口頭教導。

在某個時候，牢固地執著於二元分立的「概念心」將自然而然地消失。在此之後，黃金和石頭是平等的，食物和糞便是平等的，善與惡是平等的，佛土和地獄是平等的；你將會發現自己不可能去做任何選擇。但是在這個情況發生之前，根據執著於二元分立的覺知，有所謂的善與惡、佛土和地獄，也有喜悅和悲傷——業報不爽。這是為什麼偉大的上師蓮花生說：

我的見地比天空還高，
但因果業報卻比粉末更細。

因此，光是宣稱「我是一個大圓滿修行者！我是一個禪修者！」，同時昏睡度日，滿口濃重辛辣的酒氣，褲襠之間散發強烈的通姦臭氣，這是行不通的。以清淨的信心、虔敬心和三昧耶奠定你的基礎，並且用堅定不移的精進來遵循主流的修行。如果能夠在放棄今生所有毫無意義的活動之後從事禪修，你肯定將會在今生佔領本初的堡壘，而不必仰賴來生的結果。這是大圓滿甚深法道的特殊品質。

這個給予相稱弟子的珍寶，放置在掌中的直接口頭教導，是由嘉那（Jñana，即吉多．耶喜．多傑〔Jigdral Yeshe Dorje〕）所撰寫。②

我自己的上師對我說：

除了上師之外，我沒有念頭。
除了獻給上師的祈請文之外，我沒有什麼要念誦。
除了「無作」之外，我沒有什麼要修行。
我純粹以那種方式安住。
此時此刻，我處於一個安樂的狀態——開放、無邊無際，並且離於任何參考點。

為了成就一個人願望的永久目標，③
大圓滿的甚深教導本身就已足夠。
這個容易理解的口頭教導是由瘋狂的敦珠所撰寫，
並且把它贈送給你。

願充滿善德。

注釋：①原注，❶譯注

①…在此，明覺是本覺。

②…這是敦珠仁波切最後的撰述之一。

③…「永久的願望」（permanent wishes）是針對「桑天」（Samten）這個名字所作的文字遊戲。桑天是請求這些教法的人。

第15章

勸誡的甚深要點

師利·興哈

本文摘自《北伏藏》（藏 *Gongpa Zangtal*），這是關於《直指普賢王如來密意洞澈本續》之系列教法（Rangjung Yeshe Publications, 2005）。

解脫之自生、自顯之本然狀態——
禮敬普賢王如來之廣大無垠。

住於無別明光之狀態，
一切諸佛之本質，
在本體上無別於普賢王如來。
這個烏底雅那的蓮花生大士，
恭敬地禮敬上師師利·興哈，
並且提出此一請求。

第一組問題

Emaho（唉瑪吙）！
珍貴的上師，什麼是佛的意義？
什麼是輪迴與涅槃之間的分界線？
什麼是無知和了知之間的分界線？
什麼是心和心性之間的分界線？
人如何把這個意義應用在他的心續之中？

他如此詢問。三昧耶。封印，封印，封印。

上師師利·興哈用這些話來回答：

Emaho（唉瑪吙）！當無知被淨化（藏 sang），智慧被圓滿（藏 gye）時，我們使用「佛」（Buddha；藏 sang-gye）這個字。當你把這個應用到自己的心續時，注視你的心性。當你看見和了悟心不是由任何本體所構成，它是空虛且覺察的，任何生起的念頭都是個人的覺受時，你就已經認識心即是佛。

「輪迴」是指困在有害的行為之中，並且於六道輪迴之中流轉，從一個狀態到另一個狀態；「涅槃」是指已經認識心性，所以已經完全斬斷輪迴的執著。當你把這個應用到自己的

心續時，看清心性的本初狀態是一種「無生之自生」（nonarising self-existence）①，不受到物質過患的染污。這個在輪迴狀態中的本初清淨，即是涅槃。

「無知」（unknowing；藏 marigpa。或「無明」）是指不明白心性；「了知」（knowing；藏 rigpa。或「明」）是指了知本覺乃個人覺受。當你把這個應用在自己的心續時，注視並尋找心。藉此，你無法找到一個觀察者和被觀察者。純粹讓你自己明晰、清楚且覺醒地住於那種「無尋」（not finding）的狀態之中，然後去觀看，你將會看見它純粹如此。此即「無知」融攝入其本身的要點。

「心」（mind；藏 sem）是指造作的思惟（formative thinking）；「心性」（mind-essence；藏 semnyi）是指了無思惟和心的造作。當你把這個應用到自己的心續時，心性不會被思惟改變，因此讓它保持非造作的本然狀態。這個清楚的覺醒狀態，離於任何心的造作，即是心融攝入其本身的要點。

第二組問題

再次地，他詢問：

偉大的上師，什麼是法身和總基之間的分界線？

什麼是彼岸和此岸之間的分界線？

什麼是昏沉和覺醒之間的分界線？
什麼是痛苦和歡樂之間的分界線？
人如何把這個意義應用在他的心續之中？

他如此詢問。上師回答：

「總」（all）是指在沒有概念化色相之內的一種歇息靜止（repose）；②「基」（ground）是指與法身融合，因此它是善與惡串習的容器。總基的心朝著「總」攪動，因此生起思惟和念頭。③當你把這個應用到自己的心續時，你的「基」——事物非造作的真實本質，保持覺醒、放鬆，了無概念，沒有製造念頭——是當下的，同時不受到任何迷妄的阻礙。注視「總」和究竟本質（並非由相對的心之對境所構成）是一種空性，而此空性並非由任何事物所構成，此即相對（世俗）自然而然地融攝入究竟（勝義）的要點。

「此岸」是指輪迴的現象；「彼岸」是指超越輪迴。如果你想要把這個應用到自己的心續之中，那麼你要注視屬於此岸的一般思惟的心，進而看見它完全不具實體，它是一種無法被理解的認知。此即抵達彼岸。

「愚痴」是指因為一種粗重的心的習慣，而無法理解任何事物；「覺醒」是指清除障蔽，看見它的如實面貌。如果你想要把這個應用在自己的心續之中，請注視這個無知、無明的心本身。因此，不去質問心是否了解，即是愚痴融攝入覺醒的要點。

「痛苦」是指心受到二元分立的概念所束縛；「歡樂」是指已經了悟無二的自在安適。如

果你想要把這個應用在自己的心續之中，請注視痛苦或歡樂的本質，你會看見它是一種不是由任何事物所構成的空性。此即痛苦之本然融攝。

第三組問題

再次地，他詢問：

偉大的上師，什麼是愛與恨之間的分界線？
什麼是貪欲與喜悅之間的分界線？
什麼是自我與他人之間的分界線？
什麼是善行與惡行之間的分界線？
人如何把這個意義應用在他的心續之中？

他如此詢問。上師回答：

「恨」是指厭惡另一個對境；「愛」是指喜愛另一個對境。當你把這個應用到自己的心續時，請注視仇恨的對境，以及你感受到這個對境的心，並了解到它們是空虛的，不具有本體。因此，你仇恨的敵人是自己的心。當你注視愛的對境時，它也被視為心，這個空虛的心既不是由敵人所構成，也不是由朋友所構成。此即愛與恨自然而然地融攝的要點。

「貪欲」是指一個念頭朝著某個對境的方向移動，心執著和渴望某件特定的事物；「喜悅」是指一種欣喜的心態。當你把這個應用到自己的心續時，請注視那個感受貪欲的心，並且看清是心在覺知那個討喜的對境、人或財物；也是心在感受喜樂。由於感受貪欲和喜悅的都是那一個心，由於這個心不是由任何本體所構成，因此貪欲與喜悅自然而然地融攝。

「自我」是指一種明確地執著的覺知；「他人」是指片面的分別。當你把這個應用在自己的心續時，注視自我，並且看清它不是由一個你可以執著的自我所構成；注視他人，並且看清它不是由一個你可以執著的片面種類或類型所構成。對自我和他人的執著本身，即是空虛的心性。注視這個心，並且看清這個不是由任何本體構成的空虛心性，即是自我和他人自然而然地融攝，而離於二元分立的要點。

「善行」是指有益自我和他人的事物，以及自我和他人的安樂；「惡行」是指有害和傷害自我和他人的事物。當你把這個應用在自己的心續時，直接注視那個執著於某個行為是善或惡的心，並且〔心〕看清心之狀態在本質上〕都是覺醒心。由於覺醒心從一開始就是全然清淨的，並未受到有益或有害行為過患的染污，由於空虛的心性不會積聚業果，因此這是自然而然地把對善行和惡行的執著融攝的要點。

三昧耶。

第四組問題

再次地，他詢問：

什麼是諸佛的心和有情眾生的心之間的分界線？
什麼是天眾的覺知和魔羅的覺知之間的分界線？
什麼是有價值和無價值之間的分界線？
什麼是覺知者和被覺知者之間的分界線？
它們如何被應用在人的心續之中？

他如此詢問。上師回答：

「佛心」（buddha-mind）不是由任何本體所構成之「基」，它的光燦是全然無礙的；「有情眾生的心」是指因為執著而生起的各種念頭。當你把這個應用到自己的心續時，直接注視這個因執著而生起各種念頭的眾生之心，並且看見它是一種逐漸消失的覺醒，不是由因和緣所造成。這本身是非造作的本然心性，不是由任何本體所構成。「讓它住於勝妙之自生狀態」本身即是全然清淨的佛心，這是體現佛心和有情眾生之心的單一要點。

「天眾」是指已經棄絕惡意者；「魔羅」是指持有惡意者。當你把這個應用在自己的心續時，天眾與魔羅的二元覺知本身即是你自己思惟的心。直接注視這個思惟，並且看清它不具有任何本體，但是卻具有一種空虛的本質。事實上，利益與傷害、歡樂與痛苦、空虛，也都具有同一味。因此，斬斷念頭的執著，即是天眾與魔羅之本然融攝。

「有價值的」是指在執著的同時，受到痛苦悲慘的束縛；「無價值的」是指不受到執著的牽絆。當你把這個應用到自己的心續時，直接注視你痛苦的執著，並了解到把貪婪的對境覺知為討喜宜人的是自心的思惟。當你了解到，把某件事物覺知為污穢的糞便也是你的心時，就能夠分辨覺知者和被覺知者都是自己的心。「黃金和污泥是同等的」這個事實，即是了悟有價值的和無價值事物無二無別的要點。

「被覺知者」是指把外在的有形對境視為永恆；「覺知者」是指把內在的心視為存在的事物。在你把這個應用到自己的心續時，藉由注視被覺知的外在對境，你了悟到顯相本身是空虛的。藉由注視內在覺知的心，你看見心是無形的。了悟這一點，即是確定覺知者和被覺知者、顯相和空性之間是無二無別的要點。

第五組問題

再次地，他詢問：

什麼是接受和排拒之間的分界線？

什麼是因與果之間的分界線？

> 什麼是「止」與「觀」之間的分界線？
> 什麼是方便與智慧之間的分界線？
> 它們如何被應用在人的心續之中？

他如此詢問。上師回答：

「接受」是指在心理上去接受，而不排斥；「排拒」是指在心理上拋棄，而不去運用。當你把這個應用在自己的心續時，請認識輪迴的痛苦即是二元分立的心，並且藉由了解它的徒勞無益，進而離於執著的衝動。藉由把心轉離輪迴，你就解脫進入不需要任何事物的境界。因此，了悟此一全然的「無二」，即是自然而然地融攝接受和排拒的要點。

「因」（功德的積聚）是指六波羅蜜多（six paramitas）的行為，其中包括生起次第、持誦咒語、供養、食子、施食等。「果」（智慧的積聚）是指修學禪定和勝觀（insight），並且修學法界之本質是顯相與空性無別（顯空無別）。當你賦予這種修學「不概念化」的封印時，這種修學即是智慧的果積聚（resultant accumulation of wisdom）。不論你修學什麼，以「不把作者與行為概念化」為其封印，即是把因與果圓滿為智慧的要點。

「止」（shamatha）是指念頭的活動完全止息，你的注意力保持不動；「觀」（vipashyana）是指你安住在法性的本質之中。④不論你看見、思考什麼，鮮明地體驗本初自性，即是了證「止觀無二」。

善巧「方便」（means）是指巧妙且敏銳；「智慧」是指了知和覺知實相。當你把這個應用到自己的心續時，由於心是無生的，因此它的空性（不是由任何本體所構成）是藉由善巧方便來了證。藉由智慧，你了悟這種了知是空虛的，而且沒有起因。因此，此空性與智慧之無別，即是了證「方便與智慧無二」的要點。

第六組問題

再次地，他詢問：

什麼是座上禪修和座下禪修之間的分界線？

什麼是虛空和覺醒之間的分界線？

什麼是法性和法之間的分界線？

什麼是見和見者之間的分界線？

它們如何被應用在人的心續之中？

他如此詢問。上師回答：

「座上禪修」是指把你的身、語、意保持平靜沉著，平息你焦躁不安的注意力，並且穩定這種平靜；「座下禪修」是指運用這個意義，並且進一步地加以增強。當你把這個應用到自己的心續時，在禪修狀態期間，你修學不去把所有的現象概念化。在座下禪修期間，你獲得

穩定力，並且加以精通掌控。此即「座上禪修和座下禪修無二」的要點。

「虛空」是指心性，顯露其深度的法性清淨本質；「覺醒」是指了知此一虛空存在於你自己之中。當你把這個應用到自己的心續時，心性的本質是一種清淨的覺醒，而這種覺醒不是由任何實體所構成，而且難以測度。藉由自我了知的覺醒來看見這事物的本質，即是法性顯露其深度。

「法」（dharma；藏 chö）是指有益的現象、有害的現象和中立的現象——可以用這種方式來描述和指出的一切事物；「法性」（dharmata；藏 chönyi）是指它們在本質上是空虛的，在本性上是空虛的，而且沒有特徵。當你把這個應用到自己的心續時，「法性」即是所有的現象（一切諸法）從這個心生起，而這個心即是空性。這是「法性和諸法無二」的要點。

「見」（view）是指未受扭曲的佛心；「見者」（viewer）是指有情眾生的心。當你把這個實際應用到自己的心續時，「見」不是在其他地方，因此讓你的心性保持非造作——一種不偏不倚、廣大的遍在，離於中央和邊際，這即是「見」。當你的心注視那個「見」時，切勿把它視為「其他者」；相反地，它原本就存在於你之內，這即是了悟「見與見者無二」。

第七組問題

再次地，他詢問：

什麼是修學和修學者之間的分界線？
什麼是行止和應用之間的分界線？
什麼是所證得之果和證得者之間的分界線？
什麼是所持守的三昧耶和持守者之間的分界線？
它們如何被應用在人的心續之中？

他如此詢問。上師回答：

「修學」（training）是指把自己放在無念法性之非造作的本然狀態之中；「修學者」是指當身為瑜伽士的你把這個應用到自己的心續時，將身與心放鬆入於平常心性的非造作狀態，並且住於不受念頭染污的自生、自覺狀態之中。在此之中，沒有其他的修學對境要去獲得。因此，它包括對境、修學和修學的行為等三者無別的要點。

「行止」（conduct）是指你的所作所為；「應用」（application）是指把你的所作所為用於修行。當你把這個應用到自己的心續時，懷著警覺來接受自己的所作所為，例如行走、坐臥等行為，切勿陷入〔失念的〕常態。接受你的行止，並且應用法性。如此一來，你的行止和應用是無別的。

「所證得的果」是指三身；「證得者」是指想要去了證三身的心。當你把這個應用到自己的心續時，三身不在其他地方。心性和事物的本質是空虛且無別的，即是法身；把這個體驗為無礙之覺察，即是報身；以各種超越類別的方式來展現，即是化身。認識所證得的果存在

於你自己之內，而不是要在其他地方成就的某件事物，即是在你自己之內圓滿此「果」。

「所持守的三昧耶」全都被包含在根本三昧耶與分支三昧耶之內；「持守」三昧耶不外乎護衛你的身、語、意，不讓它們違背三昧耶。當你把這個應用到自己的心續時，所有要持守的根本和分支三昧耶，以及持守三昧耶，都不過是你自心的相續，沒有要去成就的事物。認識你的心是完美無瑕的，即是三昧耶與持守三昧耶之「無二」。

Emaho（唉瑪吙）！
像我蓮花生這樣的人活在師利．興哈面前，
是多麼地勝妙！
師利．興哈，化現自普賢王如來心間的化身，
我恭敬地祈請和祈願。

我請求此一教誡的「直指」，
並且為了未來世代的利益而加以撰寫，
並且把它封藏在一只紫色漆器寶匣之中。
在未來，將有一宿世有緣的蓮花之子，
有著一顆象徵忿怒的三角形痣，
保任一種無拘無束的行止。

願彼有緣得值遇！

三昧耶。

一切吉祥。

注釋：①原注，❶譯注

①…在另一個法本之中，師利・興哈把「阿底」（Ati）定義為「無生之自生」（nonarising self-existence）。

②…一個替代的譯法是：「總」是指習慣於一種狀態，在這個狀態之中，沒有色相被概念化。

③…在另一個出處（喇嘛貢都・殊倫〔Lama Gongdü Shül-en〕的著作《要點集成》〔*The Cycle of Vital Points*〕）的類似對話之中，蓮花生大士對耶喜・措嘉說：在「總基」（all-ground）之中，「總」（all）是指把念頭概念化，「基」（ground）是與法身融合，因此「基」是一個盛裝善與惡串習的容器。總基識（all-ground consciousness）是心從總基激起，並且生起為念頭。

此外，在我們的原稿〈勸誡的甚深要點〉之中，似乎有一個或更多的片段已被刪節，因此我從《要點集成》裡使用一些蓮花生大士的話語。《要點集成》是在第十四世紀，由桑傑・林巴（Sangye Lingpa）掘取出來的伏藏。（艾瑞克・貝瑪・昆桑）

④…一個類似的段落引自喇嘛貢都・殊倫。在其中，蓮花生大士對耶喜・措嘉說：「觀」是你明晰地一次看見事物的本質。在你已經習慣法性之平等本質之後，把這個應用到自己的心中，不論你所見、所思，鮮明地體驗事物的本質，那即是「止觀無二」的重點。

第16章

佛陀教法的傳承

祖古・烏金仁波切

本文摘自《如是》第2冊（Rangjiung Yeshe Publications, 2000）之〈傳承〉（The Inheritance）。

我們思考、記憶、規劃，於是注意力轉移到一個對象或目標之上，並且堅持固守。這種內心的活動，被稱為「思考」或「充滿概念的心」。在藏語裡，我們有許多不同的措詞來形容這種心之基本狀態的運作，以及外向的意識（extroverted consciousness）無法覺察其自性的功能。這種無明的心執著於對境，於對境形成概念，並且專注於心所造作的概念，然後陷入其中。這是輪迴的本質，從無始以來的生生世世到當下的剎那，一直都是如此。

所有這些牽扯都僅僅是虛偽的造作，它們不是本然的狀態，它們都奠基在主體與客體、覺知者與被覺知者的概念之上。這種二元分立的結構和煩惱，以及透過煩惱所產生的「業」，都是驅使我們從一個輪迴經驗到另一個輪迴經驗的力量。儘管如此，基本的本質卻一直存在，而這種基本的本質不是由任何事物所構成，它完全是非造作的、空虛的，在此同時，它是有所覺察的，具有能夠認識的品質。這種空虛（empty）和覺察（cognizant）的無別雙運，便是我們從未喪失的本初基地。

心的祕密關鍵

我們所欠缺的是，認識空性和覺察的無別雙運是我們的本然狀態。我們之所以欠缺這種認識，是因為心總是在他處搜尋。我們沒有認識到自己實際展現的覺察；相反地，總是忙於在他處、自身之外尋找，持續不斷地進行這個過程。寂天（Shantideva）大師說：「除非你知道祕密的關鍵，否則不論你做什麼，都會錯失標靶。」心的祕密關鍵在於，它的本質是一種自生的、本初的覺醒。為了辨識這個關鍵重點，我們需要領受「直指教導」，告訴我們和顯示給我們：「你的心的本質，即是佛陀的心本身。」此時此刻，我們如同迷失在加德滿都市區阿山街（Asan Tol）❶的笨蛋，四處奔跑號哭：「我迷失了自我！我在哪裡？」而「直指教導」就如同我們告訴他：「你就是你！」從無始的輪迴以來，眾生從未找到自我，直到某個人說：「你就在這裡。」這是引介心之祕密關鍵的一個隱喻。

如果不是因為佛陀的教法，一切眾生將會完完全全地迷失，因為他們需要被指向那本初的基地，而這個基地一直都存在，但眾生卻從未認識到它的存在，這就是「直指教導」的目的，正確地說，「直指教導」是指「讓你面對自己心性的教導」。人們給予這種教導偉大而響亮的名稱，例如「大手印」（Mahamudra）、「大中觀」（Great Middle Way）或「大圓滿」（Great Perfection）。所有這些教法都指向相同的本初自性，這些教法完全相反於充滿概念、持有主體與客體的思惟——尚未覺察其自性、二元分立的心所（frame of mind）。

我們不必這麼說，我們能夠了知自性，能夠應用大手印、大中觀和大圓滿的口訣指引來

了悟自性，因為即使自性是本然覺醒的，我們卻完全沒有注意到這個事實。因此，我們需要再度覺醒。首先，我們需要認識這種自性；第二，培養這種認識；最後，讓這種認識穩定下來。一旦我們重新覺醒，便不再需要流轉於輪迴之中。

內在不可思議之佛

佛性是一種本體（identity），在這個本體之中，一切諸佛的身、語、意、功德和事業是完整無缺的。一切眾生之身、語、意的展現，源自一切諸佛之身、語、意的展現。事實上，任何一個眾生的身、語、意和覺醒者的身、語、意，都擁有相同的起源。身、語、意無法來自土地、石頭或物質。「不變」的功德稱為「金剛身」，「不息」的功德稱為「金剛語」，「無妄」的功德稱為「金剛意」。金剛身、金剛語和金剛意三者無別之結合，即所謂的「佛性」。

由於沒有認識到在自身覺受之中這種佛性的「不變」功德，於是我們進入了血肉之軀的軀殼之中。我們的語言被包裹在呼吸的活動之中，成為聲音和字句，它出現、消失，意識開始區分覺知者和被覺知者。換句話說，意識開始固著於二元分立，即每一個剎那生起和寂滅之停止、開始的過程。念頭一個接著一個地不斷湧出，如同一條永無止境的細繩。這條永無止境的念頭之繩從無始以來就已經不斷地延續，這是心的常態。如果沒有在今生認識自性，我們就無法佔領不變的、自生覺醒的座位。相反地，我們會追逐一個接著一個漸漸止滅的念頭，如同追逐細繩上的每一個新的串珠，這是使輪迴變得永無止境的方式。當我們受到念頭的掌控，牽扯纏繞於其中時，我們真的感到無可奈何。

誰能為我們終止輪迴？除了我們自己之外，沒有人可以終止輪迴。即使六道輪迴的一切眾生排成一排，然後你哭喊：「拜託，幫幫我，這樣我才能停止念頭對自己的控制！」即便如此，仍然沒有一個眾生能夠幫得上忙。我們日日夜夜、生生世世地受到這種牽扯纏繞的念頭所控制，是多麼地悲哀啊！我們可以嘗試引爆一顆核彈來終止輪迴，但是這種作法仍然幫不上忙。核彈可以摧毀城市，甚至摧毀國家，但是它們無法阻止心去思考。除非能夠離於充滿概念的思惟，否則我們絕對無法終止輪迴，並且真正地覺醒而證悟。

當充滿概念的思惟止息、沉寂下來時，即是大寂靜（great peace）的時刻，我們有方法可以讓這種大寂靜發生。事實上，念頭是佛性的一種表現，它們是我們本然面貌的表現。如果我們真正地認識佛性，那麼在認識佛性的同一個剎那，所有的念頭都會自行消失，了無痕跡，這就是終止輪迴的方法。有一個無上的法門可以做到這一點，一旦知道了那個法門，就沒有任何更殊勝的法門是我們需要知道的了。這個法門已經掌握在我們自己手中，它不是需要從他人那裡取得的事物，也不是需要去購買、賄賂或搜尋而最終獲得的事物，這樣的努力完全沒有必要。一旦認識自己的本然面貌，你就已經超越了六道輪迴。

這個法門是什麼？這是當一個人請求大師給予如何認識心性和培養心性的教導時，所要求的事物。我們的心性不可思議地殊勝，它是我們此時此刻所擁有的本然傳承。領受如何認識心性的教法，並且如實地應用教法，即所謂的「佛陀被放在你自己的手掌中。」（the Buddha is placed in the palm of your own hand）這個類比意味著，在被引導和認識心性的那一刻，你不需

要在他處尋找覺醒的狀態，把這整個世界的所有金錢和財富堆成一堆，然後放到一邊，另外一邊則放著對佛性、對你自心本質的認識。什麼是最珍貴的？如果你要比較兩者，那麼我可以向你保證，認識心性——「內在不可思議之佛」，是比較珍貴的，比世界上所有的金錢財富珍貴十億倍。

相反地，如果繼續愚弄自己，那麼我們簡直是在做自己已經做了那麼長久的事情。我們已經在輪迴、六道之中經歷了多少困難和不幸？還想要再這樣繼續下去嗎？當行經十八層地獄和近邊地獄時，我們不會再經歷更多的痛苦嗎？佛陀教導我們，任何一個有情眾生在地獄飲下熾熱融化的金屬，多到可以充滿整個海洋還綽綽有餘，這是我們已經忍受的痛苦的例子。之所以如此，僅僅是因為我們是愚鈍的凡夫眾生，已把這一切忘得一乾二淨。如果沒有了悟這種本然的狀態，那麼我們在輪迴六道中就無法停止流轉。沒有人會阻止你流轉，而且它也肯定不會自己停止。

什麼具有真正的價值？我們需要為自己思考這個問題。當經商獲利時，我們欣喜歡慶；但如果有所損失，便會陷入絕望。讓我們來比較自己的資本和彷彿如意寶的佛性，如果不使用這個如意寶，我們將會面對永無止境的輪迴，而把這個如意寶丟棄，那不是愚蠢到極點，且令人頭痛嗎？我們需要思考這一點。我不是憑著記憶背誦這些話，它也不是謊言，這是一個真實而重要的重點。如果我們沒有佛性，那麼沒有人可以責怪我們，但是我們確實具有佛性，而佛性即是一切諸佛的三身。然而，如同蔣貢・康楚所說的：②

雖然我的心是佛，我卻不認識。
雖然我的念頭是法身，我卻沒有了悟。
雖然非造作是與生俱來的，我卻沒有維持。
雖然本然是本初的狀態，我卻不相信。
上師，憶念我！請速用慈悲看顧我！
加持我，如此本然明覺就會自行釋放。

基礎只有一個

我們需要去了解自己的心究竟是什麼。如我常常說的，在這個世界上，心是最重要的事物，因為有一個簡單的理由——心了解和體驗事物。除了心之外，沒有其他什麼可以覺知任何事物。地、水、火、風、空五種外在元素，它們可以感覺任何東西嗎？事實上，除了心能有所體驗之外，並無其他。

整個宇宙是由五大元素所構成，但是五大元素本身是沒有感覺的，它們一無所知。同樣地，眾生的肉身是由五小元素所構成。就它們的屬性而言，骨骼和肌肉與地元素相同，血液和其他液體與水元素相同，身體的體溫和火元素相同，呼吸是風元素，而我們身體內的空間，不同的孔穴和空洞等，基本上和空元素相同。這五種元素不會體驗，不會覺知任何事物，除非有心在身體裡，否則身體本身不會有任何感覺。

在結構上，外在的五大元素和內在的五小元素也是類似的。我們的身體及其肌肉和骨骼，可以相較於這個大地的表面及其土壤與岩石。在山坡上生長的綠色植物和灌木，可以比作我們的毛細孔與細小的毛髮。外在有森林，我們則有頭髮生長在頭上。每當挖掘地面時，我們通常會在某個地點發現水源；同樣地，如果我們在自己的身體上穿洞，一些體液將會開始湧出。我們身體的體溫和在體外任何其他地方所發現的熱，都有相同的屬性。穿過我們肺臟的風息和外在的風或空氣，兩者是相同的。體內的空間和空虛的空間也相同。內在元素與外在元素之間極為類似，就某種意義而言，內在元素與外在元素是一模一樣的，而且內在元素和外在元素本身不會有所覺知。

我們也具有五種感官（五根），即五種感官之門——眼、耳、鼻、舌和透過碰觸來覺知質地的皮膚❸。然而，這五種感官本身不會體驗任何事物，如果沒有心或意識和這五種感官連結，這五種感官本身不會有所體驗。一具屍體具有眼睛、耳朵、鼻子、舌頭和皮膚，但是如果你給那具屍體看一個東西，即使眼睛是睜開的，屍體不會看見任何事物，不會聽到任何聲響，也沒有能力去嗅聞或品嚐，如果你觸壓它，它更不會感到任何碰觸。

接著，有五種感官的對境（五塵），即我們透過眼睛所看到的色相，透過耳朵所聽到的聲音，透過舌頭所品嚐到的不同味道，透過鼻子所聞到的香氣，以及透過身體所感覺到的質地。這五種感官的對境也不具有認知，它們完全無法體驗到任何事物，除非有心去覺知，否則它們本身不會有所覺知。一個有情眾生基本上是由心所構成，除了這個心之外，這個世界上的其他事物完全無法有所體驗。沒有心，這個世界會是徹底空虛的：沒有已知的事物，沒有已經體驗的事物。當然，物質會存在，但是物質不知道任何事物，它完全了無意識。

在這個世界上，除了一件事物之外，沒有什麼比心更重要，那件事物就是這個心的本質——佛性或善逝藏。一切眾生都具有佛性，無一例外，它存在於每個人之中，從法身佛普賢王如來下至最微小的昆蟲，甚至連只能從顯微鏡看到最小的存在實體，都具有佛性。在所有這些有情眾生之中，佛性都是相同的，沒有尺寸或品質的差異，完全沒有差異。就質或量而言，佛性從來沒有差異，不是普賢王如來具有一個大的佛性，小昆蟲具有小的佛性；或佛陀具有一個優越的佛性，一隻蒼蠅具有低劣的佛性，佛性完全沒有差異。

因此，我們需要區分心與心性。有情眾生的心性和諸佛的覺醒心是相同的，成佛意味著在二元分立的念頭生起之前，完全處於穩定的狀態。如我們這樣的有情眾生因沒有了悟心性，陷入自己的思惟之中，而變得迷惑。然而，我們的心性和所有正等正覺的諸佛心性根本上是相同的，眾生和諸佛擁有一個相同的來源——佛性。諸佛之所以覺醒，是因為他們了悟自己的心性；眾生之所以迷惑，是因為沒有了悟自己的心性。因此，基礎只有一個，卻有兩條不同的道路。

正是心思惟、記憶和規劃我們所有的一切念頭。在藏語中，「念頭」（thought）稱為「nam-tok」，「nam」意指對境——我們所想的事物，「tok」意指製造對這些對境的想法和概念，「nam-tok」即是心日日夜夜不停地攪製出來的事物。佛是一個認識心性，並且透過認識心性而覺醒的人；眾生則是沒有認識心性，並且因為自己的思惟而感到迷惑的人。沒有認識心性的人，被稱為「眾生」；了悟心性本身，並且對心性有穩定了悟的人，則被稱為「佛」。

這個心是不是真的想得很多？它記憶、規劃、思考、憂慮，從無數個生生世世以來，它一直日日夜夜地記憶、規劃、思考和憂慮，沒有停息。一個剎那接著一個剎那，這個心正一個接著一個地製造念頭，並且不只是在今生製造念頭。思惟之所以產生，即是因為我們沒有看見這個心本身的本質，心想到某件事物，然後對它產生念頭和情緒——這個過程持續進行。這如同一條永無止境的細繩上的珠子，永無止境的生生世世。這就是所謂的「輪迴」。

正是思惟讓輪迴永存不朽，除非思惟停止，否則輪迴將永無止境地持續下去。如我之前多次提及的，心不是一件具有色、聲、香、味、觸的事物，它是空虛的，虛空也是空虛的，不論你走到虛空中的哪一處，都沒有界限、藩籬和邊緣。如果你搭乘太空船朝一個方向旅行一千億年，也不會抵達太空的盡頭。即使你一路穿過大地，從大地的另一頭出來，也不會找到太空的底部。如果你再旅行一千億年，仍然不會在任何地方找到太空的底部，朝另一個方向旅行也是如此。你可以不斷地旅行，仍然不會到達太空的盡頭。

科學不會帶領人們達到證悟

現在，沒有界限的事物怎麼會有一個中心？它無法有一個中心，它能有一個中心嗎？這是為什麼我們被教導虛空沒有中心和邊際的原因。佛陀以虛空指出心的狀態，他說心如同虛空般空虛——如同虛空般沒有界限，心沒有中心或邊際。就事論事地說，有虛空之處，即有心。佛陀教導，在整個虛空之中，虛空觸及之處，即有有情眾生；有有情眾生之處，即有煩惱和造業；有煩惱和造業之處，也有佛性，諸佛的覺醒心是無所不在的。簡而言之，這心性在本質上是空虛的，它如同虛空一般，因為它沒有色、聲、香、味、觸，因此它完全是空虛的。從最初，它一直是空虛的，如同虛空般空虛。但是這其中有一個差異：虛空沒有知覺，它不會感受到快樂或痛苦；而我們的心是開闊、無邊無際和空虛的，但是它仍然會感受到快樂和痛苦。有時，它被稱為「全知全覺之心」（ever-knowing, ever-conscious mind），心了知任何存在的事物。

當這個心運作時，它可以發明任何可能的事物，甚至發明核彈。心創造所有這些驚人而小巧的機件——錄音機，以及可以飛越天空的飛機。這些發明物不會思惟，但是它們卻是由思惟的心所創造出來的。眾生創造了我們現在所有的輪迴，但輪迴這個創造物終究不會對我們有任何幫助。

心是不可見且不可捉摸的，這是人們不明白心的原因。所以，人們才會納悶：「我真的已經認清這心的本質了嗎？」如果心是一件具體的事物，那麼科學家很早以前就已經弄清楚心是什麼了。但是心不是具體的事物，因此科學家不一定知道心是什麼。如果他們知道心是什麼，那麼所有的科學家都會證悟了！但是你可曾聽說科學家透過科學而證悟的嗎？當然，科學家知道許多其他的事物，他們能夠製造電話，讓你立即和世界上任何地方的任何一個人談話，他們可以製造讓數百個人一起飛越天空的機器，可以駕著火車直接穿過山巒，所有這一切都是可能的。如果心開始運作，它是一個永不竭盡的寶藏，但是那仍然不代表證悟。當心被用作其他用途，並且深陷其中，這不會帶領人們達到證悟，我們必須明白心性的本質。

輪迴的運作系統

此時此刻，正是心思惟所有這些不同的事物，只要思惟不消融，我們就不會獲致證悟。陷入念頭之中，即是在輪迴中流轉，如同機器中的轉輪。車子有了輪子，你就能夠行遍全世界，對不對？

什麼是消融念頭（完全清除念頭，讓它們消失）的方法？佛陀有清除思惟的技巧，這是為什麼我們要從具格的上師那裡領受「直指教導」的原因。當你去上學時，你必須對著老師重新念一次「A、B、C」，這樣子他才知道你是否明白字母。人必須被教導、被指引，才會有所了知，在徹底了知心性之前，他需要一個老師。就是這麼簡單。

在其他方面，我們的思惟如同車輪，當車輪移動時，輪子拖著車子到處走。從無數的生生世世以來，我們的思惟如同轉動的車輪般從未停止。即使當我們試圖停止它時，它反而變得更糟。思惟如同我們手的影子，試試看去把影子甩掉！你可以命令念頭停止，但是它們不會聽話。心走到哪裡，念頭就如影隨形，只要這思惟不竭盡，輪迴就不會終止，「輪迴」意指旋轉、循環、持續地繞圈圈。除了認識心性之外，沒有其他的方法可以使心停止思惟。

這個循環的運作系統稱為「十二緣起」（twelve links of dependent origination，或稱「十二因緣」、「十二有支」），而「無明」（缺乏了知）就是這十二緣起之首。這種無知的無明意味著沒有認識我們真正的本質是什麼，它迫使色、受、想、行、識等五蘊持續存在，而這五蘊一而再、再而三地使生繼死而來。心不會死亡，當心仍然不知道它的本質時，它再度使五蘊

用四種方法中的一種方法來製造一個新的身體。這四種方法（四生）分別是胎生，例如人類透過子宮而出生，以及化生、濕生和卵生。這「四生」是在三界、六道投生的四種不同的方式。

試著去檢查看看，光是在一個山坡上，就居住著多少眾生；看看光是在一座湖裡面，有多少隻昆蟲。如果你要數一數在我關房後面的濕婆普里山（Shivapuri Mountain）山坡上有多少隻昆蟲，那麼你可能會發現，這些昆蟲的數量多過整個世界的人口數量。相較於其他眾生的數量，人身是非常稀有的。即使我們碰巧身為人類，但是如果沒有在今生透過認識自己的本質而有所了悟，我們將繼續存在於輪迴的其他狀態之中。佛陀曾經教導，如果我們收集自己每一次死亡所噴濺出來的血液，那麼這些血液會多過海洋的容量。這些血液不是來自一切眾生所經歷的死亡，而僅僅是從一個眾生而來，這顯示我們曾經活過多少個生生世世。

如果我們繼續在輪迴六道中流轉，這個過程會自行停止嗎？完全不會！此時此刻，我們已經獲得所謂的殊勝人身。我們現在如同位於一條岔路上，一條路通往更高的層次，另一條路通往更低的層次，我們現在就在那個岔口上。如果能認識並了悟自己的佛性，就可以向上達至證悟；如果草率地忽略它，就不必試著走向更深的輪迴，因為它會自動發生，造作惡業其實不需要太多的努力。一般的心主要在思惟抗拒某件事物，或執著某件事物，或純粹愚鈍遲滯而不在乎任何事情。這自動創造了惡業，進而使輪迴持續下去。

認識主體的本質

真正的善是透過認識我們的佛性和本然狀態所創造出來的，認識自己的本質，即是證悟道；沒有認識佛性，即是輪迴道。有這兩種道路，它們的基礎都是佛性。有兩個選擇——兩條道路，一條是了知的道路，了知它自己本質的覺醒；另一條是無知的道路，沒有認識自己的本質，並且因為意識透過五種感官而與五種對境連結，使我們陷入念頭之中。這個過程使輪迴之輪持續不斷地轉動，所以，有句名言說道：

去認識，即是涅槃道；
不去認識，即是輪迴道。

當一般人看到一個對境，例如一串念珠，他們會想：「這是一串念珠。」接著，他們會納悶：「這串念珠有一百顆珠子嗎？在哪裡製造？或許在中國，或許在印度，我不知道。」這將會使念頭接踵而來。把念頭概念化，就是所謂的「namtok」。念珠是對境，而我們對念珠所產生的所有想法就是概念。「它是黃色的，它是印度的，它或許是中國的。我喜歡它，它相當棒。」一個念頭接著一個念頭而來。對一般人而言，有一個被觀察的客體——念珠，而心是主體，心有所了知。另一方面，瑜伽士不會住於客體之上，而會認識主體的本質。

有了知。任何一個有情眾生的心都是空虛而覺察的，而正是覺察可以認識心的自性。在認識心性的那個剎那，你就看見了空性。這空性被稱為諸佛的法身，這覺察被稱為諸佛的報身，這空性和覺察事實上是無別的，而這無別即是化身。空性與覺察的無別是一種本然的品質，正如同水的流動性和火焰的暖熱，它們是一體的，你無法把暖熱與火焰分離。此外，認識一個人的本然面貌，便是所謂的「自性身」。自性身與諸佛的三身面對面，在這整個世界上，我們無法找到任何勝過自性身的事物。

認識你的心，輕鬆地安住在了無任何實體之中。過了一會兒之後，我們又會陷入念頭之中，但是藉由一再地認識自己的心，我們越來越習慣於本然的狀態。這如同用心熟記某件事情一般，過了一段時間之後，你就不需要去想它了。透過這種過程，我們念頭的活動便越來越微弱，念頭與念頭之間的間隔開始變得越來越長。到了某個時候，你可以在不壓制念頭的情況下，就會有半個小時的時間沒有充滿概念的念頭。

心性原本是空虛而無根基的，不像在心中持有空性的想法，也不同於持續嘗試去感覺空虛，後兩者不會有太大的幫助。藉由一而再、再而三越來越習慣這種本然的、本初的空性，我們就會習慣這種空性。然後，你將會有從早晨到傍晚一整天的時間，空性明覺（empty awareness）不會受到被覺知的對境或覺知的心所染污，這相對應於證得菩薩地。當日日夜夜一刻不離這種狀態時，即所謂的成佛，即真正的正等正覺。

從心性的觀點來看，念頭的干擾如同天空中的雲朵，空性本身如同天空的空間，我們的覺察如同陽光，不論是晴天或陰天，天空本身從未改變。同樣地，當你了悟諸佛的覺醒狀態時，所有如雲般的念頭都會消失。但是即使現在，當念頭存在時，智慧的功德——本初的覺醒

（original wakefulness）——仍然是完全發展、完全呈現的。我們需要去修學，慢慢地越來越習慣對心性的認識，這將消融我們的惡業和煩惱。在這種對心性的認識之中，我們不可能受到業與煩惱的染污，如同你無法在半空中作畫一般。

我想要給你們一段引自《喜金剛續》（*Hevajra Tantra*）的著名引言：

> 一切眾生皆是佛，
> 但眾生卻暫時受到障蔽的覆蓋。

這暫時的障蔽即是我們自己的思惟，如果我們不具有佛性——與所有的覺醒者一模一樣的佛性，那麼不論多麼努力，將永遠無法證悟。佛陀以牛奶攪製成為奶油的例子來說明，眾生本身包含了可以出產奶油的牛奶，即包含了證悟的基本原料。它不像水，你可以攪拌水攪個十億年，但是永遠無法從水中攪製出奶油。一切眾生本身都具有成佛的佛性，但是如果你忽略這最珍貴的佛性，便將繼續在充滿痛苦的輪迴三界中流轉。

輪迴之所以充滿痛苦，是因為它是無常的。例如，輪迴中有無可避免的死亡痛苦，在這個世界上，你沒有什麼可以避免死亡。如果我們永遠不會死亡，那就正好！或如果當身體死亡，心也死亡，那也不會太糟糕。但是事實上，當身體在生命盡頭死亡時，心體驗到死亡，然後繼續下去。我們持續不斷地體驗，即使當躺下來休息時，整個晚上仍不停地做夢，就像這樣，心持續不斷。認識心性是空覺，而這種了悟將能夠使我們度過中陰。

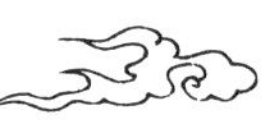

在領受了「直指教導」之後，我們需要下定決心，不僅僅要認識心性，也要下定決心地認為，這就是解決輪迴基本問題的方法。擁有這種信任，並且精進地修行，正如同著名的諺語所說的：「富裕父親的兒子自然而然地會繼承父親的遺產。」當父親富有，而且膝下有子時，兒子毫無疑問地將會繼承父親的財富。我們錯過了像一切諸佛、菩薩、空行、空行母和具有智慧之眼的護法那般，達到本初證悟的機會。然而，如果我們認識自己的本質，並且精進地修學，便將有機會再度證悟，如同富裕父親的兒子持有父親的遺產一般。

注釋：①原注，❶譯注

❶…位於加德滿都舊城中心，是加德滿都最大且最重要的市集。

②…這句引言引自第一世蔣貢・康楚・羅卓・泰耶（Jamgön Kongtrül, Lodrö Thaye）所寫之〈遙喚上師祈請文〉（Calling the Gura Afar, A Supplication to Pierce your Heart with Devoition），其有數個英譯版本：一個收錄在香巴拉（Shambhala）出版社出版之《沒有目標的旅程》（*Journey Without Goal*）；另一個來自壤炯・耶喜（Rangjung Yeshe）出版社，其中多加了向傳承上師祈請的偈頌。

❸…即五根中的「身」。

第17章

大圓滿前行

祖古・烏金仁波切

本文摘自祖古・烏金仁波切未出版之教法，針對《智慧之光》（*The Light of Wisdom*, Rangjung Yeshe Publications, 2001）第四冊〈附注〉（Endnotes）所作的導言。

大圓滿的前行法有兩種安排。在《智慧之光》（*The Light of Wisdom*）、《道次第智慧藏》裡，大圓滿前行法的先後順序稍微不同於《無上本智》（藏 *Triyig Yeshe Lama*）❶和《本性自生》（藏 *Neluk Rangjung*）❷裡的次序。在那些法本裡，修行法門被稱為「外」、「內」、「祕密」參辨（藏 *rushen*）。「外參辨」是六道輪迴眾生的覺受的法則；「內參辨」是在眾生體內六個種子字的清淨；「祕密參辨」是指金剛姿勢（vajra posture）；四種語瑜伽（four speech yogas）；檢視念頭的生、住、滅；安住在本然之中；以及維持清新。根據《智慧之光》的說法，金剛姿勢、四種語瑜伽、檢視念頭的生（住、滅）、安住於本然之中，以及維持清新，構成「立斷」的前行。唯有「頓超」的前行——六道輪迴眾生的覺受法則和六種子字的清淨兩者，被稱為「參辨」。

在過去，無垢友時常每年在王舍城（Rajgir）的靈鷲山（Vulture's Peak Mountain），以六個月的時間修持「參辨」。他以半年的時間修持此法，事實上，前行法是證得虹光身的根本。話說：「前行法是重點。」這或許是因為所有的串習和障蔽都透過前行法而淨化。阿底瑜伽分別輪迴與涅槃的修行法門極為強而有力，極具清淨力。修行者越接近心，他所獲得的加持就越大，教法就變得更甚深。

你可以從分別三門的修行著手。首先是針對身體的金剛姿勢。接著是四種語瑜伽，即封印（seal）、增長力量（develop strength）、柔軟輕安（make pliant）和用於修道（take to the road）。在那之後，你修持念頭生、住、滅之檢視。最後，你要安住於本然，維持清新。

根據大圓滿的說法，當你已經分辨心沒有一個來處、住處和去處之後，安住在本然狀態之中，即是非造作之「止」之始。在那之後，所謂「維持清新」即是把這種本然融入你的日常活動之中。你投入「作」（action）之道，不離本然狀態，同時了無散亂和固著。大多數人即使是不散亂，但仍然固著於對境，並且辨別對境說「這是地毯，這是窗戶」等，他們持續不斷地固著或思考。但是當散亂時，你完全沒有覺察且未注意到念頭是什麼，而完全地沉溺其中。話說，在散亂之道上，魔羅❸的強盜伺機埋伏。

如果你已經認識明覺，那麼你就完全沒有必要散亂。一旦你已經認識明覺，不讓心四處遊蕩即是最重要的重點。「喔，我的心散亂了，既然如此，我為什麼應該要去看看我是否已經散亂？去檢視只不過是一種固著，因此沒有必要去檢視」，這種想法一點幫助也沒有。如果有這種想法，那麼就會喪失一切，你就喪失了正念。

有時，學生們會納悶，修行者是否在安住於本然、維持清新的期間見到心性。如果修行者能正確地修持這些法門，那麼「安住於本然之中」，即是安住於明覺之中，「維持清新」即

是在任何活動期間，不喪失它的連續性。在大手印的「止」和「觀」的系統之中，頭幾個步驟被稱為「專一」（one-pointedness）和「離戲」（simplicity）。在「專一」的步驟中，修行者主要修持「止」；在「離戲」的步驟中，修行者主要修持「觀」。在這兩者之中，仍然有一些「概念心」的活動。大圓滿的修行則稍有不同，安住於本然是指「止」，維持清新是指「觀」；然而在此，它們不像在大手印體系裡那般被稱為「止」和「觀」。如果它們被如此稱呼，就會牽涉一些概念，但是打從一開始，大圓滿的修行就了無概念，了無充滿概念的心。因此，我們為什麼不應該從一開始就介紹心性呢？

你或許會問：「為什麼《椎擊三要》被放在後面呢？」這種安排並沒有錯。此三要是在「見」之下，而「安住於本然」和「維持清新」兩者則屬於前行法。在大圓滿的系統之中，「止」和「觀」被稱為「前行法」。讓我再重申一次，「安住於本然」是指了無造作，而「維持清新」是指不喪失本然之連續性。如果修行者已經在大圓滿之中被引見心性，但是卻沒有本然，那麼他無法成就任何事情。在康區，有句關於這個情況的俗話說：「內部從外顯露。」如果門是開啟的，那麼即使站在門外面，你仍然可以看見房間最內部的所有景像。雖然根據章節的先後順序，「本然」被安置為一個前行法，但是這不表示修行者應該放棄它，而要試著去取得更崇高、更深奧的事物。之所以要介紹心性，這是因為在一開始，它就有用處。如果修行者尚未被引見心性，那麼他仍然可能獲得《椎擊三要》的教法，而不認識心性，不是嗎？

簡而言之，修行者被引見「無造作」、「本然」，一般而言是指「止」和「觀」。話說，有時前行比正行更深奧，即將被引見心性的人將會在此時認識心性，如果那個人被認為應該認識心性，那麼這見地是相當了不起的。也有立刻指出心性這樣的傳統，有時你會聽說某個學生在不尋常的情況下認識心性的奇怪故事④，因為如果他具有「業」的潛能，認識心性就不會總是符合傳統的先後順序。所以，有某些人會在前行法期間被引見心性。在大圓滿之中，「安住於本然」和「維持清新」屬於前行法，而《椎擊三要》則是正行。

注釋：①原注，❶譯注

❶…《無上本智》是《龍欽心髓》（*Longchen Nyingtig*）的大圓滿導引文。

❷…《本性自生》是第一世敦珠・林巴（Dudjom Lingpa）的大圓滿論注。

❸…「魔羅」是指可怖或惡毒能量，一般指誘惑者，製造精神修行與證悟的障礙。

④…舉例來說，閱讀《大成就者之歌》（*Blazing Splendor*）裡關於俄清喇嘛（Ngaktrin Lama）的故事。在他八歲時，一個負責護法佛堂唱誦事宜的老喇嘛，對俄清喇嘛指出心性。（譯按：那位老喇嘛對當時身為轉世祖古、年幼的俄清喇嘛說：「不要迷惘，看著你自己的心！」俄清喇嘛當下就認出了心性。）

第18章

「審視」之道歌

喇嘛夏卡・措竹・讓卓

本文摘自喇嘛夏卡・措竹・讓卓《大鵬金翅鳥之飛翔》（*The Flight of the Garuda*, Rangjung Yeshe Publications, 1984）之〈道歌第三和道歌第四〉（Song 3 and Song 4）。

Emaho（唉瑪吙）！

此刻再次諦聽，我幸運尊貴的心子！

不論你從事哪一種修行，
除非你分辨自己的心，
否則它無法企及重點。
它將有如直接站在標靶前面，
卻把你的箭射得老遠。
它將有如把竊賊留在你的屋裡，
同時慌亂地在屋外尋找他。

它將有如東門有個魔羅，
卻在西邊的入口設置一個抓鬼的陷阱。
它將有如一個乞丐不知道自己壁爐裡的一粒石頭是由黃金製成，
而四處向他人托缽乞討。

因此之故，我的心子，
請用以下的方式從根本檢視你的心。
這個所謂的心會思考，知道這個和那個，
來來回回地移動。
如果你追求它，它不會被逮住，
反而會消失，如薄霧般難以捉摸。
如果你試圖安頓它，它不會停留，
而會四處移動，然後消散無蹤。
你無法說「那就是它！」然後把它釘住；
相反地，它是一種無形的空性。
首先，檢視自心的來源，檢視這個快樂與悲傷的了知者。
它來自何處？

它是否來自山巒、岩石、水、樹木、天空的風等外在現象？
它是否來自某件堅實的事物，或某件無形的事物？
你可以在哪裡找到它的根源？
如果你認為它來自你父母的精與血，那麼那是怎麼發生的？

在如此分析而找不到根源之後，
接著，檢視上半身和下半身，
然後檢視感覺器官、心臟等。
在此一剎那，心在哪裡？
如果它不在心臟裡，
那麼它是在上面或下面？
它有哪一種形狀和顏色？

當你精密檢視，並未找到心的住所之後，
最後，試著去判定心移動時，它往何處去？
它透過哪一個感官之門離開？
當它在剎那間觸及外在對境時，
身體也前去了嗎？還是只有心？

或者身與心一起前往？
如此檢視和分析。

當煩惱或念頭首先生起時，
尋找它從何處生起。
接著，在當下，注視它在何處停留，
以及它是否有顏色和形狀。
最後，當它任運消失之時，
找找看它消失在何處。

探究心在死亡時離開的方式。
精準地加以分析，
直到你肯定地證實它是無可描述的、全然的空虛，
無可觸及，超越生死，超越來去。

光是如鸚鵡般重複他人的例子和陳述，說：「它是空性！」
這樣不會帶來任何利益。
例如，在謠傳有老虎的地方，

人們或許會說沒有任何老虎，
但是你或許不相信那是真的。
相反地，你可能會因為懷疑它的真實性而感到困擾。

但是當你自己追蹤心的根源，
並且獲得一種定解時，
它彷彿你已經前往一個傳說有老虎的地方，
從頭到尾地探索整個區域，
自己去看看那裡是否有任何老虎。
當你並未發現任何老虎時，你是篤定的。
從此以後，你對那裡是否有老虎就沒有疑慮。

Emaho（唉瑪吙）！
我幸運的孩子們，請再次注意！

此時此刻，你已經用這種方式來檢視分析，
並未找到絲毫具體的物質，
你可以指著它說：「這是心！」

正是這「沒有找到任何事物」，即是無上的發現。

第一，心沒有生起的處所。
從一開始，它就是空虛的，沒有具體的自性。
第二，心沒有住所，沒有顏色和形狀。
最後，心沒有去處，也沒有顯示它前往何處的痕跡。
它的移動是一種空虛的移動；
它的空虛是一種顯現的空性。

在初始，這個心不是透過「因」而產生，
在最後，它也不會因為外緣而被摧毀。
「了知」既不增也不減，
它既不會充盈，也不會空虛。
它容納整個輪迴與涅槃，
因此，它超越分別。

由於它了無限制地展現為一切事物，
因此，它不會因為你說「這就是它」而被限定。

由於它不具有任何實體的存在，
因此，它超越「存在」與「不存在」之二邊。
超越障蔽或明晰，
沒有來去，超越生死。

心的品質有如一個無瑕水晶球的品質，
它的本質是空虛的，它的本性是明光，
它展現的品質是生動鮮明的，超越限制。
心毫無受到輪迴過患的染污，
從初始以來，心本身肯定就是證悟的狀態。

這首道歌指出如何查明處於本然狀態之本初心的特徵。

第19章

把直接覺知當作道路

創古仁波切

本文摘自創古仁波切《水晶明晰》（*Crystal Clear*, Rangjung Yeshe Publications, 2003）之〈把直接覺知當作道路〉（Taking Direct Perception as the Path）。

正理與直接的覺知

有時候，佛陀詳細地教導前世來生、業行的結果等；在其他時候，佛陀則教導生起慈心、悲心和菩提心的重要性。他也傳授關於禪修、如何生起勝觀的詳細教法。當我們陷入輪迴的迷惑時，會自動地產生錯誤的覺知方式，而這種迷惑需要被清除。關於這一點，佛教提出兩個重要的方法：正理（reasoning）和直接的覺知。

「正理」是指運用你的聰明才智，找出個人和現象究竟是如何空無獨立的本體，為什麼所有的事物都是空虛的。我們運用推論去了解事物的面貌，並且從中獲得一些對事物面貌的信念，這是經乘的基本態度和方式。換句話說，「直接的覺知」是指金剛乘的修行法門，它不牽涉任何智識上的猜測，修行者使用「人無我」和現象空性之比較直接的覺受，並且繼續修學

此一勝觀，直到完全了證它為止。

一切事物之本質已經是空性。在本質上，任何現象都不具實體，並無獨立的本體。這是現象的面貌，它是一個本然的事實，如果我們不了解這一點，就陷入憂慮、希望和恐懼之中。然而，我們真的無須如此，因為在實相上，事物本身就空無任何實體——如果這個實體是討喜的，我們或許會執著它，如果它是討厭的，就需要迴避它；但事物並無任何實體，一旦我們理智地加以探究，這個事實就會變得顯而易見。所以，我們可以運用正理來推斷事物真實的面貌，並且在獲得一些信念後，訓練自己以這種對事物面貌的了解來看待事物。這即是所謂採取正理的道路。

這兩條道路（正理和直接的覺知）之間的重要差異在於，我們的注意力是否向外而遠離它本身，或者心是否面向它自己，注視它自己。正理之道總是和注視「在外面那裡」的某件事物有關，它使用正理的力量去檢視，直到我們相信所注視的事物在本質上是空虛的，並無任何獨立的本體。不論是在粗重或細微的層次上，它肯定是空虛的。然而，不論我們說服自己「事物的本質是空虛的」有多長一段時間且多麼地徹底，每次我們的腳趾頭踢到東西時，它還是會痛。我們仍然受到障蔽，即使了解事物的空性，我們的手仍然無法穿透事物。光是正理之道，並無法消除我們從無始的生生世世以來，已經發展出來的、體驗一個堅實實相之心的串習。

沒有特定的修行可以把色、受、想、行、識等五蘊轉化成為空性；相反地，它是認識所有現象為何在本質上是空虛的問題，這是佛陀在佛經中所教導的事物。聽聞這樣教法的人或許了解其中的語言文字，因而信任佛陀的教法，但是常常並未親身體驗這即是現象的真實面貌。為了使我們了解和相信現象的本質，龍樹（Nagarjuna）仁慈地設計了智識正理的中觀技巧。修行者藉由一一觀察五蘊而終於相信：「喔，它真的是真的！一切現象在本質上真的是空虛的！」

當我們使用眾多工具來達到這樣的了解時，緣起的正理就非常簡明易懂。例如，當你站在山谷的一側，你說你站在「這」一側，而山谷的對面是「另」一側。然而，如果你穿越過山谷，又會形容它為「這」一側，雖然它之前是「另」一側。同樣地，當分別比較一個短物品和長物品時，我們同意一個比較短，另一個比較長。儘管如此，那不是固定不變的，因為如果你把那個比較長的物品拿來和另一個更長的物品比較，那麼前者就會變得比較短。換句話說，我們無法為這樣的價值基準定出一個「實相」，它們只不過是自心所創造出來的標籤或投射。

我們把標籤添加在暫時聚集的零件之上，而它們本身只不過是添加在更小零件之更進一步聚集的其他標籤，每件事物只有在表面上看似是一個單一的本體。它看似我們有一個身體，有具體有形的事物。然而，只因為某件事物看起來是具體的，只因為我們體驗到某件事物，這並不表示它真的存在。例如，在一個清朗的夜晚，如果你凝視平靜的汪洋，便可看見水面上的月亮和星辰。但是如果你駛出一艘船，撒下魚網，試圖網住月亮和星辰，你能夠辦到嗎？不能，你會發現捕捉不到任何事物。道理正是如此：我們體驗到事物，而這些事物似乎是存在的，但是在實相上，它們沒有真實的存在。換句話說，這種空無真實存在的特質即

是空性。這是運用正理去了解空性的方法。

運用正理不同於直接看見事物的空性，而且據說它是一條比較長遠的道路。在禪修的架構之中，在智識上確信一切事物皆是空性，這並不方便被用來作為修學，而且要花很長一段時間。所以，在多部有關「般若波羅蜜多」（Prajñaparamita）的經典都提及，佛要在積聚功德達三個無量劫之後，才證得正等正覺。然而，金剛乘的教法卻表示，你可以在一世之內，即身達到金剛持的雙運果位；換句話說，你可以在今生獲得正等正覺。雖然這兩者看似相互衝突牴觸，但是兩者都是真實的。運用正理和積聚功德確實需要經過三無量劫的時間，才能達到正等正覺。然而，藉由直指心性和採取直接覺知的道路，你可以在今生即身達到金剛持的雙運果位。

把直接覺知當作道路，運用真實的勝觀，即是心注視其本身的方式。與其往外觀看，修行者把注意力轉向心本身。我們常常認為，心是一個力量強大且具體的「事物」，我們把它帶在身體裡四處行走；但事實上，心只是一個空虛的色相。當我們直接注視它，去看看它究竟是什麼時，並不需要去想心是空虛的，或透過正理來推斷心的空性；事實上，我們有可能直接看見心的空性。與其只是思量心的空性，我們可以擁有一個特殊的、非比尋常的覺受，並且發現：「喔！是的，它真的是空虛的！」它不再只是一個我們假設的結論，我們可以清晰而直接地看見它。這是印度和西藏的大師們獲致成就的方式。

與其透過正理來推斷外在現象之空性，帝洛巴（Tilopa）、那洛巴（Naropa）、馬爾巴（Marpa）和密勒日巴（Milarepa）所教導之大手印傳統，顯示我們如何直接地把空性體驗為實相。由於我們習慣性地把外在對境覺知為總是具有真實的存在，因此並不真的直接地體驗它們是了無真實的存在。相信山巒、房屋、牆壁、樹木等外在對境之空性，並不是非常實際的作法；相反地，我們應該注視自己的心。當我們真正看見心性時，便會發現心沒有具體的本體。這是運用直接覺知的要點：直接注視自己的心，真實地看見它是空虛的，然後持續如此修學。

這個心（覺知者）確實會體驗各種不同的情緒。有時有快樂、悲傷、振奮、抑鬱、瞋怒、執著、嫉妒、驕慢或封閉的感受，有時會感受充滿大樂，有時則感到明晰或了無念頭。許多各種不同的感受可以佔據這個心，然而，當我們注視心的真實面貌並運用教導時，要直接覺知它的真實本質就不困難了。它不但相當容易去做，也具有極大的利益。我們通常認為，所有這些不同的情緒是由外在環境內的某個具體的「因」所引起，但事實並非如此，因為所有這些情緒狀態都奠基在覺知者，即心本身之上。所以，注視這個心，發現它完全空無任何實體。你將會看見，瞋怒和執著等心態（所有的心毒）都立即平息消融——這點極具利益。

我將重複之前提出的要點，來為這個部分作結。一方面，我們為了覺醒達至正等正覺而聽聞，我們有必要經歷三無量劫的時間圓滿積聚功德。然而，另一方面，我們又聽說，在今生即身達至金剛持的雙運果位是可能的。這兩個說法似乎相互牴觸。事實上，如果一個人必須積聚三無量劫的功德，那麼他不可能在一世內證悟；但是，如果他能夠在一世內證悟，那麼就沒有必要圓滿積聚三無量劫的功德。事實上，兩種說法都是正確的，如果他採取正理之道，確實需要很長的時間，但是如果他把直接覺知當作道路，遵循口訣教導的傳統，那麼在一世內證悟是可能的。

確立心的本體與表現

在達波．札西．南嘉（Dakpo Tashi Namgyal）針對「把直接覺知當作道路」所作的解釋之中，他先給予我們兩項任務作為起始：對心的本體生起定解，以及對心的表現（包括念頭和覺知）生起定解。換句話說，達波．札西．南嘉告訴我們去探究三個面向，其中一個面向他稱為「心」，第二個面向是「念頭」，第三個面向是「覺知」（藏 nangwa）。

這三個面向中的第一個面向——「心」，是指沒有牽涉任何念頭的心，這個心既不涉入顯露的念頭狀態，也不涉入隱微的念頭狀態，在它持續不斷的當下，感受不到任何事物的打斷。這種特質稱為「覺察」（cognizance）或藏語的「salcha」。「salcha」是指準備就緒去覺知、思考、體驗，而這種準備就緒不會單純地消失。當我們未被思惟佔據時，不會因此而轉變成為石頭或一具屍體，因此一定有個持續不斷的心之相續——一種持續不斷的覺察。

第二個面向是「念頭」，它有許多不同的種類，有些細微的如構想或假設，其他則相當強烈，例如瞋怒或喜悅。我們可能會認為心和念頭是相同的，但它們不是。

第三個面向「覺知」其實有兩個面向，一個面向是所謂外在對境之覺知，例如，色、聲、香、味、觸。但是現在讓我們先擱置這些外在對境，因為它們不是修學此一要點的基礎。「覺知」的另一個面向和發生在第六識的事物有關，這些事物或許被稱為「內心的影像」（mental images，義共相）。這些心的印象不是透過感官而被覺知，而是以記憶的形式、想像或思考出來的事物，或一個形成的計畫在心上產生；然而，它們都不像是色、聲、香、味、

觸。我們通常不注意這一切，它就是這麼發生，而且我們會陷入其中，例如做白日夢或幻想。

重要的是，我們必須清楚地了解心、念頭和覺知究竟是什麼，這不是理論上的了解，而是實際上的了解。直到現在，我們可能尚未把許多注意力放在「當自心未被念頭和覺知佔據時，它是什麼樣子」。我們或許尚未檢視這個體驗或覺知的心本身究竟是由什麼所構成，因此我們可能還不確定。當有念頭、心的影像或覺知時，我們慣常的習慣是失去控制而陷入這齣戲之中，持續不斷地專注於上演的戲碼，而未清楚、仔細地注視覺知的心。我們傾向不知道自己正在思考或做白日夢，而容易處於一種模糊、朦朧的狀態。現在，禪修讓這些念頭和心的影像變得相當清晰生動，它們可以變得如白日那般清晰。在此時，我們應該仔細檢視，並且從覺受上確定什麼是它們真實的本質或本體。

在這些教導之中，達波・札西・南嘉重複地使用「檢視」這個字眼。當你透過正理來確定事物的本質時，「檢視」是指智識上的觀察，但這不是此處的含意。不像智識的探究，我們應該把「檢視」理解為純粹注視事物真實的面貌。

注視「心」的真實面貌

當追隨正理之道時，我們投入很多時間思考這些主題，在作出結論之前仔細地檢查它們，並把每件事物列入考量，正理之道一定就是如此。藉由智識的檢視，我們了解心是什

麼。大手印「觀」的修學則完全不同。

首先，達波．札西．南嘉要我們採取「大日如來七支坐」，雙眼注視前方，不眨眼或變換姿勢。它聽起來彷彿在從事這個修行期間，不應該眨眼睛，但那不是真正的中心議題。重點在於，切勿掛慮進入你視野的任何事物；相反地，你應該注意自己的心──覺知者。

「我的心」和「我的意識」等標籤純粹是語言文字，而且當想到這些標籤時，我們對它們的意義有個模糊的概念。在大手印之中，「觀」不是指去檢視概念，而是去注視心的真實面貌，即持續不斷模糊概念。然而，那不是真正的心，僅僅是一個想法，即一個「心是什麼」的呈現、極為清晰的覺醒感和清醒感。不論何時，每當我們確實去注視心時，一定都會發現心不具有任何形式、顏色或形狀，一點也沒有。接著我們可能會想：「這是否表示沒有心？心不存在嗎？」如果身體裡沒有意識，那麼身體就會是一具屍體，不是活的。然而，我們可以看見、聽聞，可以了解正在閱讀的內容，因此可以肯定的是我們並未死去。真相是，儘管心是空虛的，無形、無色或無相，但它有覺察的能力，有一種了知的特質。事實在於，「空虛」和「能夠了知」這兩個面向是一種無別的雙運。

心確實存在為一種持續不斷呈現的覺察，我們不會因為沒有念頭而突然死亡；有某種持續不斷的事物，一種能夠覺知的特質。那麼，心究竟是什麼？心是什麼模樣？如果心存在，那麼它是以什麼樣的形式存在？心具有特定的形相、顏色和形狀嗎？我們應該仔細檢視那個覺知的心是什麼，又是什麼模樣，藉以發現它真實的面貌。

第二個問題是：這個心（覺知者）在哪裡？它是在身體之內或身體之外？如果在身體

之外，那麼它究竟在哪裡？它是在任何特定的物品裡嗎？如果它是在身體之內，那麼它究竟在哪裡？它是遍布整個身體，頭、手臂、雙腿等？或者它位於某個特定的部位，例如頭或軀幹、上半身或下半身，究竟在哪裡？我們如此地探究，直到清楚地了解這個覺知的心的形狀、位置和本質為止。接著，如果沒有找到任何本體或位置，我們或許得出「心是空虛的」結論。事物空虛的方式有不同的種類，它可能純粹是不存在的，也就是沒有心。然而，我們尚未完全消失，我們仍然覺知，仍然產生一些覺受，因此你不能說心是純粹空虛的。雖然這個心是空虛的，但是它仍然能夠體驗。因此，這心的空性是什麼？

藉由如此的探究，我們不需要去尋找某件空虛的或覺察的，或具有形狀、顏色、位置的事物，那不是重點。重點在於，藉由探究而看見心的面貌。不論我們是否發現覺知者是空虛的、覺察的或空無任何實體，這都無妨。我們應該清楚而確實地了解心的面貌，這種了解不是一種理論，而是一種真實的覺受。

如果注視覺知者，我們不會發現任何覺知者。我們確實思考，但是如果注視思惟者，試圖去尋找那個思惟者，我們不會發現任何思惟者。然而，在此同時，我們確實觀看，也確實思考。事實在於，在無觀看者的情況下觀看，在無思惟者的情況下思惟，這正是心的面貌、心的本質。《心經》說「色即是空」，為此作出總結，因為不論我們注視什麼，這件事物在本質上都空無真實的存在。在此同時，「空即是色」，因為色只會以空性顯現。「色不異空，空不異色」這句話看起來可能只適用於其他事物，但是當把它應用在「心」這個覺知者身上時，我們也可以看見，覺知者是空性，空性也是覺知者；心即是空，空即是心。這不只是一

個概念，它是我們的本初狀態。

我們心的實相或許看似非常深奧，難以了解，但它或許也是非常簡單易懂的事物，因為這心不在其他地方。它不是其他人的心，它是你自己的心，它就在這裡。所以，它是你能夠了知的事物。當你注視它時，你事實上可以看見心不只是空虛的，它也能夠了知，它是覺察的。所有佛教經典、釋論和偉大成就者的證道歌，都把這個心形容為「空性與覺察的無別雙運」、「無別的空覺」或「空覺雙運」。不論如何形容，這都是我們本初自性的真實面貌。它不是我們的造作，也不是修行的結果；它一直都是如此。

問題在於，從無始的生生世世以來，我們一直專注於其他的事物，從未真正地把注意力放在心上，否則早就已經看見心的真實面貌。現在，因為順緣之故，你能夠聽聞佛陀的話語，閱讀聖眾們的陳述，接受上師的指引。當你開始探究心的面貌且遵循所領受的忠告時，就能夠發現心的真實面貌。

第20章

止與觀

祖古．烏金仁波切

本文摘自《如是》第2冊之〈止與觀〉(Shamatha and Vipashyana)。

止與觀

傳統的說法是：「培養『止』，修學『觀』。」佛教從未說「止」與「觀」是多餘的，應該不予理會或完全擱置一旁。我也不曾這麼教導，但是有時候，我似乎有一點貶損「止」。這是有原因的，而這個理由只可以在特定的背景脈絡中找到。

一般教法的背景脈絡在於，傳法者對正在體驗不間斷的迷惑與昏亂的有情眾生說話，這個有情眾生的念頭或煩惱一個接著一個而來，如同騷動的海面，對心性沒有任何的認識。這種迷惑是生生世世持續不斷的，幾乎沒有任何間斷。告訴這樣的一個人「止」是沒有必要的，這肯定不是傳法的正確方式，因為他的心如同一頭醉象或一隻瘋猴，根本不會保持安靜。這樣的心已經習慣追逐念頭，沒有任何的內觀。「止」是一種處理這種狀態的善巧方便，一旦迷惑的念頭平息到某種程度，認識空性的明晰內觀就容易多了。所以，我們從未教導說

「止」與「觀」是不必要的。

開示的風格適應兩種基本的心態：一種是以被覺知的對境為方向，另一種是以了知的心為方向。第一種心態追求色、聲、香、味、觸、法，它在佛性中並不穩定。這種情況是「三昏惑」(threefold bewilderment)——對境的昏惑、感官的昏惑和感官覺知的昏惑，第三者即是投生為凡俗之人的原因。由於我們陷入根深柢固、一個念頭接著一個念頭的串習之中，我們經歷永無止盡的輪迴。為了穩定這樣的心，第一個教法就是需要去教導那個人如何平靜下來，如何獲得或消除在騷動內固定不變的品質。這如同一攤渾濁的水，除非水變清澈了，或直到水變清澈之前，你無法看見你的臉在水面的倒影。同樣地，對那些被念頭牽著鼻子走的人而言，關於「止」的教導是必要的。

念頭出自我們的空覺，念頭不只是來自空虛的品質。虛空沒有任何念頭，四大元素也沒有任何念頭，色、聲和其他的感覺不會思惟，五種感官之門（五根）不會思惟。念頭在心之中，而如我常常提及的，這個心是空虛與覺察的雙運。如果心只是空虛的，那麼念頭根本無法生起。念頭只來自空覺。

一般的道乘認為，為了達到安住的狀態，「止」的法門是必要的。為了對治我們不斷造作的串習，諸佛教導我們如何去仰賴一個依止。藉由習慣於這個依止，我們的注意力變得穩定，而能夠保持穩固。在此時，指出注意力的本質即是空覺，就容易太多了。但是請記住，僅僅是安住，僅僅住於穩定的「止」修行之中，並不保證你能夠認識自生覺醒的本然狀態。

一般而言，心具有許多不同的特徵：有些好，有些壞，有些平靜，有些無法調伏。某

些人執著於貪欲，某些人比較會瞋怒，有這麼多不同種類的世俗心態。如果你想要心變得安寧、寂靜，那麼藉由足夠時間的修心，心將會變得安寧、寂靜。心確實會變得安寧、寂靜，但這不是一種解脫的狀態。

心變得平靜的過程，如同一個人學習如何坐下來，而不是昏亂、迷惑地到處遊蕩。然而，從遠處注視那個人坐在那裡，我們不一定能夠知道他真正的性格。如你所知，人們有不同的個性，某人可能非常柔和、有教養，非常仁慈，但是他只是坐在那裡，你不會知道他是個什麼樣的人；另一個人可能非常粗野、易怒和暴力，但是你也不會知道他就是那種人。一旦那個人的念頭又開始轉動，這些特徵才會自行顯露。當念頭轉動時，我們通常陷入迷妄之中。在此同時，我們的自性原本是離於煩惱和念頭的障蔽，念頭和煩惱只是短暫的。心真正的「特徵」是自生的覺醒，是一切諸佛所了證的狀態。

修學與禪修的差別

大圓滿、大手印和中觀的教導全都說明，不論生起什麼樣的念頭，這念頭都離於色、聲、香、味、觸等。所有念頭的活動都是空虛的，是空虛的活動。雖然煩惱是空虛的，但是它仍然生起。因為空覺是我們的自性，因此念頭的活動能夠產生。被一個念頭牽著鼻子走，是有情眾生的狀態。你們要認識自己的本初狀態是諸佛三身的本性、本質和能力，短時間地住於非造作的本然狀態之中，然後重複多次。你會習慣這個狀態，這短暫的時間會變得越來

越長。安住在非造作的本然狀態中一個剎那，將能淨化一劫所累積的惡業，一剎那的本然轉化一劫的惡業。

你僅僅需要容許非造作之本然的剎那，只要容許它自自然然地在那裡，而不要觀修它，不要刻意把焦點放在它上面。當你如此修學時（在藏語之中，「修學」〔training〕和「禪修」〔meditating〕這兩個詞聽起來是相同的，所以我要一起談談它們），修學比較是「熟悉」（familiarization）的問題，而不是「禪修」的問題。你越是熟悉心性，就越不會刻意地觀修心性，越容易去認識心性，並且更容易去維持這種狀態。

在剛開始，認識心性的時間只維持幾秒鐘，漸漸地變成半分鐘，然後一分鐘，然後半個小時，然後數個小時，直到最後它不間斷地持續一整天。你需要那種修學，我之所以提及這一點，是因為如果修學的目標是在建構一個已經平息念頭、感覺非常明晰和平靜的狀態，那麼它仍然是一種修學，修行者在其中刻意地維持一種特定的狀態，它是一種心造作的結果，是一種追求。因此，這種狀態既不是究竟的，也不是本初的本然狀態。

在「止」之中，並不了知本然的心性，因為心被「安住於寂靜」所佔據，仍然未見本然的心性。修「止」的修行者所做的唯一一件事情，即是不追隨念頭的活動。但是，受到念頭活動的昏惑，不是唯一的一種迷妄，修行者也可能受到「安住於寂靜」的昏惑。全神貫注於「止」，阻擋修行者去認識自生的覺醒，也阻礙修行者去了知覺醒狀態的三身。這種「止」純粹是指一個人沒有念頭，注意力本身是止寂的，對它自己無所了知。

念頭是輪迴的根源，念頭是輪迴的「所有者」。儘管如此，法身是念頭的本性，不是嗎？

我們需要去修學來認識念頭的這種本性——「四分離三」（the four parts without the three）❶。修學這一點不是觀修某種東西的行為，而是「去習慣它」。然而，它也不像是用心學習偈頌那般背誦。

「禪修」一般是指「注意」，但是在這個情況下，我們需要去修學離於「觀者」和「被觀者」。在「止」之中，有觀察者和被觀察者，因此老實說，「止」也是一種阻擋空性的修學。「止」使心習慣於平靜，並且全神貫注於平靜，修行者老是在維持某個東西，那種狀態是一種技巧的產物，他們用大量的心力去造作一種特定的心所造的狀態。任何狀態只要是修學的產物，就不是解脫。僅僅是能夠保持平靜，並不能瓦解迷惑。

如果你能夠迫使海浪平靜下來，那麼海洋可能看起來完全靜止，但是在水底下，各種沉澱物仍然四處漂浮。海洋或許沒有波浪，但它卻不是沒有殘骸碎片。同樣地，在一個刻意維持的寂靜狀態之中，八十種本具念頭狀態的串習、五十一種心所，以及所有善與不善的情緒，全都潛伏地存在著。它們或許不明顯，或許不活躍，但是它們仍然不是解脫的。

佛心是止觀雙運

我在此批評的是這樣的一個想法：寂靜的心離於念頭，在究竟上是可取的，或其本身即是一個目標。但佛陀的教法不是如此，寂靜本身不是解脫，藉由追求這個目標，修行者可以證得長時間全然的寧靜，但是這和真正的解脫並不相同。

另一方面，本覺的覺醒狀態是全然開放的，它不固著於任何事物，如同沒有任何沉澱物殘留的海洋。當你把泥土混進水裡時，泥土使水變得骯髒；同樣地，僅僅藉由修持「止」，你不會獲得證悟。你需要「觀」，即明觀（clear seeing）的品質，而這個品質本來就存在於超越「概念心」的空性之中。

在佛教修行的所有層次之中，「止」和「觀」兩者必須一起進行。在初始的修「止」之中，修行者可以使用一塊卵石或呼吸作為專注的對境，但是在這個情況下，總是會有二元分立的現象：專注的對境和專注的正念本身之間的區別，而這專注的正念，時時照看修行者的注意力不要散亂偏離到專注的對境之外。另一方面，大圓滿的教法從一開始就對修行者介紹法身的本然狀態，在大圓滿的背景脈絡之中，「寂靜」（止）有時不是絕對必要的。這不只是對具有上等根器的人如此，對每個人都是如此。這不是一種免除「止」的大圓滿「共」（一般的）的教法，完全不是。大圓滿、大手印和中觀從未教導你不需要「止」，而是我們需要去避免上述提及的「止」的缺點。

因此，你從修「止」開始，並且繼續下去，直到能夠保持可接受的穩定狀態，到了這時，要看見你本然的心性就容易多了。這就像你想要看見自己映現在水池中的臉龐，如果不斷地攪動水面，是不會有幫助的；相反地，你需要讓水池變得靜止無波。為了獲得「觀」的內觀，首先必須讓心安頓下來，如此你可以清晰地看見自己的心性。在佛教「共」的體系之中，這是不可或缺的。

隨著你在道乘向前進展，你發現「止」和「觀」更深刻的意義。舉例來說，有共（ordi-

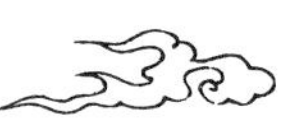

nary，尋常）與不共（extraordinary，不尋常）的「止」和「觀」。究竟而言，話說「佛心是止觀雙運」，但是這種「止」和「觀」不是共的，也不是充滿概念的、誘引出來的「止」和繼此之後所達到的「觀」。那種不共的「止」和「觀」被稱為「讓如來們感到欣喜的止和觀」（shamatha and vipashyana that delights the tathagatas）。換句話說，如來們之所以對那種「止」和「觀」感到欣喜，是因為它是無瑕的。相同的字句，但有不同的意義，共和不共的「止」和「觀」之間有著天壤之別。

再一次地，不要認為「止」和「觀」是沒有必要的。在本覺之中，內在的穩定是「止」，覺醒的品質是「觀」。離於念頭的穩定是究竟的「止」；離於念頭的同時，又認識你的心性，則是使如來們感到欣喜的「止」和「觀」的無別雙運。

大圓滿也使用「止」和「觀」的字眼，但是在那時它們不是指修行的結果。龍欽巴所著的《法界寶藏論》說道：

> 完全離於所有念頭的本初自性，是究竟的「止」。
> 如同太陽的光芒般任運顯現的本覺，
> 則是完全無造作、自然展現的「觀」。

從大圓滿的這個觀點來看，「止」是本具穩定的不變品質，而本然的覺醒則是「觀」的面向，兩者都不是生產或造作出來的。我們說「止」沒有必要，其實是指心所造作出來的寂

靜。之前我告訴你們「不要禪修」，其實是指不要從事心所造作出來的禪修，那是我要你們停止的那種「止」。

「觀」是你的空覺，你超越圓滿與缺損的本然明覺，這個句子具有不可思議的意義。在大圓滿之中，它是指對本覺的真正認識，而在大手印之中，它則被稱為「本具的真如」（innate suchness）。這是我們認識「真」（real）的時候，它可以有許多的稱呼，但是簡而言之，它是指在「觀」的同時看見心性。「在觀看的刹那看見心性，在看見心性的刹那獲得解脫。」沒有一個念頭可以附著在這種狀態之上。然而，過了一段時間之後，你發現自己又再注視著所看見的事物，那即是念頭來臨的時候。然後你需要去「提醒」（remindfulness），並且再一次地，觀者立即停止了。放鬆在非造作的本然之中！

「不禪修」的意義

當你安住在那種狀態之中，什麼事情也不做時，有一種全然的放下。在此同時，有一種全然覺醒之感，有一種無法造作的覺醒品質。

在念頭消失的同時，有一種覺醒的品質，如同蠟燭完全自行存在的明燦火焰。那種覺醒的品質不需要透過禪修來支持，因為它不是某件培養出來的事物。由於它是一種只維持短暫時間的認識，因此再次提醒自己是有必要的。但是老實說，要多久才會達到那個刹那？當你伸出手指去碰觸虛空時，在碰觸到虛空之前，你需要把手伸出去多遠？在此同時，在認識心

性的同時，你也看見了心性。你不是在之後的某個時間才看見心性，也不需要持續地尋找、尋找、尋找心性，在此並沒有兩件不同的事物在進行。

在看見心性的剎那，你也認識了空性。「不見一物，是無上之見地」，當看見空性時，你不需要做任何事情。「非造作」是此處的關鍵字，意思是指你不需要去改變它，就讓它保持原原本本的樣子。在那時，你完全是「無業」(out of a job）的，不需要去做任何事情。換句話說，「禪修」這個行為在那時是沒有必要的，這即是我說「不要禪修」的意義。因為在那個時刻，不論你做什麼要去保持或延長那本然的狀態，只會使它更活躍、更複雜，而那不是我們真正需要的。從無數的生生世世以來，我們已經不停地這麼做了。

當我們平息念頭時，即是圓滿的法身。凡夫眾生已經受到念頭的影響所左右，這是我們是否認識心性的問題。在大圓滿之中，在注視心性時，你看見了心性。然而，「法性」不是一個可以被看見的事物；如果它是一個可以被看見的事物，那麼它就會是一個心的產物。

有情眾生緊緊抓住這個剎那不放。在當下，過去已經止息，未來尚未到來。離於過去、現在、未來三時，如此除了空虛之外別無一物。「立斷」如同斬斷一條繩子，沒有把過去、現在和未來概念化的念頭。離於過去、現在、未來三時的念頭，你當下清新的覺醒即是本覺。

就「不禪修」的意義而言，我要你們脫離的那種「止」是一種心造作出來的寂靜。如果你已經拋棄這種「止」，那是非常好的。心造作出來的寂靜不是圓滿的解脫道，我們需要離於存在與寂靜（輪迴與涅槃），那即是所謂的正等正覺之狀態。

完全明覺的本然狀態具有無礙的品質，那是真正的自在。去認識完全開放、無礙的明覺剎那，它既不執著也不住於任何事物，這不只是如同在經過誘引而產生的寧靜那般沒有念頭的活動，這是一個重大的差異。這也是為什麼「止」本身不是真正解脫道的原因；「止」在每個層次上都需要結合「觀」的明觀，一直到獲得正等正覺為止。

藉由修持「止」，以及修持部分的「觀」（不是全然的明觀，全然的明觀即是認識心性），而獲得的究竟成就，這是證得阿羅漢的涅槃，而不是證得佛的無住（nondwelling）正等正覺。我們應該總是渴望達到無住於輪迴和涅槃的正等正覺。

我們也可能達到一種寧靜的持久禪修狀態，但是尚未解脫。這裡有則關於這種情況的故事。有一次，我和父親在某個功德主家中，那個奉茶的人是一個禪修者。當他帶著茶走進門時，卻不知何故突然僵住了，茶壺舉在半空中。其中一個男孩想要叫喚他，但是我父親說：「不要叫他，就讓他那樣子，如果他把那壺滾燙的茶打在地上，會弄得一塌糊塗，就讓他那樣子吧！」那人站在那裡數個小時。在太陽即將下山時，我父親溫柔地對著那個人的耳朵叫喚他的名字。於是他慢慢地回復知覺。某個人問：「發生了什麼事？」他回答：「什麼意思？發生了什麼事？我正在奉茶。」他們告訴他：「那是今天早上的事情，現在已經是下午了。」他回答：「不，不，是現在，我剛剛才帶著茶走進來。」人們進一步詢問他有什麼樣的覺受。他說：「我沒有任何覺受，它完全是空虛的，沒有什麼要表達或解釋，它完全是寧靜的。」當人們告訴他，他站在那裡數個小時，他感到相當驚訝，因為對他而言，彷彿不覺有任何時間消逝。

在這個背景脈絡之中，「不禪修」即是關鍵重點，這不表示你必須對自己這些年來所投入從事的禪修感到不滿，這種修學是具有利益的，因為它使你的念頭遠比以前少了許多。然而，如果你要繼續追求一種特殊的、了無念頭的心理狀態，那麼這種修學就不具有利益。相反地，你應該讓自己住於遠離任何造作的本然狀態之中，這種非造作的本然狀態是它自己對治念頭或煩惱的解藥。

不在輪迴中昏惑，不住涅槃寂靜中

心是不可思議的，據說它如同如意寶——裝著一切可能事物的寶篋，能夠讓你心想事成。超越寂靜（止）的真實之道在於，每當你體驗到了無念頭和煩惱的寂靜時，去認識那個覺受者——是什麼感覺到寂靜，是什麼在安住。在那個時刻，它變成透明的，換句話說，對寂靜（止）的固著瓦解了。

當「止」被摧毀或瓦解時，就有了真正的空性，一種非造作的空性、本然的空性。這種本初的空性是無別於報身和化身的法身，它是三身的本質——心性的剎那。「止」以造作染污了三身，三身本身是完全任運的。

我們的渴望應該是：「不在輪迴中昏惑，也不住於涅槃寂靜之中，願我們解脫一切眾生。」藉由認識心性，我們當然能夠離於創造進一步輪迴的煩惱，但是證得了無煩惱的寂靜，不足以超越涅槃。因此，我們要下定決心超越兩者。

我們無法百分之百地確定自己的修行是否走在正確的方向上，而正確的修行純粹只是「三善法」（three excellences）。你總是要記得，不論自己正在從事什麼層次的修行，都要先從皈依和發菩提心開始。你能夠從事多少修行，以及能夠完全離於概念到什麼樣的程度，這些並不重要，只要竭盡所能地修學正行即可。你總是要把功德回向一切有情眾生，立下清淨的祈願來作為結行。用這三善法來修行，能夠確保你朝著正確的方向前進。

否則，修行者很容易地就會以不一定會通往真正解脫的方式來「禪修」。在輪迴之中，有特定的狀態被稱為「無色界」。許多人認為真正的禪修是造成無色界之因，而培養這些，除了會延長修行者在這種狀態的時間之外，沒有別的作用。每當我們刻意地把某件事情記在心中，它就會隨著時間變得越來越容易，因為心養成了這麼做的習慣。最後，我們會認為它是毫不費力的。

人們可以努力而持久地住於空性的想法之上，或只是住於明晰和寂靜的感受之上，然後「證得」這樣的一個狀態，但是由於這個狀態是一個產物，因此它終究會耗盡。你離開無色天界，在那個禪天經過了一段美好而長久的停留之後醒來，發現自己的身體已經在遙遠過去的某個時候死亡。你現在了解到：「我死了，我尚未解脫，而所有這些禪修都是枉然。」在那時，你因為徒勞無功而生起的怨恨，便成為你投生三惡道的直接原因。因此，你目前所認為的禪修狀態和修行的發心之間有巨大的差異。

對許多人而言，「止」可以是為無色界作準備的一個途徑，它也可以純粹是一個使心寂靜或想像空性狀態的方法。人們一再地嘗試去使心安靜、寂止下來，並且持續地保有空性的想法，卻不知道持續這種想法的是什麼。我們所需要做的是結合「止」和心性本身的明觀。在這種背景脈絡之中，這樣的「見」（seeing）被稱為「觀」，它完全超越任何住者與被住者，這是「止」與「觀」雙運的時刻。了解這一點是非常重要的。

佛陀本身以禪修的次第來描述修道的發展：

正如同階梯一般，
你應該按部就班、
精進地修持我甚深的教法。
你要循序漸進地走到最後，而不要跳級。

正如同一個幼童，
逐漸地發展他的身體和力量，
我的教法也是如此——
從入門的初階上至圓滿。

有些上師曾經解釋，此處的「圓滿」是指「大圓滿」教法。這段引言也表示，教法取決於領受教法者，因為人有不同種類，可能具有上等、中等或下等根器，而想要利益眾人的佛必須根據他們的程度來施教。一個上師可能想要教授每個人大圓滿的教法，但是唯有每個

人都具有最上等的根器，才有可能做到。如果真是如此，那就太棒了，但這是不切實際的。即使連一個正等正覺的佛，都無可避免地要教導九乘，如果傳授不適合人們層次的教法，那是不會有所幫助的。同樣地，你不會把低層次的教法，傳授給某個具有最上等根器的人。所以，擁有不同層次的九乘教法是不可或缺的。

心和心性從未分離

Ema（唉瑪）！
這非造作的、當下的覺醒，
乃是真正的普賢王如來。
即使連一剎那，你都不曾和這普賢王如來分離。
在認識這一點的同時，住於本然之中。

這是一首非常重要的偈頌，我將逐行地加以討論。這首偈頌以驚嘆詞「Ema」（唉瑪）為起始，意指「不可思議」。第一句是：「這非造作的、當下的覺醒」，在此，用來表達「覺醒」（wakefulness）的字詞，相同於用來表達「識」（consciousness）或「心」（mind）的字詞。它純粹是指我們現在所體驗到的事物，我們現在所有的覺受。（仁波切彈指）你們聽到那聲音了，對嗎？這是毫無疑問的。你們聽到了聲音，那是因為在你們的身體之中，有當下的覺醒。此

時此刻，有一個心在身體裡，所以我們才有可能透過耳朵來聽聲音。當心（覺醒的品質）離開你的身體時，換句話說，當你的身體變成死屍時，我可以在你的耳朵前彈指一百次，你仍然不會聽到任何聲音。沒有能聽聞的識，沒有對聲音的認知，因為心已經離開了。有所覺受的不是身體，而是此時此刻在這個身體裡的東西，是在這個剎那、此時此刻，不是在過去和未來，而是在這當下的剎那。

當某個人像我剛才那樣彈指時，聽覺立刻發生。這唯有當下的覺醒才有可能，沒有其他的事物能夠聽到聲音。如同一具屍體那般，耳朵本身無法聽聲音，五大元素等不會聽聲音，感官本身不會聽聲音，只有心才能聽聲音。這非造作的（本然的）、當下的覺醒，應該保持其本然的狀態。

我常常舉出一個非常簡單的例子來說明「本然」（naturalness），或許太常了！當樹木生長在山間時，它是自然的，但是如果人們把它砍下來，做成桌子的樣子，那麼它就不再是木材本然的形式。在此，「非造作」（unmade）一詞，是指你讓當下剎那的覺醒保持「如是」的狀態，不去對它動任何手腳，沒有什麼要採納或避免，沒有什麼要執取、接受或排拒，沒有什麼要被檢視，沒有任何希望或恐懼，僅僅讓當下的覺醒保持「如是」的狀態。那是第一句話：「這是非造作的、當下的覺醒。」

第二句：「乃是真正的普賢王如來」，普賢王如來是完全嫻熟遍存於一切輪迴與涅槃狀態之中的自性，它是你的佛性，無所不在，全然了悟。這真正的普賢王如來是了悟你自己當下的覺醒。

第三句：「即使連一剎那，你都不曾和這普賢王如來分離。」你從未喪失自性，從來沒有一刻喪失自性。心和心性從未分離，如同太陽和陽光從未分離，這稱為「自生的覺醒」。佛性如同太陽，陽光則如同有情眾生的心的念頭。

心和心性從未分離，如同太陽和陽光從未分離，如同火與煙一般，同時顯露的智慧和無明也是無別的。我們從未與心性分離，即使連一個剎那都未分離。我們真正的自性是普賢王如來——普遍存在於輪迴和涅槃的自性，雖然它一直都存在，但光是知道這一點並沒有幫助，因為我們尚未認識心性，還需要去認識心性。

第四句：「在認識這一點的同時，住於本然之中。」你需要去超越二元分立的智識，超越觀者與被觀者，超越二元分立。此時此刻，我們的智識是一種思考某件事情的行為，而這個本初、自生覺醒的剎那則是了無念頭的。我們需要認識這一點，加以修學，並且讓這種認識達到穩定的狀態。「認識」如同一個嬰兒，他在二十五歲那年長大成人，從嬰兒期開始，他的修學即是去認識心性和持續認識心性，直到他完全嫻熟為止。

不論你是普賢王如來或一隻小昆蟲，佛性本身都沒有品質或大小的差異。而造成其中差異的是：有情眾生對佛性無所了知，因此覺察的品質執著於心所體驗到的事物。換句話說，出於無明，昏惑永無止境地一再顯現。

趨向證悟的修道與次第，描述了在認識心性中的穩定程度。我們需要去認識空覺，即這非造作的、當下的覺醒究竟是什麼，讓這當下的覺醒保持「如是」的、本然的狀態。概括地說，這即是整個教法所在。認識了這當下的覺醒之後，透過非造作的本然加以修學。最後，使這種認識達到穩定的狀態。重複這四句：

Ema（唉瑪）！
這非造作的、當下的覺醒，
乃是真正的普賢王如來。
即使連一剎那，你都不曾和這普賢王如來分離。
在認識這一點的同時，住於本然之中。

每個有情眾生都是覺察的，如同我們的自性，覺察是不息的，它是心的覺察本質。覺醒時時刻刻都存在，如果我們不去改變覺醒的當下，那麼它即是本然的心性。過去已經停止，未來尚未到來，而當下沒有被概念化，在我們觀看的那一刻，便看見了當下非造作的覺醒。有時，它被稱為「當下的心」（present mind）、「平常心」（ordinary mind）和「本然的心」（naked mind）。「平常心」是指心既沒有惡化，也沒有改善。「平常」是指上至普賢王如來，下至最微小的昆蟲，一切眾生都具有不息的覺醒，這不息的覺醒即是真正的普賢王如來。

本然平常心，圓滿「如是」

我們通常透過希望和恐懼、接受和排拒來造作當下的覺醒。然而，在這個剎那，在你已

經認識它的本質之後，你不需要再對它做任何事情。它不是某件必須去保持或維護的事物，因為它本來就是如此。如果我們讓它保持「如是」的狀態，不對它做任何事情，那麼它就超越增進或毀滅。

老實說，不是普賢王如來有一個好佛性，一隻昆蟲有一個壞佛性，我們每個人的心都擁有相同品質的佛性。我們是如此徹底而輕易地不相信佛性，大多數的人是如此徹底而輕易地無法相信，光是讓佛性保持「如是」的狀態就足夠了！輪迴與涅槃之間的差異，純粹只是認識佛性與否的問題，在你認識佛性的剎那，沒有什麼比那更單純的了。在見到心性的剎那，你就已經認識了心性，沒有什麼需要去完成的，在那個剎那，甚至連一點點禪修都沒有必要去做。我們需要去觀修和培養「止」，但這空性沒有任何東西需要去觀修。

當然，在認識了心性之後，我們又會失去連續性，心變得散亂，失去連續性，這散亂本身即是迷妄的狀態。觀修佛性，彷彿佛性是一個對境，這是充滿「概念心」的造作，正是這「概念心」使我們持續在輪迴中流轉。

「你當下的覺醒」意指你不再思考過去，也不再規劃未來。過去的念頭已經消失，未來的念頭尚未到來，雖然在當下可能出現一個空隙，但是有情眾生卻持續地把這個縫隙閉合起來，和念頭重新連結，而不是讓這個空隙離於概念。與其急急忙忙地閉合這空隙，我們應該只是住於當下的覺醒之中。本然的平常心是存在的，你不需要做任何事情來展現它。超越過去、現在、未來三時的念頭，是佛經提及「三解脫門」（three gates of emancipation）❷的根本意義。

在那個時刻，你不需要去對自己當下的覺醒做任何事情，它已經是「如是」了，那是「本然平常心」（naked ordinary mind；藏 tamal kyi shepa）的真正意義，在藏語裡，這是一個著名的詞彙。「平常心」意指「不瞎弄、不竄改」，那裡沒有「東西」需要被接受或排拒，它純粹是「如是」的。「平常心」一詞是描述心的本質最直接、最貼近的方式，不論中觀、大圓滿或大手印使用何種專門用語，「本然平常心」是最單純的詞彙，它是描述我們真正自性的最直接方式，它意指沒有什麼需要被接受或排拒，它已經圓滿如是。

切勿往外投射，切勿向內退縮，切勿把你的覺醒放置在這兩者之間的任何一處。不論注意力被導向內或外，都沒有必要把它安置在一個被迫的寂靜狀態之中。我們需要離於三時的念頭，沒有什麼比這個更容易的了。它如同指著虛空，在你指著虛空之前，需要作多少準備？它就像是這樣，那是一個需要「無作」（no doing）的時刻。心性原本是空虛而無根基的，了知這一點就足夠了。你當然能夠了知自己的心！

「培養『止』和修學『觀』」如同學習字母，如果不學習字母，我們將永遠無法閱讀或書寫。一旦禪修已經融攝入你本初自性的虛空之中，那麼它就更容易去看見，更容易去維持。「更容易去看見」是指認識心性是簡單的；「更容易去維持」是指嫻熟於本然。沒有投射，沒有專注，沒有念頭，習慣於其中的連續性。

簡而言之：「絕不禪修，卻也絕不喪失禪修。」它不是一種像「止」的禪修行為，但是如果你有所遺忘，心變得散亂，你就重新落入迷惑之中。絕不禪修，也絕不散亂，當你有所遺忘時，就運用正念，如果沒有這種警覺，舊有的模式會再度掌控。未看見心性的舊有習慣，

以及持續不斷地陷入念頭之中，被稱為「黑暗的擴散」（black diffusion）。如果沒有警覺，就沒有什麼會提醒我們去認識心性了。

注釋：①原注，❶譯注

❶…「四分離三」（the four parts without the three）是指離於過去、現在、未來等三部分的造作念頭，而第四部分即是不受時間影響的勝妙剎那。

❷…「三解脫門」是指通往解脫之道的三種法門，即空、無相、無願。

大圓滿之歌

第21章

「立斷」之真實見地

策列・那措・讓卓

本文摘自策列・那措・讓卓《太陽的循環》（*Circle of the Sun*）之〈「立斷」之真實見地〉（The Actual View of Trekchö）。

自生覺醒的真實意義有許多種，但是它們都可以縮減為兩種，即「立斷」和「頓超」。關於「立斷」，為了認識內在的緣（innate condition）、本然狀態之見地的意義，以及斬斷誤解和疑慮，上師應該根據相應的禪修手冊來教導不同的主題，例如首先去追溯思惟之根，接著去搜尋心的本具狀態，最後去檢視生、住和滅。上師應該根據弟子們的根器，結合口語教導來傳授這些主題。

一般世俗之人（尚未接受任何宗派見解）無法超越堅實的二元分立的固著或貪、瞋、痴，因此他們並未了悟真實的見地（actual view，正見）。

什麼是真實的見地？

在佛教宗派之中，聲聞持有苦、集、滅、道等四聖諦的見地；緣覺持有正、反次序之緣起的見地；菩薩們則把顯相視為表面，把空性視為究竟，把願菩提心和行菩提心當作修行。因此，波羅蜜多乘的追隨者只部分地了證「無我」的見地。

事部（Kriya）的修行者持有三部本尊是世俗諦的見地，而勝義諦則是離於四邊❶的清淨。行部（Upa）和瑜伽部（Yoga）把五部、百部等顯相視為表面的真諦，而把顯相的空性視為勝義諦。

瑪哈瑜伽（Maha Yoga）的修行者把色、聲、寂靜尊和忿怒尊的壇城等視為表面的真諦；超越生、住、滅則是勝義諦；這兩個面向之「無二」，即是無別之二諦。阿努瑜伽（Anu Yoga）的修行者把了無造作之心性視為虛空，把心性了無對境之覺察視為覺醒，把兩者之「無二」視為大樂。

簡而言之，各種密咒乘的見地全都侷限在心造的限制之中，而且在這個背景脈絡之中，它們都不被認為是了證真實的正見。

那麼，在這個情況之下，什麼是真實的見地？它是你本初清淨的自我覺察、非合成的覺醒、超越念頭的本初狀態、自生的單一循環，以及勝妙本初自在開放的虛空。

由於從一開始，這個見地即任運圓滿為空性，因此它超越「生」。由於它的覺察展現是不息的，因此是所有輪迴與涅槃現象展現的基礎。由於它的本質上是完全無染的，因此不論展現為什麼，都永遠不會超越空性。

這個見地超越形狀與顏色、善與惡、有與無、常與斷等屬性的限制。見地的本質即是你的本初覺醒，它超越念頭和語言，未受到諸如「它超越限制」等念頭的智識執著之心造作的染污。

了證此一見地即代表離於疑慮的束縛、心之造作、二元分立的固著，以及如實地認識和了悟內在的緣。藉由上師各種不同的指示和教導，尤其透過上師甚深且神妙的加持，才可能了證此一見地。事實上，沒有什麼事物要被了證。我們假定這個要被了證的事物是從不同於了證者的地方重新生起，但並非如此，它純粹是認識自身覺醒的本然面貌。

什麼是業果之本質？

於是你可能會問：「只去了悟這『立斷』的見地（『基』的本質），就足夠了嗎？」答案在於，一些根器敏銳者在了解這見地之意義的同時，即獲得解脫。然而對一般人而言，光認識這見地是不夠的。根據教導，他們所有的串習和障蔽都必須竭盡，融攝入法界之中。《淨業經》（*Sutra on the Purification of Karma*）中提及：

除蓋障菩薩（Nirvirana-Vishkambin）問佛陀：「什麼是業果之本質？」

佛陀回答：「法性是其本質。」

他進一步問：「若果真如此，那麼一切有情眾生任運解脫將會是符合邏輯的。」

佛陀回答：「不，它不會是符合邏輯的。如同奶油要等到牛奶被攪拌之後才會顯現一般，或如同銀要等到銀礦被發掘才會出現一般，有情眾生必須從事修行和禪修，才會覺醒。」

菩薩又問佛陀：「如果有情眾生原本就是法性，那麼為什麼還要修行？」

佛陀回答：「他們應該修行，因為他們必須清除如顯現於天空的雲朵般隨時產生的概念思惟。」

菩薩再問佛陀：「如果概念思惟是隨時產生的，那麼即使修行者成佛之後，它也可能再度顯現。這是符合邏輯的。」

佛陀回答：「成佛之後，概念思惟已經完全根除，如同人在得了天花之後，完全康復一般。」

注釋：①原注，❶譯注

❶……「四邊」是指有、無、有無二俱和非有非無四種執著，一切執著都包含在此四邊之中，若斷除四邊則所有執著均可一併移除。

第22章

佛不在他處

祖古．烏金仁波切

本文摘自《如是》第1冊之〈佛不在他處〉(Buddha Nowhere Else)。

「心」是覺空雙運

一切事物都包含在實相和表相之中。至於實相，我們要記得，心原本是空虛的。本初覺醒的本質是空虛的，本性是覺察的，其能力是遍在的。這本初的覺醒不是空白的空無，它是覺察的，具有了知的能力。當談到實相（本初）時，我們說的就是這個。本初覺醒的空性是一切諸佛的法身；其覺性是一切諸佛的報身；它也具有遍在的能力，而這種空覺無別的本具能力，被稱為一切諸佛的化身。這三身形成一個無別的自性身，也就是我們自己的心。這存在於每個人之中而相對於表相的本初實相，正是我們所謂的「佛性」。

心也是「覺受與空性的結合」（覺空雙運）。你可以說，表相和實相也是一體的，而在表相與實相的一體之內，心是覺受與空性的結合。我們可以用以下的方式來加以描述形容這一

點：「內在的心性是法身，內在的覺受是法身之明燦光芒。」它如同太陽與陽光，如同身體與四肢，如同天空與雲朵；同樣地，表相是實相的表現。現在，我們體驗到在外在的地、水、火、風、空等五大元素，它們透過五種感官而顯現在我們面前，不是嗎？而體驗到五大元素表相的是心，如果沒有心，會有任何顯現的事物嗎？這些顯相的展現對象會是什麼？因為心有所體驗，你就無法否認顯相的存在，若說沒有顯相，那是一個謊言。你無法否認顯相看似真實的表面實相，因為有所覺受的是心。但是請記住，這心是空虛的。

所有的顯相都是空虛的，在某些方面，它們全都可以被摧毀、消滅。水會乾涸、蒸發、消失，看似堅實的物品可以被火焚毀，而火焰本身最後會燃燒殆盡。在某個時候，整個宇宙會被七次大火和一場大洪水摧毀。如此一來，一切顯相終究是空虛的。

究竟而言，心也是空虛的，但是它空虛的方式和顯相空虛的方式不同。心可以體驗一切，但是無法被摧毀，它的本性是一切諸佛的法身。事實上，你無法對心做任何事情，無法改變心，無法把心沖走，無法埋葬心或焚毀心。真正空虛的是顯現在心面前的一切顯相，因為所有這些顯相在究竟上是空虛的，將會完全消失，所以，我們真的不必過度擔心或過度分析它們。它們真的只是一場魔術表演，如同魔羅施魔法來愚弄你。所有的顯相都是一場魔術表演，只有心有所體驗。事實上，我們可以說，對顯相的體驗是心的魔術表演。

體驗心性

三身本來就存在，它們不是某個人能夠暫時製造或生產出來的事物。自生的覺醒是一切諸佛從一開始的了悟狀態，它是本初的，存在於一切眾生之內，它只需要被了知。當具格的上師把此一自生覺醒介紹給我們時，即是我們了知這自生覺醒的機會。本具的自生覺醒不是我們將會在未來尋獲的事物，也不是過去所擁有的事物，它現在就存在。我們不必去接受它或排斥它，不要對它做任何事情：不接納、不避免，不對它懷有任何希望或恐懼，不要試著改變它、更動它或改善它。這完全沒有必要。

認識自生的覺醒不同於檢視思惟的心，後者純粹是去注意正發生在人心中的活動：「現在我快樂；現在我悲傷。」在注意之後，我們再度陷入迷惑的思惟之中。有情眾生正是以這種方式追逐自己的念頭，而在輪迴中流轉。當感覺快樂時，他們渾然忘我，一笑再笑；當感覺悲傷時，便坐著哭泣。

我在此所解釋的是理論，是智識上的理解，但是說真的，大家有必要針對我所說的內容獲得一些個人的體驗。闡釋心性的理論如同描述印度菜、中國菜等不同美味可口的佳肴，以及說明每一種佳肴的口味。你對這些菜肴嚐起來可能是什麼樣子有智識上的想法，但是你可以去聽一百場演說，有的仍然只是一個想法而已。一旦你嚐了一口，食物碰觸舌頭和味蕾而嚐到味道，在那時，你對那種食物的真正味道才有了真正的信心，那稱為「經驗」（覺受），我們真正知道這食物美味可口或令人作嘔。經驗是如人飲水，冷暖自知的。

見地如果僅僅只是理論，就毫無用處。我們聽聞以下的佛教陳述：「一切皆空，從色蘊上至遍知證悟的狀態，一切都缺乏真實的存在。」這是舉世皆知的佛教原則，聽聞它、理解

它，即是對它產生智識上的了解。事實上，佛陀不是從智識的立場來教導這個道理，而是出自他個人的體驗，那就是「一切皆空」（一切事物都缺乏真實的存在），從色蘊上至正等正覺的狀態，都是如此。但是聽者或許會說：「好吧！佛陀說一切皆空，缺乏本體。」然後，他或許會繼續想：「嗯，那麼善惡也是空的，所以我行善或行惡有什麼關係？」這是一個嚴重的邪見。如果僅僅相信某件事物就已足夠，那麼何不去想「我是一個正等正覺佛」？只有相信就足夠了嗎？純粹相信你自己是證悟的，你就會是證悟的嗎？僅僅對見地有理論上的看法是不夠的。

領受「直指教導」即是體驗心性，體驗就如同把食物放進口中；若食物不入口，我們就無法品嚐它。一旦你吃到食物，就會知道它是美味可口或難以下嚥，那就是經驗。經驗（覺受）是本覺的嚴飾，當我們談到本覺時，唯有覺受是有用的，如果只把它當作理論，不會有任何幫助。如果它有幫助，我們就可以紙上談兵地說：「喇嘛針對空性說了這個和這個，所以空性可能就是那個樣子。」但是我們永遠不會肯定地知道空性是什麼，那就是理論。當你認識自己的心性時，那就是見地的覺受。

在授予和領受「直指教導」時，應該首先念誦皈依文和菩提心文。這個教法不是膚淺的教法，它是真實的事物。即使它是究竟的教法，人們仍然應該念誦皈依文和菩提心文，這樣做是為了感謝佛、法、僧，我們才得以認識真實的皈依對境。佛陀的話語（佛法）已經以文字記錄下來成為法本，聖僧伽是至今一直護持和宣揚這個教法的人。

接著，根據傳統，你要想像自己的根本上師位於頭頂上，並且對根本上師發出衷心的祈

願。普賢王如來是一切諸佛的本初父，他代表法身；五部佛是報身；而文殊菩薩（佛部）、觀世音菩薩（蓮花部）和金剛手菩薩（金剛部）等三部主則是化身。從這些佛到你的傳承，就如同水從山頂上一路向下流到這裡，如果在途中沒有受到任何阻斷，這水會直接從你的水龍頭流出來。同樣地，如果傳承沒有任何間斷，那麼你從目前的上師所領受的教導就被稱為「單一無間口傳教授」（the single uninterrupted transmission of instruction）。如此一來，諸佛三身的加持也是不間斷的，這就是你應向根本上師祈願的理由。

空虛和覺察的面向

你只要讓心認識其本身——斬斷念頭，那稱為「立斷」之見，即「徹底斬斷」（thorough cut）之見，它徹底的程度如同把一條繩子一刀兩斷，完全分家。這種空性不是我們透過禪修而想像出來的事物，它本然如此，本初如此。我們甚至沒有必要去想它是空虛的，只要安住其中，不去想像或思考任何事情，在你想「現在它是空虛的」剎那，一個念頭就已經偷偷地溜了進來。這是沒有必要的，這形成概念、執著於概念的持續過程本身，即是輪迴的根源。你不必去想「這太好了」或「這不對」，你要完全離於概念上的念頭，這稱為「認識當下的覺醒」。

「立斷」也稱為「四分離三」，其離於念頭的方式是離於過去、現在、未來等三部分的造作念頭，而第四個剎那即是不受時間影響的勝妙剎那。在這個剎那，意識（識）、感官（根）

和感官對境（塵）之間的連結都被斬斷，一旦這種連結中斷了，輪迴的鎖鏈就斷了。自生覺醒需要去認識它本身。

「立斷」斬斷輪迴的連結，其間只有空氣的縫隙。安住於其中，不要追隨過去，也不要計畫未來。佛陀描述這種認識心性的剎那：「無色、無聲、無香、無味、無觸、無法」。在梵語中，「法」（mental objects）稱為「dharma」，但是在此的「法」不是指殊勝的佛法教法，而是指「現象」。

在這種自生的覺醒之中，沒有什麼東西可看，而這正是所謂的「空性」（emptiness；梵shunyata）。「空」（empty）有兩種不同的類型——空虛（empty）和空性（emptiness）。虛空是空虛的，完全空虛的虛空能夠看見它自己嗎？另一方面，心是空性。我們所需要看見的是如實的空性，而不是某件隱藏的事物。我們需要去看見空性，而看見空性者，即是我們覺察的品質。在看見空性的剎那，真的連髮尖那麼一丁點的東西都沒得看嗎？這正是第三世噶瑪巴讓炯・多傑（Rangjung Dorje）說這句話的意義：「當我們一而再、再而三地注視不可見的心，我們就會清晰而如是地看見『沒有什麼東西可看』的這個事實。」「清晰而如是地看見」是指如實地而非隱藏地看見。在你注視心性的那一刻，你就清晰而如實地看見了心性。另一方面，如果我們坐下來想：「喔，心可能如虛空般空虛」，那麼那只是一種想像。我們不需要這麼做，不必想心是空虛的；在實際上，它是空虛的。當你看見心的「如是」面貌時，你就已經看見它是空虛的了。

心在本質上是空虛的，然而，它具有時時刻刻清楚了知一切的覺性。空虛和覺察這兩個

面向原本就是雙運的，你不必把「心性」理解為像自己這樣的主體，把「了知」理解為一個客體。空虛與覺察本是一體，如同水本是濕潤的，火本是暖熱的。我們不需要有「觀者」和「被觀者」的念頭，或製造「現在我看見它了」的念頭，如果這麼做，就等於是在心中持有一個概念。如果我們認識思考者，念頭就會自行消失，因為念頭不具有穩定性。每個念頭都是空虛的，當你真正注視念頭時，它只會自行消失。一旦你真正發現這一點，就不需要東看西看，只要保持「如是」即可。

在體驗心性的剎那，我們是否不可能找到任何字眼來形容心性的真實面貌？如果你確實找到一些文字來形容它——「現在它是空虛的；現在它是覺察的」，難道這些不是使心壅塞的文字嗎？當我們的整個重點是在讓念頭消融時，形成更多的念頭有什麼用處？

你們可能已經聽過這段引言：「般若（智慧）超越念頭、文字和描述。」在認識心性的剎那，你不可能找到任何能夠形容它的語言和文字。你要讓念頭消融，讓它自然而然地消失。在這個世界上，沒有任何其他的事物能夠讓念頭消失，我們可以爆破所有的核彈，但是心仍然會攪拌出念頭。認識自性即是讓念頭消融的唯一途徑，在認識心性的那一刻，念頭自行消失，不留任何痕跡。何以如此？因為一切有情眾生的心一直以來都是空虛的，空性的覺受不是突然間從什麼地方迸出來的，在你認識自己心性的剎那，沒有什麼東西可看。

老實說，你對心性的認識不會持續超過兩秒鐘。因為我們老是陷入念頭之中，這是一個從無始以來一直存在的習慣。我們對心性的認識沒有真正的穩定性，對心性的了悟很快就喪失了。我們遺忘心性的那一刻，便開始想許多不同的事情。然後，再次注意到：「喔，我分

心了，現在我在想各種其他的事情。」

認識心性的修學，純粹是讓自己住於「本然」之中。在此，「本然」是指沒有任何技巧，沒有任何妙計。以下是一個非常簡單的例子：河流中的水需要某個人把它推到下流或拉到下流，還是它自然地往下流動？你不需要去做任何事情。我這張桌子所使用的木材已經被打造成這個形狀，當它是長在山坡上的一棵樹時，它是自然而無修飾的。然後，某個木匠砍下它，把它製作成為一張桌子，現在它是人造的。我們需要避免把自己的明覺形塑成為某件人造的事物，在你認識心性的那一刻，不要擔憂、判斷或猜測它，也不要對它做任何事情，不要試著去改善或改變它，讓無散亂的狀態盡可能地維持為不散亂的本然。你清楚地看見沒有什麼東西可看，不要試著去改善它或修改它。

在這個修行之中，人們根據他們之前的修持而體驗到不同程度的內在穩定性。我們很難說那種內在的穩定性可以維持多久，它可能維持一下子，但是如果之前沒有任何修學，它可能幾乎立即消失。不要坐在那裡強迫它發生，也不要去想：「我一定不可以分心，我一定不可以分心。」你只要讓無散亂的剎那自然而然地發生與開展即可。認識心性不代表坐在那裡觀修心性，它僅僅是表示我們純粹讓自己的空覺本性保持它原本的狀態，並且體驗那種本然的狀態。

那正是我們真實的面貌：在本質上是空虛，在本性上是覺察，具有覺知的能力，並且在空虛與覺察這兩個面向之間沒有任何藩籬。這空虛的品質稱為「法身」。但是，我們不只是空虛的——不像虛空般只是空虛的，也擁有了知的品質，這就是所謂的「覺性」——報身，而充滿明覺、空覺雙運，即是能力。「能力」在此意指空虛與覺察是不分離的，它們原本就是一體的。「充滿明覺」是指本覺，一切有情眾生的心都是空虛與覺察的雙運，但是因為有情眾生的心並未充滿明覺，因此他們不知道這一點。雖然有情眾生的心是空覺雙運的，但是他們卻因充滿無知而了無覺察。在認識空覺是我們自性的剎那，它就成為充滿了知、充滿明覺的空覺。

無念的覺醒

諸佛與有情眾生之間不同之處，即在於「了知」和「無知」的差別。「了知」代表明白自己的自性——本然的面貌，這未經修改、未經造作的當下覺醒（present wakefulness），即是真正的普賢王如來，而且從未與我們分離。當我們認識心性時，本然地安住於其中。當這個當下的覺醒認識它本身時，就沒有任何東西可看，那即是空性——法身。然而，除了了悟到沒有什麼東西可看之外，我們也有某種了知，知道其中沒有什麼東西可看，或看見其中沒有什麼東西可看，那即是覺性——報身。這空性與覺性是永遠不分離的，那即是空性與覺性的雙運——化身。

在認識心性的那一剎那，我們就已經看見了法身、報身和化身三身。沒有什麼事物可以阻擋這種了悟，或介於三身和你的明覺之間。了知這一點，即是「自我了知的本初明覺」（self-knowing original awareness；藏 rang-rig yeshe）。「無知」即是輪迴，「無明」即是有情眾生，

「了知」即是佛。這個教法非常殊勝，直指人的自性是一種極大的大慈，而完全因為佛陀的慈悲，我們今天才會擁有這個教法。①

簡而言之，你要認識自己，並且和覺醒者的三身面對面。如果你讓注意力分散，陷入三毒之中，就等於偏離進入更深的輪迴。那肯定會發生的，不是嗎？當看見一個美麗的色相時，我們喜愛它；看見醜陋的事物時，我們痛恨它，不是嗎？如果那件事物既不美也不醜，我們就會不在乎。這些即是三毒，它們持續不斷地出現。當看見喜歡的事物時，我們變得著迷而執著；對於不喜歡的事物，我們感到嫌惡，連看都不想看；對於既不喜愛也不嫌惡的事物，我們則漠不關心，感到乏味且不屑一顧。在忙於三毒的那一刻，我們就不會了知自性，覺醒狀態的三身也消失了。

沒有什麼可以勝過面對面地遇見覺醒狀態的三身，那不是千真萬確的嗎？看見沒有念頭，可以降伏或驅除任何先前的念頭。當太陽照耀時，就沒有黑暗。當看見沒有念頭時，任何念頭就不可能繼續逗留或形成，迷妄徹底消融。覺醒狀態是離於念頭的，但是僅僅去想「我想要離於念頭」，並不是一種覺醒狀態，它只是另一個念頭。「現在有念頭嗎，還是離於念頭？」這樣的檢查動作也是相同的，那不也只是另一個念頭嗎？我們必須完全地安住，不與念頭交遊，也不受到念頭的染污，覺醒狀態離於念頭，卻是清醒的。如果我們穩定而漸進地修學，它就會變成全然的覺醒狀態——佛果。

在認識心性的剎那，有一種本然的堅固性或穩定性。我們可以透過比較一根針和一根頭髮，來了解本然的穩定性是什麼。不論一根頭髮有多粗，它都不是穩定的，最輕微的微風都會讓它移動；但是一根針不論有多細，它都不會被風吹彎。我們需要獲得本然穩定的空性，我們不需要透過禪修來想像空性，如果這麼做，它就變成一種思惟的行為——我們只是在思惟空性。當忘記心性時，我們變得散亂，迷惑因而生起。禪修是概念，散亂是迷惑；相反地，我們要達到本然穩定、不散亂的「非禪修」（nonmeditation）狀態。這種不散亂的「非禪修」狀態不是你必須創造出來的事物，你不必緊緊抓著那樣的想法不放，只要離於念頭，讓當下的覺醒保持本然的穩定即可。你要穩定地保持無念，而不是穩定地持有念頭。

這麼做，即是去體驗我們所謂的「當下覺醒」或「無念覺醒」（thoughtfree wakefulness）。「無念」是指離於概念上的思惟，但是卻沒有喪失了知或覺醒的品質。如果你想要知道喪失這種覺醒感是什麼樣子，你可以叫人用一根鐵棍把你打昏，這樣就可以體驗什麼是無意識狀態！現在，在認識心性的剎那，我們不是無意識的，沒有喪失覺醒的品質，但是卻沒有念頭。如果你用一輩子的時間如此修行，最後你的思惟會減弱，念頭會減少，但是無念覺醒的連貫性卻沒有喪失。它延續的時間自然而然地會變得越來越長，而概念思惟的時刻會變弱，佔用的時間也會越來越少。最後，你會完全離於念頭，概念上的思惟消失，只有當下無念之覺醒，日日夜夜不間斷，這即是所謂的「佛心」。

我們需要修學這無念的覺醒，但不是透過觀修它或想像它來修學，這無念覺醒本來就已經存在了。然而，這當下的覺醒會陷入思惟之中。你只要去認識當下的覺醒，就能離於念頭。不要忘記，不要散亂，但這不表示你要坐在那裡，強迫自己的心不要散亂、不要忘記，這麼做只會把事情搞砸，你只要讓自己的本初狀態保持不散亂的「非禪修」即可。當二元分立之心的所有活動

都消失，當獲得完全穩定、自在的空覺時，我們就不再有停留於輪迴三界的基礎。

死亡的時刻

即使我們對本覺的認識並非日日夜夜毫不間斷，即使只能維持短暫卻多次的時間，「認識心性」這項修學的價值，在死亡的時刻將會完全顯現。我們肯定都會在某個時刻死亡，在這世界上沒有人可以逃避死亡，出生的人都會死。如果能夠在呼吸停止、與這個虛幻之身分離的剎那認識心性，我們就能夠在三秒鐘之內圓滿那種認識的強度，並且使其穩定。它變成法身的狀態，正如同虛空與虛空融合在一起，就像一只花瓶破了，原本被瓶身區隔的瓶內空間和瓶外空間，在花瓶破碎的那一刻融合為一。同樣地，非造作法身的根本狀態（ground state of unconstructed dharmakaya），即存在於每個人之內的佛性，以及道法身（path dharmakaya），即我們修學的空覺，兩者結合成為無別之雙運。

我們的靈魂與肉體分離的過程，伴隨著所有粗重與細微念頭狀態或心理模式的分解。此時，完全沒有任何東西遮蓋心的本初狀態，這稱為「正等正覺之基明光」（ground luminosity of full attainment），有時被形容為「基明光與道明光（path luminosity）面對面」。在那個時刻，我們今生修學的力量能夠創造認識本初覺醒的可能性。如果我們完全沒有修學，那麼本初狀態不會維持超過一瞥的時間；如果有所修學，那麼我們非常有可能在那個時刻達到正等正覺。這在某部密續中有提及：「一剎那間，差異立見；一剎那間，達至正等正覺。」在那時，唯一

必要的是，讓我們對本初覺醒的認識維持三秒鐘的時間。經典上描述，那時間的長度有如揮舞藏袍的長袖，或在空中揮舞一條白絲巾（哈達）三次所需的時間。如果我們能夠做到這一點，就可以在死後的狀態獲得完全的穩定。

基明光如同母親，而道明光如同孩子，母子總是會彼此相認，不是嗎？當基明光與道明光在剎那間彼此相認時，不論我們通曉熟悉的程度有多麼低，那仍然足以使我們投生清淨佛土，即所謂的「本然化身界」（natual nirmanakaya realms）。在那裡，你將注視佛陀的面容，聽聞他的聲音，降伏殘存的障蔽。如果我們對基明光與道明光相會相當熟悉，它如同虛空和虛空融合在一起，而你就會成為「一味之法身狀態」（one taste with the state of dharmakaya）。

今生的修學為什麼能夠在死後產生如此巨大的利益，這是因為在中陰狀態之中，我們的心和身體不是相連結的，因此心離於我們活著時所體驗到的持續不斷的障蔽。現在，我們可能在一瞬間認識心，然後它立即又被遮蔽起來；但是在死後，由身體所創造出來的障蔽並不會出現在那裡。

你需要修學這些教導，藉以降伏所知障。藉由這項修學，你終將達到不退轉的狀態，這是真真實實的結果，是努力修行所掙得的利益。我們應該從自己的修行中體驗到一些正面的結果，這個修行肯定會在死亡時有所幫助。此時此刻，我們可能在從事認識和維持本然狀態的修行，但是不會立即證悟，因為心和身體仍然連結在一起。儘管如此，修行仍然會在今生帶來許多其他的利益。其中一個利益是，我們不會落入三毒的控制。當我們認識心性，鞏固對心性的認識，並且達到穩定的狀態時，那麼不論我們和誰在一起，或前往何處，都會充滿

喜悅，快樂的太陽永遠照耀。否則，就會像其他平常人一樣，不快樂時鬱鬱寡歡；快樂時，過度狂喜。換句話說，我們完全是不穩定的。藉由這個修行，好與壞都變得平等，沒有必要去接受其中一個而排斥另外一個，即使在死亡之前，我們都能夠完全感到自在。

凡夫之心的狀態總是從一件事轉變到另一件事，這正是真正的問題癥結。有情眾生完全是不穩定的，但是已經真正認識心性且留在山間閉關的人，則完全離於痛苦。即使在今生，這些修行也能夠使我們完全離於痛苦，在快樂的道路上繼續前進，這個修行具有大利益。凡夫之心的狀態一直都在改變，保持那種心的狀態永遠不會令人感到愉悅，當我們不快樂時，完全被那種不快樂的感受所淹沒。我們最好認識覺醒的空覺，並安住於其中。

證悟者的教法

基本上，這項修學除了要對心性獲得穩定的認識之外，完全不需要做任何事。純粹讓心保持「如是」的狀態，不做任何事情，這種作法完全違背我們平常的習慣。我們平常的習性是去想：「我想要做這個；我想要做那個。」然後，我們身體力行。最後，當完成這些事情，一切都很美好時，我們感到快樂滿足。但是在這種修行的背景脈絡之中，這種態度完全是錯誤的，因為我們沒有什麼事情要做，不必去建構沒有形成的事物。我們嘗試去做的任何事情都會變成一種模仿，變成概念和念頭所造作出來的事物。

事實上，如果讓自己的本性保持本然的狀態，我們可能會感到非常不滿足且失望。我們

可能寧願做一些事情，或想像、創造一些事情，讓自己經歷許多艱難。這或許就是佛陀未公開教授大圓滿和大手印的原因，因為在某些方面，這種「無所作為」違反人性。

我們的心受到過去、現在、未來三世的控制，但是佛性卻離於三世，覺醒的了知離於三世。三世牽涉了執著和思惟；覺醒的了知離於執著和念頭。

如果真心地修學，到了某個時候，我們將會發現所謂的「奠定本然狀態」（establish the natural state），當你體驗到這個狀態時，就不會再感覺那麼困難。我們了解到，這個被稱為「佛性」，也就是我們心性的不可思議事物，不是遙不可及的。由於它不是非常複雜，我們只要定期維持即可。當能夠完全輕易地認識自己的本然面貌時，你就已經「奠定本然狀態」了。

現在，在認識心性的剎那，煩惱、無明和妄念會立即消失。此時，我們的修學即在於保持不散亂，因為正是這種無散亂一路帶領我們達到正等正覺。無散亂不代表刻意保持不散亂，否則這就像用「切勿使心散亂」這個念頭來取代一般的念頭，我們只要不忘記就可以了。在忘記的那一刻（我們確實會忘記），修行和所有其他的事情都會被忘記，因為我們的注意力分散了。此處的重點在於，不要用一種概念的方式去保持不散亂，只要讓自在的空覺狀態繼續下去即可，這種空覺狀態本身是不散亂的。這就是我們的修學。

請試著去想像這充滿明覺的空覺剎那，從開始不間斷地持續一整個小時是什麼樣子。認識空覺的第一個剎那，就已經具有遍知的潛力，就已經具有保護和幫助其他眾生的慈悲潛力，以及為了一切眾生的福祉而開展事業的潛在能力。所有這些功德都已經存在，卻尚未完全展現。認識空覺的時間維持得越長，這些功德就變得越明顯可見，它不是只在後來我們完

全了證時才顯現。當太陽在早晨升起時，我們一定要等到太陽開始照耀，它才會溫暖燦亮嗎？雖然中午的太陽可能會比黎明的太陽更加熾熱，但是它所有的品質在升起的第一刻就已經具備，只是它們尚未完全展現而已。這項修學也是如此，獲得穩定性即是它的要點。

請了解，自生的覺醒本來就具有所有圓滿的功德，證悟的功德不是某種虛構物或產物，它們不是某種新成就，或某種前所未有的新發現，或我們達成的某件事物。它們從一開始就已經存在，就如同在天空照耀的太陽的不變燦亮，太陽可能會被雲朵遮蔽，但是這些雲朵不是天空原本就有的，它們一直是短暫無常的。短暫出現的念頭和執著，阻礙我們完全了證內在自生覺醒的自性，由於這些念頭和執著是短暫的，因此它們可以被清除。了解這一點非常重要。

注釋：①原注，❶譯注

①…請了解，我們已經刪除「直指教導」的細節，只留下類似的輪廓作為參考。讀者們有必要從具格上師那裡親自領受完整的教法。

第23章

讚頌空性之信函

紐舒・堪仁波切

本文摘自紐舒・堪仁波切〈精要之鏡〉(The Mirror of Essential Points)，出自《水晶洞：實修傳承大師之教法概要》。

天佩・尼瑪（Tenpey Nyima）無別於尊主龍欽・冉江，
其覺知如汪洋般無限事物之空性的本然狀態，
在其蓮足之前，
我禮敬天佩・尼瑪。

我尊貴的母親帕宗（Paldzom），
我給您一封忠告信函。
請心無散亂地傾聽片刻。
我停留此處，了無不適，
我安適自在，無憂無慮，

處於充滿喜悅的心之狀態。
親愛的母親，您可安好？

在此，在西方的一個國家，
有許多紅皮膚和白皮膚的人。
他們施行各種魔術和表演，
例如飛越天空，
如魚般在水中行動。
他們掌控四大元素，
表演有著數千種繽紛色彩的奇蹟，
彼此競爭較勁。
無數的奇觀有如彩虹色彩的設計。
但如同一場夢一般，當我們加以檢視，
它們只不過是心的謬誤覺知。

所有的活動都有如孩子們的遊戲，
如果遊戲開始，它們就永遠無法結束。
唯有你讓它們保持本然的狀態時才會完畢，

如同由沙子築成的城堡一般。

但這不是完整的故事。
所有輪迴與涅槃的現象，
雖然被認為是恆常的，卻不持久。
當我們加以檢視，它們只不過是空虛的色相，
顯現卻不具有任何存在。
雖然它們並不真實，但卻被認為是真實的。
它們就如同幻影，
當我們加以檢視，便會發現它們並不真實。

往外注視被覺知的對境，
它們如同海市蜃樓的水，
比迷妄更加迷妄。
它們不真實，如夢，如魔術幻影，
如彩虹，如水中月。

向內注視自己的心！
當我們沒有檢視心時，它似乎相當掉舉；

但是當我們加以檢視，卻空無一物。
它顯現卻不存在，除了空虛之外無他。
它無法被辨識指認，你無法說：「那就是它。」
因為它如同薄霧般逐漸消失，難以捉摸。

注視從十方顯現的任何事物，
不論它如何展現，
事物本身——事物的本質，
即是如虛空般的心性，
超越念頭和概念的投射與消融。

每一件事物都具有空性。
當空注視空時，
是誰在那裡注視某件空虛的事物？
由於它是虛幻注視虛幻，
迷妄觀看迷妄，
那麼諸如空虛與不空虛的眾多分類有何用處？

不論你做什麼都正確安好，
不論你怎麼安住，
你都安適在了無造作、如虛空般的心性，
廣大浩瀚之明覺、一切事物的本然狀態之中。
這是蓮花生大士和大成就者薩拉哈（Saraha）所說的話。

讓諸如二元分立或「無二」等所有充滿概念之念頭造作，
如同河川上的波浪一般，
任運地消融在它們本身之中。

無明散亂的念頭這個大魔羅
使我們陷入輪迴汪洋，
但是當我們離於散亂的念頭，
即有超越「概念心」之無可描述的狀態。

除了沒有散亂的念頭之外，
甚至也沒有「輪迴」與「涅槃」等字眼。
散亂念頭的完全止息，

即是法界本身之真如。

這非造作的單一領域，
即是空性，即是心之本然狀態，
沒有因為錯綜複雜的陳述而變得錯綜複雜。
善逝（Sugata）如是說。

當它保持本然狀態時，
任何可能顯現的本質，
即是非造作、未受染污的見地，
即空性之法身母親。

所有散亂的念頭皆空性，
空性的觀察者是散亂的念頭。
空性沒有摧毀散亂的念頭，
散亂的念頭沒有障蔽空性。
心性之四空性，
是一切事物之極致。

甚深寂靜，離於錯綜複雜，
是一種非合成的、充滿明光的明晰，
超越概念心——
這是勝者們的心的深度。

在這之中，沒有要移除的對境，
也沒有要添加的事物。
它僅僅是本然自然地注視本然本身。

簡而言之，當心完全斬斷執著於事物的束縛，
所有的要點都濃縮於一。
這是聖者帝洛巴和大班智達那洛巴的傳統。

在所有不同種類的大樂之中，
如此這般甚深本然的狀態，
即是大樂的智慧。
在所有不同的喜樂之中，
它是無上喜樂之王。

在所有密咒乘的密續部之中，
它是無上的第四灌頂。
這是究竟的「直指教導」。

輪迴與涅槃的見地是無別的，
大手印、大圓滿、中觀等的見地擁有許多不同的名稱，
但都只有一個精要的意義。
這是蔣貢·米龐之見。

作為這個見地之王的輔助，
修行者應該以菩提心為始，
以回向作結。

藉由善巧方便，
為了斬斷我執、輪迴之根源，
無上菩提心即一切勝妙法門之王。

增長善根之方便，

即是圓滿回向之王。
這個教法是釋迦牟尼之專擅，
沒有被其他導師傳授。

為了成就正等正覺，
除了此一教法，多餘的就沒有必要，
但有所不及，將不完整。
這三善法之迅捷道路，
被稱為「暖熱」、「眼睛」和「生命力」，
是龍欽．冉江的方法。

「空性」這如意寶，
是無執之布施，
是無染之戒律，
是無瞋之安忍，
是無妄之精進，
是無散亂之禪定。
此空性——勝觀之本質，

是三乘之意義。

空性是心的本然狀態，
它是了無概念的皈依，
是究竟菩提心。
它是赦免邪惡的金剛薩埵，
它是圓滿資糧之壇城，
空性是法身之上師瑜伽。

住於空性的本然狀態之中，
是寂止——奢摩他。
生動清晰地覺知它，
是明觀——毘缽奢那。

圓滿生起次第之見，
圓滿次第之樂空智慧，
大圓滿之「無二」，
以及法身之單一領域，

全都包含在空性之中。

空性清淨業，
驅除障蔽的勢力。
空性調伏魔羅，
並成就本尊。

空性甚深本然之狀態，
乾涸貪愛之洋，
它粉碎瞋怒之山，
照亮愚痴之黑暗，
它平息嫉妒之強風，
擊潰煩惱之疾病，
且是悲傷時的朋友。
它摧毀沾沾自喜，
戰勝輪迴。
它殲滅四魔羅❶，
把世間八法❷轉變成為一味，

並降伏我執之魔羅。
把逆緣轉變成為盟友，
把惡兆轉變成為善緣。
它帶來正等正覺，
並生出三世諸佛。
空性是法身之母。

沒有比空性更高深的教法；
沒有比空性更迅捷的教法；
沒有比空性更殊勝的教法；
沒有比空性更甚深的教法；

空性是解脫一切之了知；
空性是無上之藥王；
空性是無死之甘露；
空性是超越造作之任運成就；
空性是無費力之證悟。

藉由觀修空性，
行者對因為相信有個自我而受到障蔽的眾生
生起巨大的悲心，
菩提心因而任運生起。

「道」與「果」的一切功德
將任運地自然顯現，
行者將由衷信服業報不爽之法則。

如果行者對這種空性有一剎那的定解，
我執緊密的鎖鏈將因而粉碎。
聖天（Aryadeva）如是說。

觀修空性，
遠勝於用天、人的財富，
供養一切佛土、善逝及其法嗣。

在此一本然狀態之中，

如果平等安住的功德，
能夠有一剎那的實體，
那麼空元素將無法容納它。

釋迦牟尼——無與倫比之牟尼主，
為了這甚深空性之故，
把他的軀體投入燃燒的柴堆，
布施他的頭顱與四肢，
行使其他數百種利他之行。

雖然一個人用堆積如山的金銀珠寶作為供養，
填滿整個世界，
但這甚深之空性教法，
即使加以搜尋，也難以尋獲。
《般若波羅蜜多十萬頌》（*Hundred Thousand Verses of the Prajñaparamita*）如是說。

遇見此一無上教法，
是累積無量劫功德的善妙力量。

簡而言之，藉由空性，
行者為了自身的利益，
將解脫進入無生法身之虛空，
四身、五智之正等正覺。
色身之無礙展現將不息地顯現，
教導有所需要者，
並透過恆常、遍在、任運之事業，
為了利益眾生而攪動輪迴深淵。
一切經典與密續皆說此是勝義之果。

當勝者的金剛舌用一劫的時間，
都無法完全道盡，
那麼像我這樣的人怎能言說此一教法之所有利益與善德？

傳授空性教法之吉祥主、無上之導師，
以人身顯現，
但他的心卻真是一個佛。

從你的內心深處，
毫不欺瞞虛偽地向他祈請。
不需要任何其他的法門，
你將在今生證悟。
這是大圓滿密續所教導之如意寶之法。
當你手中握有此寶，
切勿毫無意義地虛擲浪費。

學習將如同天上的星辰那般永無止盡。
請求和領受所有各種的教法有何用處？
不勝於空性之任何修行有何用處？

切勿尋求許多特別的裝束，
例如攜帶一根拐杖、編辮子或穿獸皮。
大象已經在你的屋內。
切勿前往山間尋找牠的足跡。

母親！

按照上師金剛持所教導的，
如是觀修心性。

這是八萬四千個教法之精要，
它是十億個博學者和成就者之心要，
它是究竟之修行。

這個來自墮落和尚蔣揚．多傑（Jamyang Dorje）的衷心忠告，
是源自我生命血液之明點最清淨心性之最清淨者。
因此，母親！
請把它謹記在心。

這幾個衷心的話語，
是在一個美麗的鄉間，
媲美燦爛輝煌淨土之廣闊藍天宮殿內寫成。

我把這封信函
供養給我虔誠、充滿慈愛的母親卻吉．努敦（Chökyi Nödzom），

以及我所有虔敬的弟子。

這封給予我的弟子的信函，是由西藏堪布蔣揚．多傑（Jamyang Dorje），在越過大洋西方，法國多爾多涅（Dordogne）的大樂藥草河谷（herbal valley of great bliss）撰寫而成。願一切善妙吉祥！

注釋：①原注，❶譯注

❶…四魔羅是指：㈠有形魔：傷害我們身與心的外在事物或眾生。㈡無形魔：貪、瞋、痴，以及生起一切輪迴之苦的八萬四千種煩惱。㈢得意魔：修行者認為自己的上師、自己所接受的教法與自己的修行都與眾不同，因而產生的狂喜得意。特別是指當修行者達到些微修行上的「溫熱」（warmth）或力量時，所感覺的迷戀。㈣幻覺魔：為其他三魔的根源。由於它相信「我」、「我的」，這種幻覺令我們認為五蘊是「我」、「我的」。如果行者能摧毀此魔，一切外在的魔也會因此自行毀滅，無須再做其他任何事去摧毀它們。

❷…「世間八法」是指未證悟者不具正見的世俗顧慮，包括：得與失、樂與苦、譽與毀、讚與譏。

第24章

解脫三要

確吉·尼瑪仁波切

本文摘自確吉·尼瑪仁波切《中陰手冊》（*Bardo Guidebook*, Rangjung Yeshe Publications, 1991）之〈明光的法性中陰〉（The Luminous Bardo of Dharmata）。

認識你的自性

格拉·多傑的著作《椎擊三要》把佛陀所有的教法濃縮精簡為以下之精義：認識你的自性，在某個時候作出決斷，並且對解脫產生信心。

首先，認識你的自性是根本，也是起點。沒有先認識自性，你就無法毫無疑慮地判定或分辨心性。如果你無法判定心性是究竟的，你就永遠無法對解脫產生信心。

「認識你自己的心性」這句話，純粹是指認識你已經擁有的事物——你本初的、了無概念的覺醒——是你自己的一部分，而不是某件新穎的事物。「認識」一詞的字義是指達到我們之前所沒有的某種了解，別誤以為它是指發現之前所沒有的事物。

直到現在，我們已經有過研究和學習，對心性的了解或許仍然只是一個概念，一個記在心中的分別對境。但是，法性的本然狀態——「如是」的明光覺醒，並非是由物質構成的實

體，也不是我們能夠看見、具有特定顏色的形狀，它完全不是如此。此外，它也不是做為一個本體的我們，把自己的心性視為另一個本體。我們不透過某件事物注視另一件事物的二元行為，來認識自己的心性。認識本初狀態並不是如此，本初覺醒是那個固著或思考某件事物的心的本質。然而，我們二元分立的固著和思惟，就有如遮蓋和障蔽此一明光的帷幕。

簡而言之，我們所認識的不是一件「事物」。那麼，我們認識什麼？我們必須直接體驗本然的覺醒，而這在我們的心剎除概念思惟的剎那就會發生。所以，那個覺受不是我們造作的產品，它純粹如此。問題在於，它太靠近我們，正如同某件物品太靠近眼睛，你因而難以看見它。此外，它也太容易了，而我們偏愛比較困難的東西。純粹保持離於概念，是極為容易的事，唯一的困難在於，它違反我們的串習——我們享受充滿概念的活動，喜歡抓著某件事物不放。因此，雖然保持自在是容易的，但是串習卻把我們拉離了那個狀態。

佛教教法是由一個在一個之上的層次所架構而成，有著敏銳之心的人將把較低層次和較高層次的教法作比較，並且發現層次較低的宗派見解有一些過患、短處。然而，所有的宗派思想都是在智識上透過概念而建立，相對於智識推理或概念洞悉，「立斷」之見是非造作、非禪修和無散亂，它超越理論的宗派見解。

佛陀說：「我已經教導你解脫之道，但了知那解脫則完全取決於你自己。」佛陀描述了悟勝義諦的方法，但是他無法讓我們了悟它——我們必須自己來。我們如同一個罹患白內障的人，人們或許會拿著一顆蘋果給我們看，並說：「看這個，看它有多鮮紅！」但是除非我們去除白內障，否則無法清楚地看見蘋果。同樣地，為了直接覺知和維持本然的狀態——事物的究竟本質，我們必須移除二元分立的所知障和串習的障蔽。迅速移除這些細微障蔽最有效的方法是，在具格的上師對我們指出本初覺醒之後，純粹地安住在本然狀態的相續之中。然而，除非我們的障蔽已經減少到某個程度，並且變得非常淺薄，否則我們不可能斬斷它們。這是為什麼「減少我們的障蔽」這個有著一個概念參考的教法，一直被傳授的原因。因此，我們必須積聚功德，從事淨化障蔽的修行。我們要按部就班地進階，直到可能斬斷細微的障蔽為止，這是所有教法的整個重點。

所有事物都因為因緣聚合而生起。例如，天生外表漂亮不一定是因為其父母親的俊美，因為俊美的雙親也有可能生出醜陋的孩子。額外的「因」是必要的，美麗主要是由於在過去的某個時候，一個人透過其身、語或意做出利益其他眾生之身的事情。此時，我們可以直接地確信，我們的心態如何影響事物，而不需要做長篇的解釋。一個沉靜、柔和、守律的人比一個心受到瞋怒或競爭感困擾的人，更有能力以適當的、宜人的方式來做事。當一個心亂的人做事時，其結果是扭曲的。我們的行為創造串習，然後這些串習又重新出現在我們的心上。相反地，當我們了悟「如是」的本質時，三毒和各種惡念模式開始消失，障蔽開始減少。一旦障蔽減少，見地的了證就容易多了。因此，佛法修行的整個基礎是非常直接的，與我們當下心的狀態有關，它不是以古老的故事和過去浪漫的記述為基礎。

當某個建築師、醫師或藝術家因為伙伴或金錢問題所引起的負面情緒，而變得非常焦慮時，他就不可能把工作做好，醫師甚至連替病人把脈都有困難，而藝術家也難以把一條線畫直。為什麼如此？這是因為他的心受到擾動。如果一個人處於精神崩潰的邊緣，極為抑鬱或

憂慮，他就無法以慣常的方式來做任何事情。

當某些人真的非常憤怒時，他們便無法看得清楚，甚至連一般的五種感官覺知都受到障蔽，那麼肯定無法認識自己的本初覺醒。另一方面，當我們的心放鬆，感到自在安適時，一切事物都是美麗的。整個世界愉悅宜人，花朵綻放美麗，與朋友相處感覺美好，食物也美味可口。但是當心感到焦慮困擾時，那麼一切都會變得不對勁，最好的朋友討人厭，美麗的事物看起來醜陋，我們毫無胃口。如果我們坐著，就想到別處去；如果到別處去，就想要安靜地坐著；晚上也無法入睡。事實上，在這時的我們有一點點瘋狂，那是一種輕微的瘋狂。是什麼讓我們瘋狂？它是我們自己的煩惱、業和障蔽的展現。安住在空性與覺察雙運的本然狀態之中，不是比較好嗎？

作出決斷

在某個時候，我們必須作出決斷。本然狀態完全離於任何心的造作，不論好或壞、特殊或平凡，它完全是空虛的。雖然它是空虛的，但卻不是空白的，它是本然的覺察。這個空性和明覺的雙運狀態，即是基明光的本然狀態。在這個（中陰教法）的背景脈絡之中，它被稱為「法性明光」(luminosity of dharmata）；在傳授「直指教導」期間，這法性明光由具格的上師顯示出來，他說：「那就是它！」然後我們或許會認出它。但是純粹認識這法性明光是不夠的，我們也必須能夠對它完全沒有任何疑慮，這即是「在某個時候作出決斷」的意義。

在分辨覺受是超越疑慮陰影的本初覺醒之後，你便要修持以獲得解脫的信心。一旦你擁有關於見地的信心，那麼不論學者或其他人說什麼，甚至連諸佛菩薩顯現說：「你是錯誤的，你是迷惑的，你仍然是謬誤的」，也將沒有令你昏惑的基礎，因為你已在那個剎那體驗事物的本然狀態——勝義諦。你已經獲得全然的信心。

對解脫生起信心

在我們對解脫生起信心的基礎之上，我們逐漸邁向真正的了證。那時，入滅如同一只瓶子破了，瓶內的空間和虛空融合在一起，毫無分別。它有如一隻新生的小雪獅，立即擁有行走和跳躍的力量，或者如一隻初生的大鵬金翅鳥，在牠從蛋中孵化的剎那，即能夠飛翔。同樣地，對見地具有信心的修行者而言，死亡和解脫是同時發生的。在今生期間我們對道明光的覺受，和在死亡時刻發生的基明光的覺受，兩者融合成為一個覺受。它們不是兩種不同的明光，而只是一種與法身無別融合在一起的明光。

我們或許是那種不需要仰賴繁複的修行來穩定本覺和無概念之覺醒的人，另一方面，我們或許真的需要運用其他的修行來穩定自己的了解。如果對每個人而言，穩定本覺是容易的，而且他們只需要去穩定本覺，不需要去做其他的事情，那麼馬爾巴就沒有必要去讓密勒日巴經歷他曾經歷的各種試煉和磨難。此處的要點在於，如果我們能夠直接認識本覺，那是很好的；但如果它是困難的，那麼我們就必須從事修行來積聚功德、淨化障蔽，以促使我們

認識自己的佛性。

當上師指出心性時，我們或許已經認識心性，但是如果我們只是把它擱著，並且心想：「去年我領受了心性的『直指教導』，那是足夠的。我現在已經認識心性。」事實上，這是不夠的。因為即使我們已經認識心性，但在夜晚睡眠時，不仍然完全是迷妄的嗎？當討喜或討厭的事情在夢中發生時，我們接受或排斥，也感到快樂或害怕等；換句話說，我們完全是迷妄的。如果現在的情況是如此，那麼當我們死亡時，又會發生什麼事情？如同在目前的夢境中一般，我們甚至將不會記得教法，更別提記得去認識心性了。因此在法性中陰期間，拙劣的修行者並無太大的機會證得解脫。僅僅認識心性一次或兩次是不夠的，我們需要一再地修學，徹底熟悉它，如此一來，當面對不同的經歷，甚至是在夢境中，我們都不會落入迷惑。

目前，我們把大部分日夜的時間花在執著於一種堅實實相的感受上。當事物並非永恆時，我們認為事物是永恆的；當輪迴不是快樂時，我們認為輪迴是快樂的；當不淨的現象並非清淨時，我們認為它們是清淨的；當沒有一個真實的自我時，我們認為有個真實的自我。我們因為執著於一個堅實的實相而感到迷妄，把一輩子的時間花在無意義的追逐之上，心想一剎那的認識心性就已經足夠，之後肯定會在法性中陰期間認識心性，且獲得解脫。這是極為愚蠢的想法。

此時此刻，當心在身體裡時，我們有選擇要做什麼的自由。把我們的時間花在修學本然狀態不是比較好嗎？藉由目前修行的力量，我們可以穩定自己本初覺醒的覺受。這是真正重要的事物。

大圓滿之歌

第25章

三虛空法

祖古·烏金仁波切

本文摘自祖古·烏金仁波切《彩虹丹青》之〈虛空〉（Space）。

在大圓滿祕密教法裡，「虛空」（space；藏ying）和「明覺」（awareness；藏rigpa）是兩個基本的原則。「ying」被定義為無概念的非造作虛空，而「rigpa」則是指對本初虛空的了知。

在「三虛空法」（threefold sky practice）的背景脈絡之中，「外在虛空」被定義為一個清朗的天空，沒有雲朵、水氣和薄霧等三種美中不足之處。這個外在虛空被用來比喻真正的內在虛空，並作為認識這個狀態的所依物（support）；「內在虛空」是心性，是一種已經是空虛的狀態；「祕密虛空」或「本初虛空」則是指對佛性的認識。事實上，祕密虛空是本覺，是無二明覺本身。

我們以無雲的外在虛空作為比喻，那是因為它沒有所依物——在其之內，沒有什麼可以讓心去固著或執取。虛空不像所有其他的元素般，它沒有基礎，一個明晰、潔淨的天空非常適合這個修行。因為它是廣大而開放的，它沒有任何事物可以讓念頭作為依靠。然而據說，

如果海洋或大湖的表面是平靜的，我們也可以使用它們作為比喻，一個巨大的水體也可作為了無所依物的對境。

天空應該是清朗的原因在於，它應該沒有可以專注的處所或事物。當天空多雲時，它有些微的差異，但是它不會真的有所差異，因為它只是一個例子。在我們面前的虛空或天空，即使它被侷限在一個小空間裡，也沒有所依物。在本質上，虛空是開放而自由的。由於天空和湖都是例子，因此它們特定的外形並不真的重要，只要我們認識其中的意義即可。

讓我再說一次，「外在虛空」是清朗的天空；「內在虛空」是空虛心性的本初清淨；「祕密虛空」是對此之了知，即無二明覺本身。當我們修學虛空時，切勿住於念頭之中，而要住於明覺之中。

發現外在現象的本初虛空

同樣地，「ying」也是指無生、無住、無滅。究竟而言，所有的現象——我們所覺知的任何顯相，都超越生、住、滅。覺知的心也被稱為「ying」，就此而言，心本身是空虛的，它超越生、住、滅。它不來自任何處所，不住於任何處所，它也不前往任何處所。這形容內在的虛空。

究竟而言，被覺知為對境的一切事物都是「ying」——本初虛空。不用說，大多數的事物都不是以這種方式顯現在我們面前。因此之故，地、水、火、風等四大元素都未被用來作為例子：只有空元素本身容易被理解為空虛。儘管如此，其他四大元素原本也是空虛的，如果我們探究地、水、火、風從何而來，我們將無法找到一個源頭。讓我們非常仔細地看：有一個「地」的來處嗎？「水」從哪裡來？「風」和「火」最初從何而來？在此一剎那，是否有一個四大元素坐落的究竟處所？試著去尋找它。是否有四大元素消失的特定位置？我們是否可以說：「它們消失到這樣、那樣的一個處所？」事實上，它們都超越生、住、滅。這形容外在的「ying」，即被覺知的一切事物的本初虛空。當我們發現，所有由四大元素構成的外在對境不從任何處所生起，不住於任何處所，也不滅於某個處所，一切事物完全超越生、住、滅，那就稱為「發現外在現象的本初虛空」。

同樣地，當我們注視「心」這個思惟者時，它從哪裡來？它住於何處？它消失於何處？如此，我們將發現內在虛空完全超越生、住、滅。因此，如果外在虛空超越生、住、滅，內在虛空也超越生、住、滅，那麼我們如何能夠在這兩者之間作出任何區別？如果有任何分別，那也只是兩個不同名相的問題。

我們所覺知的每件事物都是由色、聲、香、味、觸所構成。注視和探究這色、聲、香、味、觸：它們從哪裡生起？它們住於何處？它們前往何處？當我們真的加以檢視時，便會發現沒有生、住、滅這種東西。在粗重的層次上，我們發現地、水、火、風等四大元素，而在比較細微的覺知層次上，所有被覺知的色、聲、香、味、觸等對境，在本質上都超越生、住、滅。當我們發現被覺知的對境和覺知的主體都超越生、住、滅，都是全然空虛時，那麼一切事物都正是本初虛空，這即是「ying」的意義。在梵文中，「ying」即是「界」（dhatu）。

虛空與覺醒之雙運

本初虛空和覺醒原本是無別的，因為我們的本初狀態是空性與覺察之雙運，這被稱為「虛空與覺醒之雙運」。在此一雙運之中，覺察的品質稱為「明覺」。

這個空虛與覺察雙運的本初狀態，位於一切有情眾生的心中，它原本就存在於一切有情眾生時時刻刻產生的思惟之中。一切眾生都擁有此一虛空與覺醒雙運的本質，但是如果他們不知道這一點，將不會對他們有所助益。因此之故，有情眾生不但沒有充滿了知其本身的明覺，反而陷入糾結，把主體與客體概念化，進而持續不斷、永無止境地創造更進一步的輪迴狀態。所有這一切之所以發生，是因為有情眾生不知道他們的自性。

這虛空與覺醒的雙運，有時被稱為「本初怙主普賢王如來」。有些人認為，這本初虛空是完全空白的，意識和本初虛空是分離的，但這不是真的，本初虛空和覺醒原本就是一個無別之雙運。本初虛空有如水，覺醒則有如水之濕潤，誰能夠把水和濕潤分開？如果虛空是火焰，覺醒就是火焰之暖熱，誰能夠把火焰及其暖熱分開？同樣地，本初虛空總是伴隨著本初覺醒，覺醒總是伴隨著虛空。你不能有此無彼，如果你有這種想法，就是一個誤解。我要再次強調，如果虛空是糖，那麼覺醒就是糖的甘甜，它們永不分離。這個「界」或本初虛空，即是空虛與覺察之雙運；同樣地，明覺是空性與覺察之雙運。

了知此一本質超越錯綜複雜或造作，即是「明覺」。諸佛是充滿明覺（了知品質）的空覺，而有情眾生的心之狀態則是充滿無明（無所了知）的空覺。我們不能說有任何一個眾生的心，就其核心而言不是空性與覺察之雙運。但是因為他們不知道此一雙運，因此他們的心變成一種充滿無明的空覺狀態。

融合三虛空

讓我們回到「三虛空法」。首先，空虛的「外在虛空」純粹是在你面前的開闊；空虛之心的「內在虛空」，純粹是你心的空虛品質；空虛之本覺（無二明覺）的「祕密虛空」，即是傳統所謂的「四分離三」的剎那。「祕密虛空」是由上師所指出，試圖去修持它，而未領受「直指教導」、未認識本覺，等於只有融合兩種虛空，而非融合三種虛空。之所以只有兩種虛空，那是因為不論你認識它與否，外在的虛空總是空虛的；心的虛空總是且永遠是空虛的，這點是毫無疑問的。外在的虛空是由任何事物所構成的嗎？你的心是由某種具體的事物所構成的嗎？沒有那種具體性，即稱為「空虛」。在沒有認識本覺的情況下，修學這一點，僅僅是融合兩種虛空，而非三種虛空。一般人每當放鬆並注視天空時，就會發生這種狀況。

但是在此，這一修行被稱為「融合三虛空」，而非兩種虛空。一旦你認識本覺，就有可能融合內、外、密三虛空，否則就會變成一種智識上的思考練習：「外在有空虛的虛空。現在，這裡是內在的空虛虛空。現在，我需要本覺的虛空。然後，我將一次把所有這三種虛空融合在一起。」它完全不是如此，以這種方式來修學，只會融合三種概念。有一種外在虛空的概念，有內在的心的第二種概念，第三種概念是空虛的本覺必然會顯現。但事實上，它是這

樣的：你不需要去控制外在的虛空，不需要去掌管內在的虛空，你完全不擁有「外在虛空」、「內在虛空」和「祕密本覺虛空」等三種虛空。它們不需要刻意地被融合在一起，它們其實已經融合在一起了。

你的眼睛需要和虛空連結在一起，因此切勿往下注視地面，而是要直接往上注視虛空。可以肯定的是，心原本就是空虛的，因此只要把這個空虛的心留在本覺當中即可，這被稱為「已經融合三種虛空」。在這種狀態之中，了無固著是可能的，但是任何刻意融合三虛空的企圖都是一種固著——想著「外在虛空」，想著「內在虛空」，然後想著「我應該融合這兩種虛空，然後加入本覺」。我們不應該稱此為「融合三種虛空」，而應該稱它為「融合三種概念」。如果我們把三種概念和本覺狀態劃上等號，它將使概念看來比了無概念的明覺（本覺）更重要。

我們為什麼應該從事這「三虛空法」？虛空本身是完全無礙的，它沒有中心，也沒有邊際。雙眼直接凝視空虛的虛空，能夠幫助我們去體驗類似無礙遍在的本覺狀態。

「外在虛空」超越生、住、滅，這是說明遍在、空虛之明覺的例子，這種明覺如同虛空般沒有盡頭。因此，要融合方便與智慧，純粹讓你已經認識的心之狀態中止於無礙的「外在虛空」內。方便是虛空，是天空，而智慧則是由上師指出的明覺。當如此中止時，你不需要試著去融合虛空和明覺，因為它們已經融合在一起了。

從勝義而言，虛空和明覺是一種雙運。把了無固著的明覺安置在了無所依物的虛空之內，可以增長見地，這是為什麼我們應該從外在來修行的原因。高山之巔是最佳的修行處所，當你眺望時，甚至可以看見天空位於你靜坐處之下。廣大開放的景色，對了解見地具有極大的利益。偉大的竹巴噶舉派上師洛瑞巴（Lorepa）花十三年的時間居住在位於西藏四大湖之一的一座島嶼上。他說，把水面當作一個了無焦點的所依物，為他帶來巨大的利益。

讓我再說一次，覺知或顯相是空虛的，覺知者（心）也是空虛的。這樣的結果是，虛空和明覺是一種雙運。然而在目前，我們已經把虛空和明覺一分為二，分成這裡這個和那裡那個，我們就沒有了這種雙運。對我們而言，顯相和心不是兩種不同的事物嗎？目前，每件事物看似二元分立——被覺知的對境和覺知的心，而且只要我們具有概念的思惟，這種覺知就會留存。因此，在藏傳佛教之中，便有了那麼多關於虛空與明覺雙運的參考文獻。

我們應該就「外在虛空」和「內在虛空」的意義來了解「ying」。四大元素無生、住、滅，心或意識也無生、住、滅，由於兩者都無生、住、滅，因此它們是一種雙運。我們如何能夠了解這一點？想想瓶內和瓶外虛空的例子，然後想像當瓶子碎裂時會發生什麼事情。「願我了證虛空與明覺雙運」這句祈願文包含非常重要的意義。

具有實體的每件事物被稱為「色」（form），而所有的色都是顯相與空性之雙運，此即「金剛身」的意義。所有的聲音都是響亮卻空虛的，此即「金剛語」。當認識明覺時，我們了解它離於生、住、滅，此即「金剛意」。所有無生、住、滅的事物都是空虛的，這正是《法界寶藏論》裡的一句名言的意義：「所見、所聞、所思的一切事物都是虛空之莊嚴，並且顯現為身、語、意之相續。」簡而言之，每件事物無一例外地都是「三金剛」的本質。

以我的念珠為例。它看似具有實體的色相，可以被丟擲在桌上。同樣地，地、水、火、風也看似具有實體的色相，但是如佛陀所說：「色即是空」，即使那色相看似存在，但它們卻不具有真實的存在。它們空無真實的存在，基本的事實便是，它們全都可以被摧毀，每件事物最終都將被摧毀。整個世界和所有不同的元素，一切事物都在某個時候生成（成），停留（住）一段時間，最後終將瓦解（壞滅），繼此之後是一段完全空無（空）的時期。在時間的長度上，這成、住、壞、空四個時期是相等的。

即使現在，當我們考慮某件事物生成時，「它將會瓦解」的這個事實，即是「它已經是一個空虛的色相」的證明。「色即是空」這句話的意思是，我們現在覺知的任何事物，任何看似堅實色相的事物，都只是空虛的色相，是不具有任何本具存在的色相。接著，佛陀說：「空即是色」，這是指雖然所有的事物都是空虛的，它們仍然顯現為色相。對我們而言，這種說法或許不可信，它似乎完全與我們的覺知相互牴觸，而且非常不易了解。但是所有的事物都已經是空虛的，從勝義而言，事物沒有生成，它們不住於任何處所，因此也沒有止滅。也就是說，一切事物都超越生、住、滅。

我們使用的另一句話是：「感官對境只是覺知，因此不具有具體的存在。」這是一個非常重要的陳述，我們要謹記在心。所有的感官對境都只是各種覺知，因此它們不存在。究竟而言，因為「因」與「緣」而顯現的事物，都只不過是一剎那的覺知。「覺知」從來不真正地生起或生成，從來不留住，因此也從來不止滅。所以，一切事物都是超越生、住、滅之本初虛空。事實上，所有被覺知的外在對境，都是無生、無住、無滅的虛空。在此同時，覺知的心也超越生、住、滅，它不是某件生、住、滅的「事物」。因此，它不只是指心是空虛的，而對境是真實、具體的，若果真如此，那麼就不可能有虛空與明覺之融合。「外在虛空」、「內在虛空」以及被覺知的客體和覺知的主體，都已經超越生、住、滅，因此之故，融合虛空與明覺的修學是可能的。

第26章

「熟悉」並非禪修

確吉・尼瑪仁波切

本文摘自確吉・尼瑪仁波切《當下清新之覺醒》(*Present Fresh Wakefulness*, Rangjung Yeshe Publications, 2002)之〈「熟悉」並非禪修〉(Familiarization Not Meditation)。

清除業與煩惱

不論從事什麼修行，在修行之前，你應該一再地對貪、瞋、痴生起厭離。貪、瞋、痴創造輪迴三界，在這輪迴三界之中，沒有任何一個地方了無三種痛苦。你要從內心深處深刻地了解，業和煩惱是所有痛苦的創造者，如果它們不可能被清除，那麼我們就會束手無策。業和煩惱是痛苦和迷妄覺受的惡劣根源，但是它們可以被根除。它們有個良好的特質：它們是短暫的，且可以被清除。

清除業和煩惱有兩種方式：世俗一般的方式和修行的方式。世俗的方式是我們告訴另外一個人：「不要擔心，放鬆，不要緊張。」請了解這些字句，因為它們事實上非常強而有力，說「放鬆，不要緊張，不要擔心」的人通常並未察覺到這些字句所包含的意義。儘管如此，對某個人說這些話，是極具利益的。我們不只會對人說這些話，也會對寵物說這些話，例如拍拍寵物說：「好啦，好啦，放輕鬆，不要緊張。」這麼說確實有幫助。「不要擔心」是指不要想太多，不要想太多你正在想的事情，也可以代表完全不要想太多；「不要緊張」是指無憂無慮；「放鬆」是指不要執著於任何事物，釋放你充滿概念的看法。事實上，這三句話確實擁有力量非常強大的意義，「放鬆，不要擔心，不要緊張」，如果你不特別知道如何「放鬆」和「不要擔心」，那麼光是告訴你這些話，終究不會有太大的幫助。但是請聽與其相反的話：「請焦躁不安！請擔心！請神經兮兮！請緊張！請動作快！」

煩惱因為思惟而生起，
念頭製造情緒，
念頭創造「業」。
因此之故，切勿追隨過去的念頭，
切勿邀請未來的念頭。
在當下，切勿糾正，切勿修改，
切勿接受或排拒，
切勿試圖去重新安排你當下的覺醒。
相反地，讓它保持本然如是，
不要試著去改變它，
這稱為「維持你本然的面貌」。

在你處於非造作本然的剎那，
你的心性是空虛的，
同時是覺察的。
覺察且空虛，
此即本然狀態。

處於本然狀態不表示心不在焉或昏沉，它是有所知覺和當下的，但是這種覺醒的明晰覺察感受，不一定執著於任何事物，大圓滿教法稱此為「立斷」的本初清淨狀態。這是第四灌頂的意義，即普遍存在於所有輪迴與涅槃狀態之「無二」大樂。當我們將這一點應用在自己身上時，它是一種空虛、無涉、完全赤裸、開放覺醒和生動明晰的感受。當專注於三時的念頭時，我們就看不見本然明覺；當未把三時概念化時，我們的本初心就是空虛、覺醒的，了無執著，這即是所謂的「明覺智慧」或「了知的覺醒」。在粗重的、一般的層次上，在那個剎那沒有煩惱；在比較細微的層次上，那個剎那並無充滿概念執著的看法。

正如同水銀永遠不會和塵土混合一般，這空虛和覺察的本初覺醒不會受到「業」和煩惱的染污，也不會受到概念看法之塵的染污。在一個短暫的剎那之內，我們的身體或許是人身，但心卻是佛。因為它維持的時間是如此短暫，所以捨斷和了證的特質並無機會完全直接展現。然而，有個特殊、獨一無二的特質已經展現，不像任何一般之心的狀態。在認識的剎那沒有「業」或煩惱，「業」和煩惱之流已經中斷，它並不存在。這是空性的覺受，但是我們

尚未精通這種覺受，尚未完全訓練有素。這本初的平常心，徹底斬斷之本初清淨狀態是真實的，但是因為我們沒有完全習慣於它，因此無法維持它的相續。我們或許暫時認識大手印空虛、覺察的狀態——大圓滿之本然狀態，但是除非我們越來越習慣於它，且擁有某種穩定性，否則它將不會有太大的幫助。想像一個在戰場上的小孩，他處於一個絕望的情勢，完全無法戰鬥和保護自己。同樣地，我們對心性的認識或許是真實的，但是它尚未「成長」到足以應付所有情況的程度。

讓心保持本然如是

修學大手印或大圓滿不是一種禪修的行為，因為在定義上，任何一種禪修的行為都是充滿概念的，而任何充滿概念的修學，都不是修學本然狀態。大手印和大圓滿的修學是指不造作任何事物，只讓我們的本然狀態相續下去。這不是我們的習慣，我們必須培養一個新習慣，但是這個修行不是禪修，而是「熟悉」（familiarization）。當我們終於抵達「非禪修」的法身寶座時，就沒有任何事物需要去培養或要去觀修，而且心連一剎那都沒有散亂，我們要修學這一點。它也被稱為「心之無作」（mental nondoing），在心的領域之內，沒有什麼要被造作。「心之無作」是大手印，但是不要只坐在那裡想著「我不應該做」，在心裡造作某件事物是概念的，去想「我不應該在心裡有任何造作」也是概念的。

在禪修的指導手冊之中，措詞常常如此表達：切勿改變你當下清新的覺醒；切勿重新作

出絲毫的安排；只要保持「如是」。這非常甚深，而且有很多地方需要去了解。當人們聽到覺醒狀態（佛心）時，他們認為它一定是某件絕妙、驚人、完全出世的事物，所有事物都一定已經消失、崩解和消融，且一定是完全獨一無二，不像他們曾經經歷的一切事物。懷有這些所有的成見，我們會輕易地忽略佛心的實相。

讓你的心保持沉靜，
空虛且覺醒，生動且活躍，
讓它保持本然如是。

沒有必要去修改它，
切勿改變這當下的平常心。
不要接受和排拒，
不要矯正或重新安排你當下清新的覺醒。

我們所稱的「認識」本身，即是空虛且覺察的明覺。當這明覺並未專注在某件事物之上時，它是本然開放且未受指導的，這正是「五種感官全然開放，明覺未受指導」這句話的意義。保持這種狀態，安住在那種狀態的平等捨之中。

在我們當下的平常心之中，有一種不執著於任何事物的覺醒感，它是清淨無染的。當我

們讓這個清新的平常心保持如是，不糾正或修改它，不改變它，也不加以接受和排斥，那麼就不會執著於任何事物。當我們不把心引導到任何事物之上時，一般執著於事物為永恆、真實和「這是我，那是他」等概念的看法，都會自然地消失，我們就完全離於業和煩惱。

修學的要點：短時間、多次數

修學的要點在於：短時間、多次數。試圖去保持明覺太長一段時間，會產生昏沉或掉舉。與其擔心覺受的時間長短，不如把重點放在非造作的本然空虛、覺醒和了無執著的狀態之上，即使它維持的時間可能不長，但是無妨，保持非造作是比較好的。我們試圖去延長的任何其他狀態，都是造作的「本然狀態」。我們或許維持那種狀態很長一段時間，但即使如此，它仍然不會對真實的進展有所幫助。

我們如何證明自己的本然狀態是非造作、真實、可靠的呢？它一定要沒有混雜概念。在一個充滿概念的看法形成的剎那，本覺就受到染污而腐化了。短時間、多次數——在這個階段，認識本然狀態的時間可能只是短暫的剎那。當試圖去延長它時，我們所培養的事物就變得充滿概念和造作。但是如果因為我們的修學之故，內在的本性自然地持續相當一段時間，這不表示必須縮短它；否則，它就會是充滿概念的。要點在於，我們不需要對它做任何事情：不必縮短它，也不必延長它。

大圓滿教法告訴我們：把明覺剝除到它赤裸的狀態；去區別二元分立的心和本覺。這

表示了無執著，了無充滿概念的看法。如果我們持有任何充滿概念的看法，或把注意力固著在某件事物之上，那麼本覺就不是赤裸的，而是受到遮蓋的。在沒有充滿概念看法的剎那，在注意力不固著於某件事物的剎那，當下清新的平常心、當下清新的覺醒本身是赤裸且覺醒的，我們只要把它保持在那種狀態即可。全然開放是平常心或自生覺醒的特徵，而二元分立的心則是受限的。

因此，在我們的修行之中，當我們注意到全然開放、廣大浩瀚、沒有參考點的狀態時，那即是平常心——自生之覺醒。當我們注意到自己的狀態是侷限的、專注於某件事物之上，且有一個參考點時，那即是二元分立的心，我們應該知道如何作出這種區別。如果我們認為自己是在維持心的本然狀態，但事實上，這是陷入尋常的思惟之中，並無太大的用處。我們需要去分辨非造作、真正的本然狀態，這是重要的。我們需要去分辨完全空虛、赤裸，不侷限於任何事物，完全地明晰覺察，但不固著於任何事物的本然狀態。

你們有任何疑慮或不確定嗎？

問與答

學　生：為什麼只有五種感官全然開放，而沒有第六識？

仁波切：第六識和其他五識有關。只有開放的眼睛，不表示有清晰的觀看，除非它和心識連結在一起，不是嗎？

學　生：我們是否有可能在處於空性狀態的同時，仍然有所固著？

仁波切：當我們讓自己沉靜於平等捨中時，就會注意到是否有身體的不適，它會一再地吸引我們的注意力。這不像我們的心是半空虛的，同時又是半散亂的；它比較像是一種在兩種狀態之中來來回回的活動。我們的注意力被某件事物吸引，但又再度被釋放。

學　生：仁波切，你說有一種沒有概念的明覺。這是真的嗎？

仁波切：就定義而言，明覺——大圓滿的明覺——是未混雜概念的。

學　生：哇！

仁波切：很好的反應。

學　生：在本覺之中，我有時認識空性、明晰和大樂的特質，但是我一點也不常認識到「廣大」的特質。我是否要有更多的「熟悉」，才會對其有所認識？那是我有所固著的一個徵相嗎？

仁波切：當你完全釋放每一種專注和參考點，而且完全放下時，你不可能不會有那種開放和廣大。

學　生：我一定是有所執著。

仁波切：是的。那是一種細微的執著縈繞不去的徵相。

學　生：什麼是處理昏沉最善巧的方式？

仁波切：有外在和內在的方式。外在的方式是前往一個位置更高、擁有廣大的視野、景色更佳的處所；你穿較少的衣物，如此就不會太過溫暖；把眼睛注視的位置抬高。

你也可以突然之間用力地呼氣，有個特殊的口頭教導是：突然且用力地發出「呸」（phat）❶的聲音。

內在的方式是運用正念，不論是刻意或任運的提醒，兩者都提醒你保持空虛、覺醒和完全明晰。這表示昏沉或懶散的感受只不過是另一個念頭，要放棄那個念頭。

學　生：修行是一件事情，但一旦站起來時，我又再度把自己的覺受具體化。當我站起來時，立即有一個「我」。每當我不是在正式地修行，而在行走或從事其他事情時，如果我運用法門，它都只不過造作而已。這讓我發狂，因為我了解到自己的心時時刻刻都在散亂，除非只是坐下修行，否則法門似乎不管用。

仁波切：由此你就可以看到「持座」（keeping sessions）的重要性。我們有清醒的時間，我們把這清醒的時間分成「座上」和「座下」，這是重要的。在座上期間，有禪修的狀態和「後禪修」（postmeditation）。當你把身體放在一個平衡的姿勢，背部挺直，自然呼吸而不勉強時，某些因素就結合在一起。這些因素的聚集，對你的心之狀態有特定的影響力。據說，當正確的巧合透過身體形成時，了證就會在心中產生。當你把自己放在這種姿勢時，心的狀態不是就會感到不同，而覺得比較輕鬆、開放嗎？姿勢為了證的狀態形成一種巧合。

現在我們已經開始於禪修狀態修學，對不對？隨著修學，我們會越來越習慣於禪修狀態。當我們真正訓練有素而達到穩定的程度，那麼在「後禪修」期間，就有可能也更容易保持那種狀態。你可以把禪修狀態融合在飲食、坐臥、談話等日常情境之中，最困難的是當你躺下、睡眠和作夢時。我們需要在所有這些情況中修學。竹巴噶舉（Drukpa Kagyü）傳承最偉大的上師之一林傑・瑞巴（Lingje Repa）說：

上師說，修學本初自性，
我一再地這麼做。
但是現在我的座上和座下已經消失，
我應該怎麼辦？

你說的是真的。但是有些人坐著時，反而有更多念頭。他們發現，如果走動情況會比較好，尤其是他們搭乘公車或計程車而不是自己開車的時候。

學　生：雖然我確實體驗空性和明晰，但是我有一點點害怕放棄一切。我有這種西方的習性，覺得一定有某件具體的事物，但那可能什麼也沒有。

仁波切：那一定是科學的加持。

學　生：這會不會透過修行而消失？

仁波切：在智識上，你可以說服自己這空虛的覺察是無形、不具體的。藉由自己的修行，你可以從經驗上證明這一點。在真正的禪修狀態期間，你了解它不是堅實的物質。所以，當你重複修持放下念頭和成見時，它們會漸漸消失。它會變得更容易，而且漸入佳境。

學　生：我們如何延長對心性的認識？

仁波切：在這個背景脈絡之中，禪修即是維持心性的期間。在此，心性是指我們真實的面貌，覺醒和空虛的狀態不是由任何有形的事物所構成，它是完全開放且完全覺醒的。我們需要維持這個狀態，換句話說，把這個狀態維持為一種持續不斷的呈現。為了達到這個目的，法門是必要的。提醒我們自己去認識心性，運用「提醒」（remindfulness）的法門是不可或缺的，只要是初學者，就沒有別的辦法。剛開始，這種「提醒」是一種刻意的提醒，稱為「刻意的正念」（deliberate mindfulness）；之後，它變成一種「任運的正念」（effortless mindfulness）。不論是哪一種正念，都肯定是必要的；否則，我們永遠無法認識心性。在忘記本然狀態之後，一再地應用這個「提醒」。我們不只要在座上禪修期間這麼做，也要在任何時刻應用這個「提醒」。

正如同我說的：短時間、多次數。當我們坐下來禪修時，彷彿必須進入一個特定的狀態：「現在我正在禪修，它應該維持一段長時間。」鮮少有人可以這麼做。大多數的時候，當我們心想「我處於本然狀態相當長一段時間」，可能只是一種假裝，或完全是一種造作。如果它維持相當長一段時間，那麼我們真的需要去質疑它是否是真實且非造作的本然狀態。由於我們真的不需要假裝自己處於某種一流的、持續不斷的本然狀態，因此，非常誠實地面對自己是比較好的作法。更好的作法是，讓它維持如它所維持的時間長短，不要試圖去創造任何造作的事物。首先，提醒自己去認識心性；接著，讓這種認識維持下去。如果它只維持很短的時間，那就讓它是短的時間；如果它維持長的時間，那就讓它是長的時間。我們不必去縮短它，因為那就會是造作的；也不必坐下來維持很長一段時間，因為那也是造作。完全了無造作！這是修學的方法。

一旦你忘記本然狀態，就再次運用「提醒」，不論它是刻意的或任運的「提醒」。這是我們進展的方式：透過短時間、多次數；透過一再地認識心性。讓我再次重申這個重點：我們不只要在座上禪修期間認識心性，也要在所有可能的時間內認識心性。當人們有幸能夠在一天當中挪出二十分鐘時，會常常稱這二十分鐘為他們的「禪修」，但是真正的修行者不會把自己的修行限制於座上禪修，他們在四處走動的時間修行，提醒自己認識心性。藉由在談話、飲食、從事各種活動期間修行，他們時時刻刻都在修行，而不是只有短暫的時期。如果我們只在短時間修行，而在許多年之後沒有任何進展，那麼我們或許會怪罪佛法或教法：「這些教導應該是非常高深的，但看看發生了什麼事情——沒有太多的事情發生！」但是真的，我們只能怪罪自己。

相反地，我們應該時時刻刻維持心性。當這麼做時，我們就可能會有真正且快速的進展。它有如藥物：只有你服藥，它才會有幫助。藥物被用來治療疾病；同樣地，修行是用來治療引起我們所有的業行、情緒和迷妄狀態的基本疾病。這個疾病的根本起因是非常細微之充滿概念的看法。而認識心性，讓心性保持本然如是，了無任何造作或修改，即是真正能夠從根斬斷的唯一一件事物。切勿藉由接受或排拒，或把我們的心放在某一個狀態，試圖去糾正或改善它；相反地，我們應該要保持全然的非造作和

本然，這即是斬斷輪迴根本起因的方式。在認識心性的剎那，沒有業行、情緒，也沒有迷妄。在那個剎那，所有這一切都已經完全清除。我們需要去修學它，需要去熟悉它，熟悉它並不代表它是一種禪修的行為，例如觀想本尊，或在「止」中專注於一種寧靜感。這種修學無念覺醒的「觀」，不是一種禪修的行為，因為沒有什麼事物要透過禪修來培養。完全了無禪修，心完全了無執取，即是究竟的修學。

注釋：①原注，❶譯注

❶…「呸」（phat）以短促急速之音發出，用來切斷概念形成的過程。

大圓滿之歌
第27章

大手印與大圓滿之對照

策列・那措・讓卓

本文摘自策列・那措・讓卓《太陽的循環》之〈大手印與大圓滿之對照〉（A Comparison Between Mahamudra and Dzogchen）。

一般而言，在大手印與大圓滿的各種傳統之中，存在著許多不同種類的教法形式。尤其就究竟的意義而言，大手印與大圓滿之間並無差異，這是毫無疑問的事情。然而，根據它們的呈現與描述，它們教導了關於是否把顯相視為心、念頭是否與法身相同，以及正念是否應該作為禪修等各種不同的方法。

一些大手印的追隨者教導，大圓滿是一種偏離進入本具內在的旁門左道，而更高次第的大圓滿則教導大手印是有瑕疵的，因為取決於大手印和包含大手印的一切事物被認為是保有假設的見地。因此，它們各有各的強調重點。

對於相稱的修行者而言，他們已經在具格上師的足前，如實地認識本然狀態之本具真如，因此沒有什麼要去分類。對他們而言，一切事物純粹都是法性的展現。在大手印之中，那是著名的「根大手印」（ground Mahamudra）或大手印之本然狀態。由於每個人都同

意，修行各種禪修次第是了證本然狀態的法門，因此大圓滿的系統並無缺陷。

同樣地，稱大手印是一種假設的見地，這是針對那些以那種方式來修行的次等人而言。如實了悟大手印之本質的修行者，覺知心赤裸本具的面貌，了無概念。由於它們不需要仰賴假設，因此它們不會因為這個缺陷而有瑕疵。

此外，關於念頭是否為法身的兩種意見，事實上是相同的。即使連大手印的體系也不把一般的念頭——不受拘束的迷妄固著——視為法身；同樣地，大圓滿體系不壓制已經被（前述的）重點所接受的感知。因此事實上，它們的意見是一致的。

至於顯相是否為心，所有的重點都是一致的，而且就究竟的心性而言，顯相超越真實與謬誤的侷限。它可以用任何可能的方式顯現為心的相對展現，但是卻沒有任何的本質。再者，顯相不需要被接受或排斥等。

關於正念是否作為禪修，某些人似乎充滿僵硬死板的固著，並且相信「扣押」自己的心即是大手印的禪修，這全都是他們自己的過失。真正的噶舉派大師把自我覺察的正念當作修行，而這種正念與大圓滿體系本初清淨的自我明覺是相同的。因此，除了不同的專門用語之外，在意義上並無差異。不論是大手印或大圓滿體系，都不認為禪修是固著於正念的「概念心」。

簡而言之，大圓滿所稱的「具有三種智慧」——本初清淨本質之智慧、任運顯現本性之智慧和遍在能力之智慧，被大手印的追隨者描述為無生本質、無礙本性和各種展現。大家無異議地同意，它們是相同本體的不同面向。

第28章

大手印與大圓滿之關連

楚西・阿帝仁波切

大手印與大圓滿兩個體系在本質上是相同的。你或許遵循大手印或大圓滿的體系，但是每個體系都具有獨一無二的教導。大圓滿有一套特殊的教法「頓超」，而且直接指出本覺的方法只有在大圓滿教法裡找得到；大手印特異的教導則是「九住心」（nine cycle of mingling）❶。

大手印禪修的三面向

在大手印的傳統之中，當我們開始從事禪修時，禪修者被教導三個面向：止寂（stillness）、生起（occurrence）和察覺（noticing）。

「止寂」的培養是指停止緬懷過去，不再持有關於過去發生了什麼事情的念頭；對於未來也是如此，你不該為下一個剎那構築任何計畫；在當下，在此時此刻，你要完完全全地放

下。放下一切，安頓於當下。在大手印的傳統中，「止寂」是指保持「如是」──不追隨過去、未來或現在的念頭，不攪動出任何新念頭。

初學者將會注意到，完全地放下而沒有任何念頭，不會維持太久。由於能量之流的業力，新的念頭會形成──念頭執著於主體和客體，執著於討喜和討厭的事物。這種模式的啟動，即是「生起」。

當我們的注意力是寧靜止寂時，有一種「這是如此」的了知。當我們忙碌於思考這個和那個時，也有一種「這是如此」的了知。但在這個止寂和念頭生起的背景脈絡之中，這種了知稱為「察覺」。這些即是止寂、生起和察覺的三個面向。

現在，修學即在於：每一次你察覺到自己在想某件事物時，要把自己從思惟中抽離出來，暫停注意力，進入寧靜、止寂之中，並且純粹保持那種狀態。過了一會兒之後，當察覺自己正在思考某件事物時，再度回歸止寂，這即是修學。藉由一再地重複這個修學，你變得越來越熟悉，越來越經驗豐富。這是我們進展的方式。

隨著你越來越有能力，到了某個時候，念頭的生起就不再對注意力有那麼強大的掌控力，你變得比較容易回歸寧靜。之後，每當念頭再度開始翻攪時，我們不再陷入其中，反而能夠安住，直到念頭生起的力量減弱，覺察的品質增長壯大為止。「止寂」和「生起」之間的分界線逐漸消退。在此時，我們能夠認識「察覺念頭之真實面貌的真實本體」；換句話說，可以展開「觀」。

偉大的瑜伽士密勒日巴說：「在過去的念頭和接踵而來的念頭之間的間隙，無念的覺醒

持續不斷地顯露。」不論你認識它與否，事情就是如此，因此其中的差異在於「認識」。「認識」的機會時時刻刻都有，這即是修學。在初始，念頭消失，這稱為「止寂」；接著，新的念頭生起，這稱為「念頭生起」；我們注意到這些正在發生。這止寂、生起和察覺三者，和我們越來越覺察到念頭與念頭之間的間隙有關。這種覺察的品質會越來越強大，而這唯有透過修學才會發生。你無法把這個間隙拉大，也無法刻意地增長修學的力量，在某個時候，當你認識那個察覺者和覺察的品質是什麼時，那即是「止」和「觀」在這個背景脈絡中的差異。

如果你的止修只是心不在焉，住於一種中立、漠不關心的狀態之中，沒有任何念頭活動，那麼在大圓滿的體系中，這即是所謂的「總基」，它純粹是一種了無念頭活動的方式。根據大圓滿的說法，當注意力在總基的領域中變得活躍時，那種活動即是二元分立的心。當止寂與念頭生起之間的分界線消退，覺察品質的力量增強時，根據大圓滿的說法，那種覺察的品質即是本覺。取決於我們是否使用大手印或大圓滿的方法，兩者有不同的專門用語，但是實際的修學在本質上卻是相同的。

大圓滿教導的三要點

根據大圓滿的教導，關於這個背景脈絡有三個要點。第一，是追蹤二元分立的心或一般的注意力。第二，是發現祕密的本體，即二元分立的心或注意的品質的隱藏方式。第三，是揭露它的消失點。

「追蹤」是指去探究二元分立的心的行為方式，它從哪裡來，它現在在哪裡，以及它到哪裡去。

第二個要點是實際去發現它是什麼——看似真實的存在，事實上那裡沒有東西。它只是某種被誤以為是真實事物的行為，那裡其實沒有任何東西。唯有當加以探究時，我們才會發現這種注意的品質不是一件事物，然而，它卻一直愚弄我們，它即是所謂的不存在或看似真實的存在。

最後一個要點「揭露二元分立之心的消失點」，即是你注視這個注意的品質在哪裡，以及它是由什麼構成的剎那，會發現那裡沒有實際的事物；每當你注視時，它就消失了。根據大圓滿的說法，這是發現二元分立之心的真實面貌的方式。

這是發現和進入真實本覺的方式，因為我們必須清楚地了解什麼是二元分立的心。試著去找出這個執著於實相的覺醒品質的本體，心從哪裡來？它現在在哪裡？當不再有心時，它去了哪裡？那即是所謂的探究二元分立的心的生、住、滅。

正是在此時，本覺可以真正地被引介或指出。然而，這個程序始於「止」，而伴隨「止」而來的是大樂、明晰、無念等特定覺受或禪境。一旦修行者以一種不受干擾的方式進入「觀」的品質，心不再散亂，而且具有維持那種心之禪修狀態的能力時，此即所謂的「專一」——大手印的第一個次第。當如此持續下去，便會達到「離戲」的階段，接著進入「一味」（one taste）的狀態，最後達到「無修」的狀態。這表示不再有任何事物需要被帶出來，或被一個培養它的媒介培養出來；換句話說，你發現了證悟的本初狀態。心性是「本來證悟」（pre-

enlightened）的，我們的本初基已經是證悟的。在大圓滿的方法之中，這個發現被稱為「再證悟」（re-enlightened）。大手印不使用「再證悟」、「本來證悟」等詞彙，但是在「無修」的第四個階段，意義基本上是相同的。

真實本覺和平常心

指出真實的本覺，是大圓滿之道的開端。這有如人們向我們指出一條道路的起點，但這不表示我們應該站在那裡等待，而是應該要向前進。有時候，人們誤解並認為自己已領受「直指教導」，在覺受中認識本覺就已經足夠，並認為自己早已走完全程。這是不夠的，認識本覺只是大圓滿之道的起點，我們需要貫徹始終，而這需要更多的精進。當然，你可以說精進不懈是任運的，但這肯定不表示我們應該忽略修行的必要。話說，大圓滿的修行者有兩種類型——懶惰的修行者和精進的修行者，對懶惰的修行者而言，有修學本初清淨的「立斷」；對精進的修行者而言，有修學任運顯現的「頓超」。但是就兩種修行者來說，他們都不會站著等待。給予「直指教導」就有如指著地面說：「這是通往拉薩的道路。」如果你只是站在那裡，便永遠也到達不了拉薩。你需要把一隻腳放在另一隻腳前面，一步步地沿著道路前進。同樣地，在認識本覺之後，你需要修學，並在修行之道上前進。

在大圓滿之中，有四個生起次第。第一個次第來自真實地認識本覺，有時被稱為「現見法性」（法性或你內在的本質展現），即如實地看見本然狀態。第二個次第，當你有所進展，

覺受加深，它被稱為「悟境增長」（禪修覺受增長）。第三個次第是「明智如量」（明覺—本覺〔awareness-rigpa〕臻至圓滿）。第四個次第是「法性遍盡」（所有概念和二元分立的現象都耗盡），這次第等同於大手印的「無修」次第。如之前所提及的，證悟的究竟狀態是在本來證悟的本初基內再證悟。重要的大圓滿上師巴楚仁波切常常告訴他的弟子：「你應該為進展留空間，你不應該認為自己已經到達那裡了，沒有什麼要證得了。即使它是本覺狀態，也要為進展留空間。不要滿足，為時尚早，你的修行仍然有改善的空間。」

根據大手印的方法，被指出的事物是本初覺醒的真實狀態，即你的平常心。一旦這個狀態在你面前被直指出來，它就被稱為「心性」，而這教導是：「注視心性。維持心性。此即道路。」根據大圓滿的教導，被直指出來的事物被稱為存在於你內在的「本具本初覺醒」，這被稱為「本覺」。你應該認識本覺，維持本覺。在大手印和大圓滿這兩個教法之間，並無真正的差異；當然，在這兩個體系之中，有一些額外的教導，它有如從南方或北方前往菩提迦耶，兩條道路都通往同一個方向，「直指教導」就有如顯示直接通往菩提迦耶的無謬道路。如果修行者真的認識途徑，認識自己需要修學什麼才能達到證悟，並如實地遵從，那麼毫無疑問地，這是一條無謬的道路；然而，修行者仍然必須遵循這條道路。你能夠多麼快速地達到目標，完全取決於你和你的精進。

在傳授岡波巴所有必要的禪修教導之後，密勒日巴告訴岡波巴：「現在它取決於你去從事修行。」當岡波巴要離開時，密勒日巴陪他走了一段路。在某個時候，他停下來告訴岡波巴：「我已經傳授你所有的教法，但我一直保留一個教法。」岡波巴認為自己應該作一些準備，從事曼達供養。對此，密勒日巴說：「沒有必要供養曼達，我會給你這個教法。」然後密勒日巴轉過身掀起衣服的下襬，露出他的臀部。密勒日巴的臀部又硬又起老繭，岡波巴無法分辨它們是由肌肉、石頭或木頭所構成。密勒日巴在讓他的弟子一看究竟後，說道：「如果你想要達到圓滿的禪修，你應該像我這樣坐。我持續不斷地坐在堅硬的石頭上那麼長一段時間，以至於我的臀部有如化石，如石頭般堅硬。你應該用這種精進不懈來修學，這是我最後的教導。」因此，光是注視自己站在何處，心想自己已經達到某個境界，這樣是不夠的。認識本覺的覺醒狀態不是證悟，而是通往證悟之道。修行者必須持續不斷地修學，來使這種認識達到圓滿的程度。

現在讓我們分辨什麼是禪修的真正內容。在座上修法期間，我們真正應該要修學的是什麼？一般來說，它被稱為「本然」或「平常心」，但那是什麼？它是指心的平常狀態，或是如大圓滿所描述的、心的特定本然狀態？川波（Trengpo）地區的偉大伏藏師喜饒．歐瑟（Sherab Özer）說：「停止你的注意力，不去區分任何事物，是不夠的；光是不觀修或不持有任何禪修者或禪修對境的概念，是不夠的。那可能只是心不在焉的空白狀態，是所有輪迴與涅槃的基礎。」我們有必要去分辨解脫之「基」，也就是本覺的本然狀態，不同於心的平常狀態，在大圓滿裡，這種心的平常狀態是「總基」。不論修行者投入多少千年的時間於總基之狀態修學，肯定不會有任何進展，他只會再度在輪迴的狀態中生起。然而，修學本覺之心的本然狀態，即是解脫之「基」。因此重要的是，我們要區分總基的一般平常心，以及解脫之「基」的本然平常心，並且如實地修學。

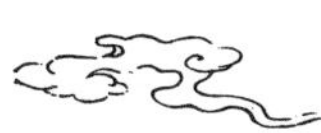

四瑜伽和四相

根據大手印的說法，被指出為禪修本質的事物，存在於心的平常本然狀態之中，它被指出為本初之真實覺醒。根據大圓滿的說法，在我們心的平常狀態之中，被指出的是自我了知的本初覺醒。根據大手印的說法，在認識這個狀態之後，修行者可以繼續加以修學，隨著修學的加深，將會有被稱為「大手印四瑜伽」❷的進展次第，每一個次第再進一步區分為下等、中等、上等根器三種類別，這些即是大手印四瑜伽的十二個面向。另一個方法是應用每個瑜伽的四瑜伽的結構，形成十六個面向。這些面向相同可靠，並且描述本然平常心不斷加深的覺受和穩定的層次。

大圓滿之道具有類似的解釋。根據「立斷」，有一種越來越習慣於本覺狀態的增長感，這可以被形容為「四相」道次第。這四相也可適用於「頓超」。

但是不論你遵循大圓滿或大手印，請了解在究竟的層次上，兩者之間並無真正的差異，沒有一個覺醒狀態被稱為「大手印」，而另一個被稱為「大圓滿」。在法身的虛空之內，它們都是一味的，「大圓滿」和「大手印」這兩個詞彙事實上指的是一切事物的本性。由於一切現象——所有在輪迴和涅槃內顯現和存在的現象，都具有大樂之印，因此它被稱為「大印」（the Great Seal），此即「大手印」的字義。同樣地，由於一切現象，不論是什麼或是什麼方式，都在自生明覺的虛空內圓滿，因此它被稱為「大圓滿」。

「果」——「道」的最終結果，被形容為在三身的虛空內，覺醒達到真正的證悟，就此而

言，空性被了證為法身，覺性被了證為報身，遍在的能力被了證為化身。在本初覺醒的單一領域之內，這三身也被了證是無別的。不論我們稱這個「果」的狀態是「大圓滿」或「大手印」，這個事實都是真確的。

本文是楚西・阿帝仁波切一九九九年於舊金山所給予的開示。

注釋：①原注，❶譯注

❶…「九住心」即於內攝心令住、等住、安住、近住、調順、寂靜、最寂靜、專注一趣、平等攝持。

❷…大手印四瑜伽：岡波巴大師以佛陀的心印（即大手印），導引行者顯出自己明空不二的體性，以跟本體相應的「專一」、「離戲」、「一味」、「無修」等四種瑜伽，來圓滿成就無上的境界。

第29章

維繫本覺

竹旺．措尼仁波切

本文摘自竹旺．措尼仁波切《無畏之離戲》（*Fearless Simplicity*, Rangjung Yeshe Publications, 2003）之〈維繫〉（Maintenace）。

三個要點：放鬆、光燦和明晰

有句名言說道：「知道如何禪修，但不知道如何解脫自在——這不是像禪修的天眾嗎？」可以肯定的是，我們一定要擁有修行的要點，但這不表示了解那種覺受，或太過認真地試著去擁有那種覺受，而是要讓它保持完全的開放。在認識本覺之後，我們可以強調放鬆，而不是試著緊緊抓著本覺不放。根據教導，在認識本覺之後，我們可以偶爾重視三個要點：一是放鬆（looseness），二是光燦（brightness），三是明晰（lucidity）。「光燦」和敏銳的感官有關，例如，當我們在戶外修持「融合三虛空」時，五種感官是完全開放、呈現的，而不是自我封閉的。「明晰」比較是一種清晰的特質，不仰賴感官的清晰，它和本覺本身的明晰有關，不仰賴感官是否敏銳或遲鈍。

根據教導，一旦本覺被引介、認識之後，我們要在一、兩天內去做的最重要一件事，即在於強調一種放鬆感，完全不要執著於它。我們要對這整件事情保持非常開放、自在、放鬆，生起一種捨棄的看法，而不在乎要保持已經認識的本覺，只是純粹放任它。我們把焦點放在這種放鬆感之上一、兩天；然後在那種狀態之中，強調心的光燦顯現；過一會兒之後，再加入明晰的特質。當如此修學，你便會以一種非常真實的方式，達到一種無別的和覺醒的空性。

當初學者首次認識本覺的覺醒狀態時，那當然是一件天大的事情，因為認識本覺的覺醒狀態可能是他已經等待和期待相當長一段時間的事情。它是那麼地重要，所以它是珍貴的。因此之故，初學者當然會全力以赴地去維繫它、執著它：「這不應該溜走。這是那麼地特別，我必須保持它！」那種不想要讓它溜走的自我意識的看法，會讓我們緊繃，然後放鬆感就消失了。因此，我們要特別記得：要鬆弛、要放鬆。當你擁有這種放鬆之後，請強調一種光燦或敏銳的特質。請了解這個重點。

大圓滿對「禪修狀態」的定義是「本覺維持的期間」，這種寧靜的狀態是你並未偏離本覺的相續。當你偏離時，它被認為是「後禪修」，因為它不再是本覺的狀態。因此，寧靜和「後禪修」之間的分界線在於散亂或不散亂。當你散亂時，它是「後禪修」；當你不散亂時，它便是寧靜。當你散亂時，它是二元分立的心；當你不散亂時，它就是本覺。

慈悲是一種散亂的狀態？

在此時，通常會冒出許多問題：修「止」是一種散亂的狀態嗎？在生起次第期間所從事

的觀想行為，是一種散亂的狀態嗎？持誦咒語是一種散亂的狀態嗎？那麼生起慈悲呢？當一個人根據大圓滿教法本身的主張來解釋大圓滿教法時，答案是肯定的——那些是散亂的狀態。但是他必須補充說明，這些是第一流的散亂狀態，尤其慈悲更是如此。對大多數人而言，即使他們試著去做，也相當難以用這些崇高的方式來保持散亂。大多數人會發現，他們相當難以保持持續不斷的慈悲，不是嗎？在生起次第擁有非常清晰的觀想，也不容易。在修「止」時，擁有專注於一境的禪定，說的比做的容易，不是嗎？因此，我們偶爾發願：「願我證得那種散亂」，是完全可以的。

就大圓滿的教法而言，我們必須同意，那些狀態仍然是二元分立的心，但它是一種非常精細的二元分立的心，我們有時還會需要它，但儘管如此，散亂的狀態仍是散亂的狀態。人們有時就是在此時犯錯，對生起任何二元分立的狀態失去興趣，例如慈悲、「止」的專注一境或生起次第。這肯定是個錯誤，因為我們肯定應該偶爾生起那些狀態。

真正的問題在於，修行者對二元分立的修持會皺眉頭表示不滿，因為他聽說「無二」的本覺狀態才是真實的事物。他可能會錯誤地認為，試圖生起慈悲和培養崇高的品質是一種次等的修行，因此何必要那麼費心？不幸的是，應該任運呈現在覺醒狀態內的慈悲尚未展現，而修行者卻處於一個空無、枯燥的空白裡，沒有太多事情在其中發生。修行者把心固著在非因緣和合的事物之上，同時排斥崇高的特質，這是一種障礙。對於特別修持這種修行法門的修行者而言，這是一種自創的障礙。這種障礙被稱為「黑暗消散的邪見」（the demonic view of black dissipation），這種邪見既不相信善，也不相信惡，你可以說它是「魔羅的加持」（Mara's

blessing），會使修行者步入歧途。修行者沒有興趣培養善的品質，因為他們認為這種修行「太充滿概念了」，但是修行者天生也不具有任何善的品質，因此什麼事情也沒發生。這是一個大障礙，也是大圓滿教法被保持為「祕密」的原因之一。這不是因為教法有什麼問題（當修行者正確地修持這些教法時，教法肯定沒有任何問題），但是修行者可能會誤解其中的過程，這即是危險所在。我們不想對任何人造成傷害，對不對？障礙肯定不是大圓滿教法的過失，也不是內建在本覺狀態內的瑕疵。它是個別修行者的過失，因為他們並未了解如何正確地修持大圓滿的教法。

修行者也可能在修行的開端，誤解本覺的真實面貌。是的，本覺是廣闊開放的，但它不是一種外向的廣大自我。在這個扭曲之中，自我沒有消融，它只是使它自己向外延展而變得廣闊：「那裡有那麼大的空間，我是那麼地開放，我是那麼地開放！」然後修行者保持那個樣子——空無、凍結。修行者一再地修學，保持這種開放、空無、凍結的狀態；這肯定不是本覺。如果它是真正的本覺，那麼慈悲的特質和虔敬心便會自然而然地顯現。真正的本覺會讓修行者真心誠意地感謝他們的上師和教法的傳承；真正的修行者了解輪迴〔最終〕目標的徒勞無益，而且在心中真正地生起出離心。但是由於它不是真正的本覺，因此這些特質無法開展。

這個特定的心理問題伴隨這個特定的扭曲本覺，會生起為一種副作用，每當修行者對去從事某件崇高或充滿意義的事情生起抗拒時，它就會自行顯露。被誤導的大圓滿瑜伽士告訴自己：「我不應該做這個，因為它是二元分立的。」如果修行者被迫從事二元分立的修行，他會感到罪惡，彷彿自己已經背叛這空無、廣闊的自我。在此時，自我不是自解脫的，完全不

是，因為欠缺對其自身空性的了知。有一種粉飾的、空虛的感受，而且培養這個習慣變成一個問題，因為修行者會為此而困在其中。修行者不想要創造任何種類的、值得稱讚的看法，因為他想像這會背叛大圓滿的教法，而寧願不進一步發展任何看法。

這種扭曲可能會是一個巨大的障礙，如果生起這種扭曲，修行者特別需要向上師祈請，領受更多的教導，然後投入於充滿概念的慈心修持，並修學悲心等，以圓滿積聚功德。修行者要完全放棄他緊緊抓住不放的「本覺狀態」，並說：「我不在乎這個，讓我繼續在道上前進。我顯然轉錯了方向，現在讓我繼續前進。」

事實上，陷入這種扭曲是一個巨大的散亂。它不是真實的道路。你知道方便與智慧的兩個面向嗎？所有屬於「方便」的不同修行法門，幾乎沒有「歧途」，真的沒有什麼可以被上下顛倒、前後錯置和扭曲的。我主要傳授的修行法門，比較屬於「智慧」的面向，尤其屬於大圓滿的見地。「方便」之道幾乎沒有「歧途」，因此修行者在試圖積聚功德的同時，不會真正出錯。在從事具有表徵的圓滿次第時，例如「拙火」（tummo）、「脈氣」（tsa-lung）等，可能會有一些陷阱和圈套，不然沒有什麼會出錯。

斷見裝扮成靈修

關於這個問題，龍樹說：「把事物視為具體，愚蠢如牛；但把事物視為不具體，甚至更愚蠢。」我們可能懷著「這是真的；這是具體而堅實的實相」的看法來從事善行。這種看法並不

是真的那麼糟糕，因為仍然有一些善出自其中，而且了悟一切事物虛幻本質的機會仍然是開啟的。另一方面，固著於「沒有什麼是真實」的斷見，就很難透過佛法教法來治癒。因為他已經決定沒有什麼是真實的，他已經否定一切，要讓他改變心意，承認有某種程度的真實是非常困難的。要從相信一切事物是真實的，轉變到相信它是不真實的，要比反向而行容易許多。

我們可能在心中持有這些見解：「有佛，證悟是美好的。有這些供養，有我。我喜歡布施，我正在布施。在來世，我將從中獲益。這一切都是美好的！」這不是太大的錯誤。當然，在此我們像一頭牛，但至少我們不比牛來得糟糕。另一種看法是：「這完全是無用的！我為什麼應該做那個？燃燈有什麼用處？它只是一盞燈；它只是在一盞燈裡的油而已。點燃一盞酥油燈的燈芯，能夠有什麼功德？分子被加熱到更高的溫度，於是它們發光，然後那光延展到各個方向，但是功德在哪裡？我沒有看見它，不了解點燃某個東西怎麼會幫助我。他們說，在淨土有個佛叫做阿彌陀佛，但是我沒有看過他，他也從未對我說過話。對我而言，他不存在！」

這種懷疑悲觀的態度讓修行者易於把心安頓在「什麼也沒有」的想法之上；換句話說，即安頓在斷見之上。在此，有一種特定的斷見可被裝扮成為「靈修」，它是這樣子的：「我只想要重點，不需要任何文化的或宗教的表飾，它們並不適合我。當感到困擾時，我想要平靜。平靜是必要的，我了解，而且我需要它。每當自私自利時，我應該要更仁慈，因為它發揮其作用，我的心情會比較好，因此我需要它。但是所有其他錯綜複雜的東西請離我遠一點！」從傳統佛教的觀點來看，這是一種可憐的想法，有這種想法的人，等於是在為自己製

造巨大的傷害。他是在耗盡自己的功德，並且無緣無故地為自己製造不幸。我覺得我們有必要去覺察這種步入歧途的方式。

讓我們回到事情的核心：當你的心散亂時，你便偏離本覺；當心不散亂時，你純粹讓本覺的相續持久下去。當你寧靜安住，不離本覺的相續時，可能會發生兩種散亂。第一種散亂你甚至未注意到，只有在幾分鐘之後，才發現自己已經離開本覺。你不知道自己是怎麼離開本覺的，但是突然之間，你有所了悟。另一種散亂是在安住於寧靜相續期間，周圍有某件事物開始移動，即使你察覺到它，它仍然吸引你的注意力，而讓你分心，這主要是初學者心散亂的方式。第一種散亂比較會發生在已充滿信心地認為自己是「進階禪修者」的修行者身上，「寬坦」可能太過放鬆，因此修行者不太在乎去運用解藥來對治發生的狀況。這是他們的心可能散亂的原因。

什麼是必要的？當我們的心散亂時，是什麼在散亂？是覺察的特質散亂了。覺察的特質是怎麼走失了？因為忘記了它的空性。這個覺性的職責是什麼？是重新認識它的空性。在認識它的空性之後，這種覺察或覺醒的特質就已經完整了，它已經盡了職責。這裡的問題可能在於，覺察的特質試圖把空性變成一個具體的禪修對境，因為我們把它牢記在心中，於是就產生了散亂。事實上，空性是指了無對境，把它變成一個具體的禪修對境，代表我們試圖把它變成有形，如同我試著碰觸這個銅鑼一般。認識空性是指認識「沒有對境」這件事情，如果空性是某個對境，那麼它就可被碰觸，但它不是對境，它有如碰觸「無物」(nothing)，然後純粹讓那個「無物」保持開放。但是因為俱生無明，因為我們不了知的天生習慣，覺性變

得有點不安，它不高興沒有東西可以碰觸，於是開始四處尋找可以執取的東西。這是我們與本覺狀態分散的根本原因。

可能有一個剎那，本覺開始去尋找一個對境——一個特定的對境。它不會勉強接受瞋怒、執著或信念這樣的對境；相反地，它把虛空轉變成為一個對境，恍惚昏沉的禪修就是在此時發生。在此時，本覺肯定喪失了，或者它在一開始就沒有被正確地認識。修行者開始把「廣闊」(spaciousness)具體化為一個禪修的對境。你們了解這個意思嗎？

學　生：把那種「廣闊」變成對境？

仁波切：是的，覺察的特質開始把虛空對境化，它把自己當成主體，把虛空當成客體，這顯然變成一種二元分立之心的狀態。你們都非常聰明，可能立即就了解這個重點，但是我不確定你們已經了解，因此會一再重複。我歡迎你們說：「夠了，我已經懂了。」

散亂有數種方式，一個是所謂的「類似」種類，另一個是「不相類似」的種類。當我們的心因為一個不相類似的種類而散亂時，會很容易注意到它，因為它完全不同於本覺。如果它是一個類似的種類——某件感覺像是本覺的事物，那就不會那麼容易注意到。把廣闊的虛空變成心的對境是一種類似本覺的散亂狀態，它不是完全迥異的，因為本覺原本就是空虛且廣闊的。其中的差異在於，本覺的「廣闊」不是一個持有在心中的對境，它是非常自然、開放、自在的。把虛空變成對境是指我們形成「廣闊的見解」，然後試圖去維持這個見解。它可能感覺像

是本覺，但它肯定不是；它是一種散亂的狀態。因為它類似於本覺，所以難以注意。

一般而言，類似的種類比不相類似的種類更難以跳脫。瞋怒是不相類似種類的一個例子，它完全不同於本覺狀態，它的顯現讓你警覺，並覺得：「當然，我現在散亂了。」再如強烈的睡意和困倦也是如此，你可以輕易地覺得自己散亂了。

解脫自在的三種形式

我剛剛解釋了散亂是如何產生的，下一個主題是「如何處理散亂」。當覺察的品質看似下降時，散亂就會慢慢開始。這個覺醒的品質（覺性）看似開始模糊下降時，伴隨而來的是一種對某件事物的冷淡注意力。當這個情況發展到某個程度，覺察喪失其空性時，散亂就已經開始了。但是如果你在這個情況即將發生時就有所覺察，如果覺察到自己的注意力即將成為一個念頭，即將變得散亂，並在那個剎那重新認識這個覺醒狀態的空性，那麼心就不會散亂了，解脫自在的品質便會重新建立。

解脫自在有三種形式：（一）在生起時解脫自在；（二）本然的解脫自在；（三）超越利與弊的解脫自在。我目前正在討論的情況是「在生起時解脫自在」，它有兩種展現。「重新認識」是在生起時解脫自在的一種類型，在念頭即將形成之際，它再度消融，這個情況有如水上作畫，整個過程在寂靜狀態期間產生。「在生起時解脫自在」的另一個面向是在「後禪修」期間發生，在了知自己已經散亂的同時，你記得本覺，並立即回到本覺的狀態。例如，你即將要

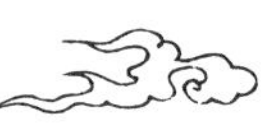

發怒，注意到「我快要生氣了」，然後立即認識本覺。在憤怒的基礎上，你認識本覺：「我快要散亂了。我不在本覺之中。」只因為你注意到這個情況，便立即返回無二明覺之中：「喔，我現在不在本覺之中。等一等。看。看。」你不需要按部就班地經歷整個過程，而直接返回無二明覺。你肯定不會每次都輕易地注意到自己散亂，對大多數人而言，這不是件容易的事情，可能在兩個小時之間，它幾乎連一次都不會出現。在大多數的時候，人們會在傍晚真的非常疲累時，注意到自己散亂並說：「嘿，我真的散亂了。」否則，它是一個非常罕見的念頭。

第二種類型是「本然的解脫自在」，它是指「不仰賴一種對治解藥」。當你認識了知的覺醒時，不論讓你散亂的對境是什麼種類，散亂都會在不需要使用任何其他對治解藥的情況下消融。嫻熟的禪修者不必仰賴特定的對治解藥，來對抗每個特定的散亂對境。不論生起什麼，如果你能夠在生起期間認識本覺，那麼它就會解脫自在。對念頭和煩惱而言也是如此，如果你純粹認識本覺，這些結就有能力自行解開，而不需要任何其他的對治解藥。本覺真的是一個自給自足的國王。

第三個解脫自在的方法是「超越利與弊的解脫自在」，這可以用一個進入空屋的小偷來作比喻。在此，在這個相當高深的層次，你已經真實地認識所有屬於輪迴或涅槃的現象都不過是本覺的戲耍。當你對此已經熟悉時，那麼即使念頭仍然如「業」的模式之流那般移動，它們也沒有什麼可吸引你上鉤的東西。你不但把一切現象視為空虛，連念頭之流本身（所有各種的模式）也都視為空虛，此時在生起的念頭或煩惱中沒有任何東西會有迷失的危險。由於之前念頭已經失敗那麼多次，因此，念頭到了此時便「知道」不再有任何東西可以取得，但

是它們仍然必須生起，因為那是它們的職責，仍然有一些尚未清淨的「業」。在某個程度上，念頭仍然生起，但是沒有什麼大不了的，因為沒有得或失的真正危險。

如何維持本覺

一旦我們認識本覺之後，要如何維持本覺？這是下一個重點。我們怎麼維持本覺呢？是要透過非常努力地保持專注於一境的正念，還是努力不散亂？或只是注視本覺一次，然後就去睡覺？其他比較有形種類的教法比較容易去維持。如果見地是有形的，那麼去維持那個見地的禪修也將會是有形的。但是在此，見地超越有形，因此你的維持也必須是無形的。

讓我們這麼說，見地是可以理解的，是某件可以記在心中的事物。當然，這麼做，將會被稱為「維持」。但是如果見地不是可以記在心中的事物，是一個無形的見地呢？我們如何維持它？那是為什麼我們有首先注視，接著觀看，然後讓它保持「如是」的先後順序。有另一個詞彙──不造作，可以用來形容「讓它保持如是」。我們怎麼去做「不造作」？如果我們去做它，那麼就定義而言，它是造作的；如果不維持它，我們就會失去本覺。因此，我們如何維持見地？你了解其中的兩難嗎？

我們必須使用語言文字來溝通，以下是一些重要的字句。首先，看見大圓滿的見地；其次，維持這個見地。在大圓滿的教法之中，有個形容這種維持情況的名稱──修學三種「不動」（motionlessness）。記住這個句子。在造作和「不動」之間有一個關連，因為在我們試圖創造某件造作的事物的剎那，立即就有一個遠離本然狀態的動作。不去造作任何人造的事物，即是最微細的「不動」。

身體不動如同眾山之王

三種「不動」的第一個面向是「身體不動如同眾山之王」，就是如同聖母峰那般的不動身軀，這是你在最初安置身體的方式。（仁波切示範這個坐姿）在熟練這個坐姿之後，便可以隨心所欲地安置身體。你可以把臀部朝上、頭部朝下都無妨，可以閉起或睜開眼睛，可以坐在椅子上或坐在車子裡，也可以臉朝下趴在床上，這樣做都無妨。

一旦在正確的身體姿勢中獲得穩定之後，我們怎麼坐是不重要的。事實上，我們應該去尋找困難。前往一個可怕的地方或令人不舒服的處所，一個不在家中或不舒適的情況，或許是個人多擁擠的場所，或有著各種騷動的地方，或我們被奉承、批評而有著愉快或不愉快經驗的地方等，所有不同種類的場所。在這麼做時，我們應該依賴正在那個剎那教導自己的「覺受的象徵性上師」(the symbolic master of experiences)，因為在那些情況之中，我們能夠認識心性，並且仍然保持自在。在那時，覺受的解脫特質是「本然了知的真正上師」(true master of natural knowing)。

導師有四種。第一種是在處於困境期間，我們學習和進步的能力，這是「覺受的象徵上師」。另一種導師是當處於一個不悅的覺受期間，我們能夠認識本然的了知，並且克服不悅。在此，自在的感受是「本然了知的真正上師」。在困境期間，「在空性中保持自在」也是我們

的導師。

重點在於，當我們能夠在任何的困境或身體姿勢之中，認識解脫的狀態，那麼怎麼坐就不重要了。但是現在，我們正在修學，我們的心就某方面而言，仍然仰賴脈、氣和明點❶。心受到明點的支持，明點受到氣的支持，而氣則受到脈的支持，脈本身則受到肉身的支持，或仰賴肉身。因此之故，當這個肉身採取一個挺直的姿勢時，身體內的七萬兩千條脈都自然而然地排成直線。當七萬兩千條脈處於自然的狀態時，在脈內移動的氣，例如上行氣、下行氣等，全都自由地流動，並且能夠融攝入中脈。當氣處於其本然狀態，當它們如此被淨化時，不必要的念頭活動就減少了。為什麼？因為念頭移動的通道被消除、斬斷了。當氣移動順暢時，與心彼此相連、清淨形式的明點也處於其本然的狀態。我們把這個體驗為一種輕安之心的狀態，覺得比較自然放鬆。當心寂靜時，它就有比較大的機會去認識其自性，一種本然的智識於是顯露出來。另一方面，如果有許多困擾、騷動和緊壓的感覺，我們的智識感就會被佔據。所以，我們要挺身正坐來從事這個修行。

就大圓滿的修行而言，有個心輕安的坐姿。如同龍欽．冉江一般，把你的雙手放在膝蓋上；在禪宗和其他修行傳統之中，另一個方法是把雙手一上一下地放在腿上。我個人比較喜歡把手掌放在膝蓋上。肩膀稍微往後、往下拉。此時，可能會有一種有如沸騰的氣，一種難以解釋的突然湧現的感覺——只要讓那種感受安頓下來即可。讓腹部放鬆一點，這就是所謂的使呼吸柔軟下來。許多人會體驗到腹部的緊壓感，當肩膀稍微往上、頸部往下，流動的氣就會形成塞車——一種阻滯。這個情況的對治解藥即是讓它安頓下來，肩膀往下放鬆，然後只是坐在那裡，不動、不焦躁。你坐著，放下有身體或無身體的所有憂慮。放鬆、快樂地坐著，但仍然保持著坐姿。這就是第一個「不動」——身體不動如眾山之王。

如同映現在湖面上之星辰的不動感

第二個「不動」是「如同映現在湖面上之星辰的不動感」。湖面是平靜的，而非洶湧的，你所有的感官都開啟，耳朵未阻塞，眼睛未閉起，全身所有的毛細孔都有感覺，心裡的念頭也未被封鎖，沒有什麼受到障蔽。你並未四處張望，也未不安地試著要聽這個和那個。「在按照措尼仁波切的囑咐把耳朵打開的同時，我現在應該要仔細地傾聽每個聲音嗎？」不，那不是我的意思。你不必刻意傾聽，但所有的感官都是開啟的。

在此時，以口在牙齒之間呼吸。嘴唇和牙齒微微開啟，如此呼吸可以自然且不勉強地流動，不是像這樣（仁波切張開他的嘴巴喘氣）。如果你想要的話，可讓牙齒輕輕地彼此碰觸，這是可以的。嘴巴微微地開啟，如此呼吸可以自由流動。嘴巴既不要大開，也不要緊閉，如此你是在用鼻子呼吸。嘴巴微微開啟，完全不勉強呼吸。最好慢慢地習慣於此，讓呼氣和吐氣變長且放鬆，這樣我們就不會太緊張、發抖和悸動；深長且從容自在地呼吸。雙眼直視前方，保持自然的凝視。

對習慣閉上眼睛來從事禪修的人而言，感官大開可能讓他們感到不自在，但是可以慢慢調適。事實上，睜開眼睛是最好的，因為當我們起身、四處走動時，便需要睜開眼睛。當你四處行走時，如果繼續閉眼修持，不會撞到東西弄痛你的頭嗎？

換句話說，讓所有的感官保持開放且活躍，不必朝向對境延伸，只要保持覺察。我們的傳承上師們全都同意，你不必刻意地覺察事物；相反地，只要讓事物被映現，讓事物自行顯現即可。當你在夜晚注視清澈、平靜的湖面時，天上的星辰就在湖面上顯現。它們自行顯現，當湖面非常平靜時，你可以非常清楚地看見星辰。當我們讓感官大開時，也是如此。

第二個「不動」是「如同映現在湖面之星辰的不動感」，這是個非常重要的重點。以一種正確的方式來安置你的感覺器官，能夠隨著你的進展，促使一種特別的智慧展開，這種智慧能夠徹底而完整地認識、明辨所有的現象。你現在非常清楚地看見什麼是正確的或不正確的，我們可以說，感官的因緣大開，促使或允許智慧開展。

如同無雲晴空般的不動心性

第三種「不動」是「如同無雲晴空般的不動心性」，心本身如同無雲晴空，完全明晰、光燦，完全不形成任何雲朵。

當我們讓自己處於這三種「不動」時，即是所謂的維持本覺。但是維持本覺只有在認識本覺之後才有可能，如果我們不知道本覺是什麼，那麼也就沒有維持可言。

「不禪修」和「不散亂」

另一個要點是，去除需要被根除的事物有兩個面向：透過了解和透過修學來根除。藉由

修學的過程，越來越習慣於這種狀態，特定的因素就被丟棄了。根據大圓滿的特定用語，在此修學的方式，即維持本覺的關鍵要點，便是在沒有從事禪修時，心不散亂。

當我們在從事禪修時，會發生什麼事情？你們可以說說自己想要講的，但要言之有物。

學　生：有某種固著或執著。

學　生：概念化。

仁波切：這是為什麼「在沒有從事禪修時」是重點，對不對？但心不散亂。如果我們散亂，會發生什麼事情？

學　生：被念頭牽著鼻子走。

仁波切：對！所以，我們要不散亂。為什麼要結合「不禪修」和「不散亂」這兩個詞彙？如果我們說「不散亂」，但不加以修學呢？沒有修學，我們會精通「不散亂」嗎？除非我們修學，否則就會保持散亂，這是真的嗎？為了要達到不散亂，我們不是需要去修學，並且習慣於它嗎？然而，教導卻說：「不禪修」，這聽起來不就是像「不修學」嗎？不是？那麼它聽起來像什麼？

學　生：修學，但不散亂，且不禪修。（笑聲）

學　生：「不散亂」是指保持明晰；「不禪修」是指維持空性，沒有主體或客體，你沒有做任何事情。

仁波切：是的，它是像那個樣子。覺性需要我們讓它自然而然地自行保持覺察，而不是藉由禪修來試圖讓它保持那個樣子。

因此，我們要如何處理本覺？是透過禪修嗎？問題生起了：「那麼，我有什麼要做的？本覺是自動且本然的，我沒有什麼要做的。人們告訴我，我試著去做任何事情，都只不過是概念上的，因此我需要做什麼呢？我會不會發瘋？」不，你不會發瘋。

在此，我們的任務是首先認識心性，認識本覺本身。在此之後，我們不需要對本覺做任何事情，本覺不需要我們的協助，我們唯一需要做的是避免接受「散亂」的邀請，避免打擾本覺。「散亂」會過來說：「現在讓我們來打擾本覺！讓我們把它遮蓋起來！」要一再地避免接受那個請求，那是我們的任務，我們不需要改善本覺。讓我們這麼說，我們有一剎那認識覺醒的狀態──本覺，但是即使我們試著去解釋，也無法解釋它。試圖去解釋任何事情，只會把它遮蓋地更多。某些人誤解這個重點而認為：「我應該取得本覺，持有本覺。」如果他們試著這麼做，那麼「無二」的狀態將永遠不會持久。它就是如此。

我們之所以說「在不禪修的同時，心不散亂」，那是因為如果我們的禪修是充滿概念的，那麼就定義而言，就心總是散亂的一般人而言，我們是散亂的。為了使心不散亂，我們通常試著去保持正念，對不對？維持「止」，維持心的穩定狀態的是什麼？最佳的方式是正念，對不對？為了在「止」中保持不散亂，我們住於正念之中，使心不散亂即是正念的主要目的。大圓滿的觀點是不同的，而且事實上，這是「止」和「本覺」之間主要的區別之一。當然，本覺也需要不散亂，但是需要藉由正念來保持不散亂的本覺，只會轉變成為一種概念的狀態。此處似乎有兩種可能性：藉由保持正念來達到不散亂，以及在不是試圖保持正念的情況下，達到不散亂。後者是本覺的不散亂，它並非透過刻意的正念來維持。

事實上，大圓滿的教法提及四種正念：刻意的正念、任運的正念、真正的正念和無上的正念。簡而言之，我們可以把它們分為兩種：「止」的刻意正念和大圓滿的任運正念。就大圓滿的意義而言，刻意的正念被用在修「止」之上，而任運的正念則被用在修「觀」期間。從大手印的觀點來看，真正的正念被用在「一味」期間，而如國王般的無上正念則被用在「無修」期間。

我們可能坐著心想：「我不應該散亂。我應該保持安靜、靜止……安靜，靜止……只要知道這個……安靜……不散亂。」當然這是非常好且必要的。我不是在批評它，請不要誤解這個要點，解釋大圓滿的特徵，有時聽起來像是在批評「止」。密勒日巴所寫的一些詩歌甚至聽起來像是在批評佛陀，但它肯定不是，它只是在一個特定的背景脈絡之中，特殊的品質需要被帶出來，才能夠被更清楚地看見。問題在於：「見」應該是了無概念的，但是如果無概念之見的修學轉變成為充滿概念的，那會發生什麼事情？當「見」和「修」相互衝突牴觸時，我們就阻礙了進展。

注釋：①原注，❶譯注

❶：「明點」字義為「圓圈」（circle）、「球體」（sphere）、「點」（point）或「滴」（drop），意指存在於脈中之大樂的精華或種子，在不同的經文與修行中代表許多不同的意義。

第30章

無有中心或邊際的虛空

龍欽・冉江

本文摘自直美・歐瑟(Drimey Özer，即龍欽・冉江）的道歌集（Rangjung Yeshe Publications, 1993）

吉祥怙主、法王，你的清淨有如虛空。
你了證法性，在「基」之中解脫輪迴與涅槃。
你不再與普賢王如來之心分離。
喔，上師，無與倫比之眾生之主，
我在您足下頂禮！

輪迴與涅槃，無別如一條了知之流，
本初無生狀態，現象竭盡超越概念，
了知之本具狀態，離於覺知者和被覺知者，
本然、無盡、遍在——如此這般地廣大開放！

所有的現象都是了無基礎的空虛色相，
不存在，生動顯現，如魔術般的虛幻，如水中之月。
可見有形且不真實，它們在「基」上從未存在，
原始、空虛、本然——如此這般地廣大開放！

每個剎那都是空虛、本然了知的無束之流，
記憶和念頭全都消失，如虛空般空虛無痕。
心和心的狀態是了無基礎、根本、不具實體的，
空虛且欠缺執著的本體——如此這般地廣大開放！

輪迴與涅槃，顯現的世界和有情眾生，以及所體驗的一切，
全都是一種空虛、清新、本初、非造作的狀態。
了無所依物或基礎，這自生了知之流，
無礙、自在開展——如此這般地廣大開放！

在這法界了知之本然、明晰、無礙的基地內，
勝者們的勝觀，無限且全然自在。
在那裡，許多現象本初清淨，

一種無念、本具之本然——如此這般地廣大開放！

不把你體驗的任何剎那概念化，
不執著於事物，不論它如何顯現，
既不專注，也不投射，自在且不造作的了知之流，
遍在、赤裸、本然之狀態——如此這般地廣大開放！

不向外投射，不往內專注，
不創造念頭造作，它超越所有參考點。
此一流動超越禪修和不禪修的念頭，
本然自生之智慧——如此這般地廣大開放！

無礙之本初了知，座上、座下了無間隙，
是一種赤裸、本然之覺察，離於參考點。
法界的本初相續，超越所有內在的本體或沒有本體，
法身的不息了知——如此這般地廣大開放！

勝者們的本初勝觀，任運圓滿，

一條本初、非造作之流自然呈現，
超越因與果、排斥輪迴或偏愛涅槃的二元分立，
報身之明光覺察——如此這般地廣大開放！

在這無瑕的了知狀態之內，無散亂、無住，
不是由任何事物構成，完全無礙，
一條超越所有限制、分別、存在和不存在之流，
化身之無息展現的處所——如此這般地廣大開放！

輪迴的偽裝是了無基礎的空虛色相，
基本上是從未存在的迷妄狀態。
這些如魔術般的虛幻，一種不被丟棄的生動顯現，
這個勝觀攪動輪迴之深淵——如此這般地廣大開放！

個人的覺受以無數種方式開展，
佛身、佛智、淨土等，
所有這些了無基礎、空虛色相的顯現，
仍然是一種空性，

超越輪迴或涅槃之名相——如此這般地廣大開放！

在這個了知的狀態之中，
所有被覺知的事物都是個人的覺受，
一種空覺的展現，無拘無束，
不偏離到其他地方，也不從任何事物中生起，
無二、了知之個別覺受——如此這般地廣大開放！

被貼上標籤的色相的現象，歸因於迷妄的心，
除此之外，它們是不存在的，是不受內、外在影響之流。
這種自生的覺醒，超越所有心之造作的限制，
功德圓滿，每個概念都消散——如此這般地廣大開放！

輪迴與涅槃，有情眾生和顯現的世界，
覺知者和被覺知的對境，
所有都是了無基礎，了無根本的，
在道乘最終頂峰的大圓滿之內，
法身的本初佛果——如此這般地廣大開放！

勝妙覺醒之虛空，超越接受和排拒，
自生、不變了知之虛空，
這超越智識的大圓滿之流，
容納一切現象之全能了知——如此這般地廣大虛空！

勝妙遍在之基，無念頭、無沉思，
法身之道——本然的狀態，
它從未偏離法界和「果」之相續。
了證的、無染的和本然的了知，
自生、不變的明覺——如此這般地廣大開放！

在超越一切造作的法身虛空之內，
一種自生的、了證的了知，
以羽翼豐滿的力量，高飛至因乘深淵的上方。
本初明覺之大鵬金翅鳥——如此這般地廣大開放！

本具之身，無可摧毀，圓滿大力，
諸乘至高點之大圓滿本質，

我——龍欽．冉江，已經如是了證，
現在高舉永不止盡的旗幟，三界解脫自在之勝利。
當每個眾生無一例外地達到解脫，了無造作，
願他們任運圓滿為普賢王如來之法身！

這金剛大鵬金翅鳥之歌——大圓滿之究竟虛空，是為了洛本．仁千．喜饒（Lobpon Rinchen Sherab）而在倫竹林（Lhündrub Ling）的隱居所撰寫完成。這首歌的名稱為「無有中心或邊際的虛空」（Space without Center or Edge），由無上乘的瑜伽士龍欽．冉江所撰寫。

第31章

「如是」的狀態

祖古・烏金仁波切

本文摘自《如是》第2冊之〈勝者的迅捷之道〉(The Highway of the Victorious Ones)、〈把修行融入日常生活之中〉(Mingling Practice with Daily Life)、〈修學的核心〉(The Heart of the Training)。

放棄作者和行為

首先，我們需要去認識自生的覺醒。慢慢地、慢慢地，我們要重複非造作本然的剎那，發展出認識心性的力量和強度。一旦這認識達到穩定，我們的心就能夠日日夜夜無散亂；此時，虛空與明覺已經融合在一起。我們的心受到二元分立執著的控制已經有很長一段時間，時間長到使我們把「無二」視為二元分立。因此，要我們立即習慣於覺醒的狀態是有困難的，我們不認識心性已經到了「訓練有素」的程度，而這就是我們過去所有生生世世直到當下此刻的輪迴所在。我們擁有這個不善的、根深柢固的習慣，我們現在必須把這個習慣轉變成為認識心性的習慣。

由於對初學者而言，認識心性的時刻只維持非常短暫的時間，因此必須多次重複認識心性的時刻。你不一定需要靜坐來重複認識心性，切勿區分坐著修持和在日常生活中行走、談話、飲食、躺臥著修持之間的差異，切勿把修行侷限於座上。「見」是本覺，「修」是本覺，「行」是本覺，這是習慣覺醒狀態的方式。

在你認識本覺為「見」的那一刻，這即是「修」，這即是「行」，這即是「果」。在那一刻，所有的輪迴與涅槃都瞬間消失在本覺狀態之中。當你對本覺的認識達到完全穩定的狀態時，輪迴完全消失在涅槃之中，你的心在白天不散亂，在夜晚也不迷惑，只有獨一的本覺。

在佛教之中，當我們使用「nyamshak」一詞時，是指禪修狀態的真正意義是平等、平靜。在認識本覺的那一刻，我們不需要去接受或排拒、避免或接納、希望或恐懼。無論情況為何，其中都有一種「平等」。這種「平等」的基礎即是這當下的覺醒，如果沒有這當下的覺醒，我們就會是一具死屍，只不過是肉身或色相。然而，我們現在之所以活著，是因為這當下的覺醒。一旦你認識這不接受或排拒、不證實或否認、不希望或恐懼的當下覺醒，這本身就足夠了。它不是你來自昨天或前晚的心，也不是來自明天或下個月的心，它是這當下。它在哪裡？你能夠找到它嗎？你能夠找到這剎那嗎？認識這當下的覺醒。讓你的心認識它本身，然後你會立即知道沒有什麼可見的東西。這正如第三世噶瑪巴讓炯．多傑所唱誦的：

觀察對境時，它們被視為心，了無對境。
觀察心時，沒有心，因為它空無本體。
觀察兩者時，二元分立的執著任運解脫。
願我們了證心的明光本質。

在檢視外在對境時，你了解到沒有真正的對境，只有覺知的心。在認識這心的本質時，你發現它不具本體。當檢視主體與客體時，二元分立的執著消融了，一個具體的客體和分別的具體主體都不存在了，覺知者與被覺知者的二元分立崩解。

「願我們了證心的明光本質（明性）」，在此，「明光」是指本覺是空虛而覺察的。實際的虛空不會是明晰的，它沒有了知其本身或其他事物的能力。這是為什麼本覺被稱為「充滿了知的無礙空覺」的原因，它是無謬、本初、本然的狀態。如果你不加以造作，而純粹讓它保持「如是」的狀態，那麼覺醒狀態就會在此時此刻任運顯現。你立即的、本然的當下覺醒本身即是真正的普賢王如來。

簡而言之，放棄作者和所作的行為，安住在「無作」之中。當修持放棄作者和行為時，便趨近「無作」。作者和行為是指主體與客體的結構，當認識心性時，你是否發現念頭生起的處所、它居住的地點，以及它消失的位置？就在那個時候和那個地方，你已經達到了「無作」的狀態。如此思量：你可曾找到虛空的來處？你可曾找到虛空起始之處？你可曾找到虛空停留和消失之處？這即是所謂的「了無心的造作」、「超越生、住和滅」，它也是所謂的「無作」。當某件事物沒有生、住和滅時，我們可以百分之百地肯定它是空虛的。

因此，心是空虛的，但是如果它只是空虛的，就不可能有歡樂或痛苦，或有淨土和地獄的體驗。由於它們肯定是可能的，因此它證明了心既是空虛的，也是覺察的。因此之故，而有輪迴與涅槃、歡樂與痛苦、喜悅與悲傷，三善道和淨土是善業之果，三惡道和伴隨而來的痛苦是惡業之果。下有輪迴，上有涅槃，在輪迴與涅槃之間是善業與惡業的道路，我們無法否認這一切。

這一切如同一場夢，我們尚未從無明的沉睡中醒來。我們通常一面睡覺、一面做夢，在我們清醒的那一刻，便不再做夢，諸佛、菩薩就如同某個已經從睡眠中清醒的人。我們有所有這些不同的夢境——令人感到歡悅的、不悅的、美好迷人的和可怕的夢境，但是在我們清醒的那一刻，它們在哪裡？它們到哪裡去了？由於這所有的夢境都只是串習，那麼它們怎麼會有來處或去處？同樣地，所有在白天生起的不同覺受，都產生在二元分立的心之內。當二元分立的心在本覺內中止的那一刻，也就是思想消融的那一刻，「了知的覺醒」就展現了。這「了知的覺醒」即是了無念頭的心性。

修持無造作的當下覺醒

我已經告訴你們「心的故事」。現在你們需要去修持無造作的當下覺醒，而唯有透過認識心性，才有可能做到這一點。知道如何認識心性，如同打開電燈，除非你按壓開關，否則將無法點亮電燈。當你按壓開關點亮電燈時，你自然而然地就會遇見充滿了知的空覺。這正是有情眾生從來不去做的事情，他們不知道如何認識心性，不會打開自己的電燈。如果他們打開電燈，這充滿了知的空覺一味將會自動地展現，因為我們的自性即是法性，心性即是本覺。但是即使有情眾生確實瞥見本然的狀態，也會不知道那是什麼，他們不認識它，它將轉變成為總基的無記狀態。

當你面對自性時，如果不開始奮力地投入「止」和「觀」或凡俗的迷妄，你就已經看見了心性。它看起來不是東西，因為它不是「東西」，因此沒有你可以貼上標籤或描述的東西，沒有可以形成概念的東西。它超越念頭、言語或描述，這即是「般若波羅蜜多」，它超越任何可以被了知的主體與客體。讓我再次重複這著名的引言：

般若波羅蜜多超越念頭、言語和描述，
它如同虛空的特性一般，既無生也無滅，
它是個別的、自我了知的覺醒的領域。
我禮敬這三世諸佛之母。

由於般若波羅蜜多存在於覺察之覺醒的個別領域之中，因此，每個人都能夠了知。在此，「領域」（domain）是指我們有可能認識般若波羅蜜多。我們所認識的般若波羅蜜多，不是我們能夠思及、形容或透過範例來說明的事物，這種了知是三世諸佛之母，它被稱為「般若波羅蜜多」——偉大佛母（Great Mother）。這覺受的品質稱為「佛父」，空虛的品質稱為「佛母」，它們的雙運是本初佛普賢王如來及其佛母不變光（Changeless Light）。

有一個包含了「見」、「修」、「行」和「果」的重點，也就是我多次提及的一句話：「充滿了知的無別空覺」，這是唯一的重點。這無別的空覺是我們的本初自性，不論我們是佛或有情眾生，這本初自性都是一樣的。讓這本初自性有所不同的是，它充滿了知或充滿無知，而這其中的差異僅僅在於認識心性與否。世間的有情眾生並未察覺自己的自性，他們是「充滿無知的無別空覺」——陷入三毒之中。瑜伽士（真正的修行者）已經認識這本然狀態，並且是「充滿了知的無別空覺」——三身，他不會滿足於已經認識心性，如果沒有修持，那麼認識心性的力量將永遠不會圓滿，也不會穩定。瑜伽士如此修持，直到圓滿——證得三身之果。

切勿只滿足於認識心性——修持這一點也是重要的，如同蓮師在《次第道智慧藏》所說的，如此修持的方法在於以下四句話：

> 空覺一味，充滿了知，
> 乃是你無謬之自性，非造作之本然狀態。
> 不去加以改變，讓它保持「如是」，
> 此時，覺醒狀態任運顯現。

在此，「如是」（as it is）是指「真實」（actuality）。「真實」是指直接看見它的面貌，而不是把它看成一個想法或概念。藉由認識思惟者的本質，我們了悟到空性與覺察是無別的雙運，這個事實不再是隱藏的，我們體驗到這個事實。當我們讓這個「真實」保持它「如是」的面貌時，它就不是造作的，在此時此刻，佛的狀態（覺醒的狀態）任運圓滿，所有的障蔽都消融了。這些是相當令人印象深刻的話語，這四句話是蓮師親口說出的，它們濃縮了「見」、「修」、「行」和「果」的完整意義。

再一次地，光是認識心性之空覺並不足夠，我們必須繼續修持，圓滿它的力量。我稍早解釋了「修持」是一而再、再而三地認識心性。在我們認識無別之空覺的剎那，那即是本覺本身，但是這個本覺尚未完全成熟，它不是一種成人的本覺狀態，而是嬰兒的本覺狀態。我們現在所認識的心性層次，被稱為「嬰兒本覺」（baby rigpa），它需要長大成人，因為它目前無法自理或完全地運作。我們需要把這種認識發展到一個人的層次，這個人已經「發展出力量」，已經達到十七歲、十八歲或十九歲的年紀，並且已經獨立，能夠照顧自己，那即是穩定。為了達到這種境界，我們需要一再地修持。這是很重要的！

我們的自性已經圓滿

在大圓滿之中，「離戲」一詞極為重要。「離戲」是指離於心之造作，離於外來的概念。有首著名的偈頌說道：

看見無見之見地；
修持無修之禪修；
實踐無作之行為；
達到無果之果。

這幾句話不可思議地深奧，對於了解此處所表達的真正意義而言，非常重要。它指向離戲，指向「無作」，指向這個事實：我們內在的本質不是經由了解而得到一種見地的新觀點，真正的見地並非如此。

錯綜複雜障蔽了「離戲」。在所有其他的道乘之中，從聲聞乘上至包括阿努瑜伽，都有要去理解的原則和要謹記在心的目標。有行為要去實踐，有結果要去達成。但是除了認識我們的本初自性之外，阿底瑜伽的「見」、「修」、「行」和「果」超越一切，這個道乘純粹在於認識我們無別空覺的自性。為什麼要把已經是空虛的事物想像為空虛的？我們沒有必要去理解已經是空性的空性，這即是「看見無見之見地」的意義。

接著，是「修持無修之禪修」。禪修是指把某件事物謹記在心，我們需要把空覺記在心中嗎？還是純粹認識已經存在於心中的事物？無論如何，你怎麼能夠想像空覺？我們沒有必要去做任何花稍的事情，只要去看見它本然的面貌即可。

關於「實踐無作之行為」，在所有其他的道乘之中，都有讓我們忙碌從事的事物，但是在此，究竟的行為是去放棄九種活動。話說：「切勿讓自己忙碌於行為和事情。」「行為和事情」是指牽涉了主體與客體的活動，這障蔽了「無作」的狀態。又說：「當你離於行為和事情時，就達到了無作。」這是非常關鍵的要點。在這個教法之中，我們純粹需要去認識空覺的本初狀態。在那時，就沒有要去專注的「事物」，也沒有要奮力去達成的「事情」。

所有的教法都盡在大圓滿之中，佛經都是如此開場：「在印度的語言之中，此經的名稱是這個、這個」，並且都是這樣結束：「被稱為這個、這個的佛經特此完成。」「完成」（com-

plete）一詞意指「結束」（finish）、「圓滿」（perfect）。換句話說，在認識心性的剎那，所有的道乘都圓滿了。「大圓滿」是指我們的自性已經圓滿，不需要去使空性變得清淨，它是本初清淨的。我們不需要去使本初自性變得覺察，它已經是任運圓滿的覺察。我們也不需要去造作「遍在」的能力，老實說，你怎麼可能創造空性或覺性？它們是毫不費力地任運顯現。修持此一任運！

大圓滿之歌

第32章

殊勝的行止

策列・那措・讓卓

本文摘自策列・那措・讓卓《大手印之燈》（*Lamp of Mahamudra*, Rangjung Yeshe Publications, 1988）之〈增益〉（Enhancement）和《太陽的循環》之〈增益〉。

關於大手印

在簡短描述「見」和「修」之後，我也應該簡短地解釋如何修持「行」——增益的應用。根據密咒乘大多數修道的說法，「行」有不同的類型，其中三種分別是：具戲的、無戲的和極無戲的「行」；也有「祕密行」（secret conduct）、「眾會行」（group conduct）、「禁行」（awareness discipline）、「殊勝行」（completely victorious conduct）等。「行」有許多這樣的類別，但是大部分而言，它們是生起次第和圓滿次第的一般增益。在這個背景脈絡之中，「永遠殊勝之行」（ever-excellent conduct）——維持內在之本然狀態，離於充滿概念的心，是唯一重要的。

首先，即使在從事積聚功德、淨化障蔽的前行期間，以及作為領受加持的方法，你都應該努力修持不受任何世間八法染污、不對自己感到羞愧的永遠殊勝之「行」。

接著，當我們對正行的「見」與「修」獲得定解，對自我覺察有清晰的了解之後，你應該努力從事「知一而嫻熟一切」和「了知一切，能解脫一」的「永遠殊勝之行」。那是從你的內在為許多計畫「做出定案」，在你的心中斬斷驕慢之疑慮的方式。

最後，雖然各種真實可靠的經典和口語教導已經傳授不同種類的「行」（行止），作為增長個人修行的方式，但不可或缺的要點如下：完全斬斷世俗的執著，獨自居住在山間僻靜的關房，這是一頭受傷之鹿的行止。在面對困境時，了無恐懼或焦慮，這是在山間戲耍的獅子的行止。了無執著或不執著於感官的歡悅，這是天空之風的行止。不陷入接受或排斥世間八法的束縛，這是一個狂人的行止。單純無拘束地維持心的本然之流，同時不受到二元分立固著的束縛，這是刺入虛空之矛的行止。

在從事這些種類的行止時，斬斷迷妄的流轉、散亂、希望和恐懼的束縛。即使你只有一丁點想要擁有徵相和指示、覺受和證量或成就等內在的過患，你將一無所獲，反而只會障蔽自己真正的內在狀態——法身的本然面貌。你只要把焦點放在維持非造作之本然狀態，那就是把事物帶上修道最卓越的、永遠殊勝的行止。

不論任何可能暫時發生的困難，例如概念上的思惟、煩惱、痛苦、恐懼、疾病或死亡，你都要能夠把所有這些帶上修道，作為本然大手印修行的正行，既不希望也不仰賴其他對治的方法。這即是各種增益之王。

能夠如此修行的人，將掌控所有的輪迴與涅槃、顯相和存在的事物。因此，事物的本質是你將離於任何障礙的基礎，成就的勝妙汪洋將會滿溢，二障的黑暗將被清除，成就徵相之陽將會照耀，你將會在自己的心中找到佛，利益其他眾生的寶藏將被開啟。

相反地，看見禪修者獨獨丟棄已經放在他們手中的「單單一個就已足夠的珍寶」，卻如同摘花的孩子般，把一輩子的時間花在希望「下一個會更好」之上，的確令人感到絕望。

關於大圓滿

到目前為止，我已經簡短地解釋了「見」與「修」。現在，遵從一般的佛法系統，解釋不同種類的行止（如何舉措，以及增益的方法、目標等）作為修行的輔助，似乎是合理的。如果修行者尚未證得一些任運大圓滿的證量，那麼他會難以發現自己有此需要。然而，如同播下一粒種子般，在此我將把在《日月合璧續》和其他地方所教導的二十一種行止，精簡濃縮為七個要點。它們是什麼呢？

（一）作為初學者，你要使用如蜜蜂般的行止，融合各種佛法教法，你應該在聞、思、修中證得定解。

（二）你應該使用燕子入巢的行止，斬斷關於口語教導的錯誤概念，確保疑慮、障礙和過患等偏差不會生起。

（三）繼此之後，在從事正行期間，你應該擁有一頭受傷的鹿的行止，居住在無人的山間，離於世俗散亂的束縛。

（四）作為上述行止的輔助，你應該保持靜默，擁有一個啞子的行止。你一生都應該避

免奉承或誹謗。

（五）保持一個狂人的行止，拋棄對朋友和敵人的偏見、執著、喜惡和冷漠。

（六）採取豬和狗的行止，不論發生什麼事情都感到心滿意足，把所有的體驗當作你的友伴，對你的食物、衣著、住所和靜坐的地方不存有「清淨」和「不清淨」的概念。

（七）透過如百獸之王獅子的行止，你應該對一切事物了無焦慮，完全丟棄所有希望與恐懼的束縛。在證得「果」之前，你都要如此修行，如此你可以平等地忍受冷與熱、善與惡，而不落入環境的控制之中。

忠告

從你初入這些教法之門的第一刻，一直到你終於竭盡概念之前，思量這七種行止的精髓，並且用慈心、悲心和菩提心打下你的基礎；用虔敬心和清淨的覺知來使它保持穩定，並且持守你的三昧耶；用出離心、知足和精進不懈來維持堅定不移。

任何修行者，不論男性或女性，只要能夠專心一意地努力從事「立斷」與「頓超」雙運的修行精髓，將能夠永遠脫離輪迴，為實修傳承奠定基礎，獲得口語教導之見解，並且為修行作出區別。①因此，對於那些相稱的人，藉由把所有輪迴與涅槃的現象融攝入自我覺察的本淨虛空之中（自性大圓滿）而證得佛果，顯相和存在的事物將展現為上師，使加持之海滿溢。顯現的對境將展現為佛土，空盡不幸和障礙的基礎。他們的色身將解脫成為光身，耗盡疾病的基礎和死因。他們的心將融攝入本初清淨之內，使「見」、「修」、「行」、「果」的謬誤消失。他們將在自身之內發現三身，竭盡仰賴主體與客體來成佛的基礎，他們將毫無困難地迅速達到這樣的狀態。

在這個分裂的末法時代，膚淺的佛法修行者因為輪迴的執著而騷動，因為自私和自負的腫瘤而痛苦，並且受到扭曲的野心和世間八法的控制。他們耽於睡眠和取得衣食溫飽，甚至連一天也無法精進修行。看著這麼多如此的「禪修者」期待證量的徵相如香菇般地任運顯現，「道」與「地」的覺受、證量和功德將會如秋雨般稀有。聰明的人，你們了解這一點嗎？

《華嚴經》(*Gandhayuha Sutra*)說：

> 雖然一個人可能已經布施飲食給無數眾生，
> 但沒有修持佛法，則會有如因飢餓而死。

《華嚴經》繼續說道：

> 沒有全心全意地修行，
> 一個人將不會覺知事物的本質。
> 雖然他可能看見或聽說「水」，

但是如果他不飲水，怎麼能夠解渴？

因此之故，修行是必要的。

其他的教法體系認為，如何清除障礙、各種錯誤和偏離等細節是重要的。你們可以從我在我的著作《大手印評注》（*Notes on Mahamudra*）裡所作的解釋，了解關於「立斷」之本然狀態的錯誤和偏離。

在未正確地了解「立斷」的重點之前，就進入「頓超」的修行，是不恰當的作法。即使那個人確實從事修行，那也毫無用處。然而，在已經融匯吸收「立斷」的重點之後，你將在「頓超」的修行之中，超越障礙、瑕疵、錯誤和偏離。所以，在此不需要提到它們。

注釋：①原注，❶譯注

①：例如，此處的重點「為修行作出區別」是透過個人上師的經驗指引，而區分「心」與「本覺」之間的不同。

第33章 頓超

策列・那措・讓卓

本文摘自策列・那措・讓卓《太陽的循環》之〈（立斷）之真實見地〉。

認識第一個中陰的基明光並證得解脫的無上法門，即是在此時此刻，完全超越今生中陰的心，然後超越禪修和散亂，只專注於平常心之究竟本質、法身之非造作本然狀態的持續修行。知道如何去維持它，不受到過患的障礙或染污、心之造作等破壞，不僅在第一中陰期間非常重要，而且時時刻刻都非常重要。它是所有佛經、密續和口語教導的究竟本質和無上精粹，由於八萬四千個教法都完整地包含在內，因此它是「大圓滿」。由於沒有什麼離於三身，因此它是「大手印」。由於它超越智識的造作，因此它是「般若」（智慧）。由於它離於所有的邊見，因此它是「中觀」。它實現無上之「道」的「果」，因此它是「道果」（Path and Fruition；藏 Lamdre）。由於它自然地平息煩惱，因此它是「息」（Pacifier；藏 Shije。息苦法）。由於它從根斬斷對二元分立覺受的執著與固著，因此它是「斷」（Cutting；藏 Chöyul。施身法）。由於它真實地把修行者和證悟狀態結合，因此它是「六支」（Six Unions；藏 Jor-

druk）。由於它清淨無明和迷惑的思惟，因此它是「修心」（Mind Training；藏 Lojong）。簡而言之，所有無數種甚深的教法都在此匯集為這個要點。因此，如果修行者沒有努力地把焦點放在這個真實的意義之上，那麼在緊要關頭，他對眾多計畫的智識追求將證明是無效的。《遍作王續》如此描述：

當你了證心之真如時，
佛陀將不再只是語言文字，
因此在當下，無上瑜伽已經被證得。

對於具有次第根器與順緣者，
即使隱藏的意義被揭顯，
他們也不會了解。
正如同希望擁有珍寶的人，
不會從磨光一片木頭而獲得珍寶。

所以在此時此刻，修行者努力地追求無誤之本質是必要的。

尤其，修行者也應該精進地修學「明光」的步驟，如它們在《六法》（*Six Doctrines*）、《聽聞解脫》（*The Liberation through Hearing*）等法本中出現的那般。當修行者在深眠期間獲得穩定的明光證量時，那麼在法性中陰期間認識基明光就不會有困難了。

如果修行者可以在睡眠期間修持善行，那麼他可以認識第一明光。這是真正地住於禪修之中，以及只是因為執著而住於身體之中的差異。當人真正地安住在禪修之中時，對此有所了知的人可以給予其餘的教導，諸如破瓦法（phowa）❶等錯綜複雜的、無法用概念來施行的修行法門。簡而言之，對這樣有證量的人而言，很明顯地，他不需要仰賴諸如清淨儀軌或焚燒姓名（name-burning）②等刻意的儀式。

至於指出顯明光（apparent luminosity），熟悉「五方便道」、「六支」等修行法門的人，應該認識到不論顯現什麼，例如海市蜃樓、白色或其他徵相，全都只是法身的展現，也就是他的自我覺察的展現。根據大圓滿的說法，「頓超」的修行者必須信任顯現的任何事物，例如聲音、顏色、光亮、寂靜尊和忿怒尊、明點、光線、光道、淨土等，全都是他本然的展現，然後平等地安住在已經分辨它的狀態之中。為了能夠達到這個境界，我們應該毫無疑問地立即從事修行，對「立斷」的根本本質產生定解，並且專注於「頓超」修道的「直指教導」。

根據大圓滿的本續，「立斷」具有三個要點：（一）認識心性（本性自見）；（二）判定一件事情（斷定自決）；（三）對解脫生起信心（解脫自信）。在分辨六明燈的本質之後，「頓超」具有各種要點：（一）把基礎建立在三種「不動」之上（三不動奠基）；（二）測量三種安住（三住持量）；（三）打下三種證量的標樁（三得釘契）；（四）藉由四種信心顯示解脫的程度（四定見示解脫量）。

如果修行者並未只把這些要點和其他要點當作浮誇之詞，而是實際應用它們的意義，那

麼他將圓滿四相，並且最好的情況是，他將從肉身中解脫進入非因緣和合的光身之中。次佳的狀況是，他將證得穩定的基明光，正如同瓶子破裂之後，瓶內和瓶外的虛空融合在一起一般；因而如同獅子從封閉的子宮內誕生；或大鵬金翅鳥從封閉的蛋殼中孵化而出。修行者從封閉的業熟肉身解脫的同時，他的心證得法身。第三個情況是，當色身任顯的顯明光在法性中陰展現時，對修行者而言，最重要的事情在於，擁有了知如何在明光消融入雙運時進入的要點，以及在雙運消融入智慧時的解脫身要點，還有在智慧消融入任顯之持明果位時，認識圓滿的要點。

關於這個任運顯現的時機，某部密續說道：

關於任顯明覺如何展現，
它展現為八種門。

根據這個陳述，明覺本身的表現展現為能力，展現為光，展現為肉身，展現為智慧，展現為「無二」，展現為離於邊見，展現為不淨輪迴之門，展現為清淨智慧之門。當這些門被口語教導容納時，也將有八種消融。

藉由能力消融，輪迴有情眾生的解脫會成為個人的覺受，且毫無任何的疑惑。同樣地，藉由光的消融，而有法界一味，這不是由概念上的顏色所構成，也未被區分為「部」。藉由肉身的消融，而有如心性般完整的清淨，這心性超越頭和手臂的造作。藉由智慧的消融，母子法性融合在一起。藉由「無二」的消融，三千大千世界解脫進入心性本身。藉由離於邊見的消融，參考的對境耗盡。藉由輪迴之門的消融，修行者離於某個出生地的迷妄對境。藉由清淨智慧之門消融入自性身，修行者在勝妙本初清淨中證悟，法性遍盡，超越概念。如《勝妙廣大虛空續》（*Tantra of the Great Vastness of Space*）③所說：

只要這肉身尚未被拋棄，
證悟之功德將不會展現，
有如在蛋內的大鵬金翅鳥，
或許羽翼已經完全豐滿，
但牠無法在孵化之前飛翔，
當蛋破裂，飛翔的能力於焉同時產生。
同樣地，佛果的品質目前受到肉身的遮蔽而尚未展現，
一旦業熟的肉身被拋棄，
證悟的功德將會展現。

《繩墨密意》（藏 *Gongpa Tigdeb*）也說：

如果一個人擁有了證的大信心，

正如同獅子一躍千里，
藉由大開啟的智慧，
將沒有中陰，
他將在一剎那之間於殊勝的領域內獲得證悟。

至於解脫的測度，《日月合璧續》說道：

有三種層次的根器：具有第一流根器者將在三剎那間解脫。中等根器者可以在五個禪修天內解脫，或肯定可以在二十一個剎那內獲得穩定。具有最下等根器者肯定可以前往一個本然的化身淨土，並且獲致證悟，沒有進一步的中陰。

但所有這一切主要都仰賴修行者目前的修持。

注釋：①原注，❶譯注

❶…破瓦法（phowa）又稱「遷識法」，是指臨終時將意識由頭部頂冠射出的密續修持，使往生者得以投生佛國。這種修持常伴隨著可見的成功徵兆。

②…「焚燒姓名」是為了最近亡故的人所舉行的儀軌，確保死者有一個善的投生，再生為人或投生淨土。

③…《勝妙廣大虛空續》（藏 *nam kha' klong yangs chen po'i rgyud*）是屬於「界部」的大圓滿密續。

第四部

成果

34 最終之「果」——蓮花生大士與蔣貢．康楚仁波切

35 修行之徵相與果位——蓮花生大士

36 「果」之道歌——喇嘛夏卡．措竹．讓卓

37 果——策列．那措．讓卓

第34章

最終之「果」

蓮花生大士與蔣貢・康楚仁波切

本文摘自蓮花生大士與蔣貢・康楚仁波切所著之《智慧之光》第五卷之〈果〉(Fruition)。

在第四部，針對「果」(最終目的地)的解釋有簡述和詳釋兩個面向。

簡述

《道次第智慧藏》本續說道：

了證清淨之「果」如下。

如此，當要被淨化的對境——以清淨之基(遍在之佛性)為基礎的暫時染污，已經透過兩個道次第(清淨的方式)而徹底被淨化之後，你已經證得清淨之「果」。藉此，這個「果」

自然而然地展現為超越排拒與執著、佛身與佛智之勝妙壇城的方式如下。

《幻化》（*Magical Illusion*）特別描述上述之「果」的本體：

> 成就的瑜伽，勝妙的瑜伽，
> 全然了證，任運顯現，
> 僅是一個標籤，它們不是兩者，
> 所以它被如此形容。

在《概論》（*Framework*）中，提及它的定義：

> 達到成就之盡頭，被稱為「果」。

因此，「果」是形容瑜伽士在追求成就的對境的無上成就之中，已經臻至圓滿。在先前的出處之中，描述它的不同面向：

> 「果」的本體是身、語、意、功德與事業五個面向。
> 根據背景脈絡，
> 這五個面向的每一個面向是「五」。

這些相對應於「果」的二十五個特質之本體，即身、語、意、功德、事業等五個面向的每個面向，各有五個面向。

詳釋

《道次第智慧藏》本續說道：

自我利益之圓滿是寂靜法身，
任運顯現之利他是結合之報身，
調伏眾生之善巧是化身之道，
獨特純粹之顯相面向是正等正覺身，
它們空性面向的法界一味是金剛身。

在證得五身之後，
這些是表達它們意義的五種語：
清淨且不可說，是法身之勝義語。
透過色相來說明，是報身之象徵語。
擁有梵天之聲，是化身之言語。

特殊地展現，是正等正覺身之知識語。
可聽之空性之「無二」，是金剛身之智慧語。

佛身之本質是心，是五智，
從法界展現為大圓鏡智、成所作智、妙觀察智和平等性智。

佛身之次面向是淨土、宮殿、光芒、法座和莊嚴等五個圓滿功德。

藉由息、增、懷、誅和任運成就之事業，
只要天空存在，了知沒有中斷，
充滿虛空之一切眾生的利益
將任運生起，了無造作。

為了解釋這一點，這裡有五個部分：「身」用來支持一切諸佛之無上功德；「語」是對那些需要被調伏者傳達佛法之意義；「意」是被支持者，即不移之自性；「功德」是一切需求與願望的來源；「事業」是成就其他眾生之利益。

五身

「法身」是已經透過勝妙的捨棄與了證而圓滿自身利益的「本質」（essence）。在法身之中，因為了知自己已經解脫進入本初虛空的覺醒，每種造作都已經完全平息。

「報身」是透過大悲心而任運成就其他眾生之利益的「本性」（nature）。它不離法身，顯現為顯相與空性之雙運。在勝者們之後裔、十地之清淨弟子的覺知中，報身具有殊勝因果之大人相和隨形好。

「化身」是運用善巧方便去調伏需要被調伏之眾生的「能力」（capacity）。化身按照不淨弟子、六道輪迴眾生的傾向，透過一種展現，以無量的化身來調伏眾生，他們展現為工巧化身（the crafted）、受生化身（the incarnated）、殊勝化身（the supreme）等。

「正等正覺身」描述法身、報身、化身這三身根據弟子個別之「業」的順緣，而展現之個別和獨特善德之展現面向，並具有智慧、慈悲和能力等不可思議之功德，例如十力、四無畏、十八不共法、三十七菩提分❶等。

「不變金剛身」是具有兩種清淨之空虛品質，甚至是不具有任何分別的、堅實存在的兩種色身，它是在明光法性不變虛空內之三身的無別一味。

五種語

在證得這五身之後，相對應的五種語向眷屬們傳達和揭顯意義。

勝義無生之「法身語」是法性全然清淨智慧的面向，超越作為各種念頭與表達基礎的文字和描述。

象徵性含意的「報身語」顯示純粹透過看見色相，而對眷屬的心傳達意義的智慧，正如同一面鏡子有助於辨識臉上的瑕疵，於是這些瑕疵可以被移除。

言語表達的「化身語」具有梵天美妙悅耳聲音的六十個面向，任何需要接受影響的眾生能夠同時以自己的語言覺知和了解每個字句。

智慧的「正等正覺身語」事實上不發出一字一句，它根據六道輪迴眾生之個別語言或傾向而展現，是一種完全無礙之覺醒——明晰的自我了知。

「金剛語」是傳達了無二邊之意義的覺醒，因為每個音聲都是可聽空性之「無二」。

在傳達溝通方面，這「語」的五個面向是相同的，但是它們表達和了解的方式卻是不同的。

五智

作為五身之本質，五智是心的五個面向，是所依物。

也就是說，完全超越專注的「法界體性智」是指究竟阿賴耶之「基」的實現，已經了證它的本質，沒有捨棄的行為，離於所有暫時的障蔽。

「大圓鏡智」是在那時從究竟阿賴耶之「結合」的轉化，展現成為明晰、了無概念，作為其他三種智慧顯現的基礎。

「成所作智」是五種感官之門的轉化，無礙且為了利益眾生而努力。

「妙觀察智」是意根的轉化，覺知所有可知的對境和三時的現象，清晰分明如一朵蓮花的花瓣。

「成所作智」和「妙觀察智」兩者都包含在「平等性智」之內，是煩惱心（klesha-mind）的轉化，超越接受善、排斥惡。

在這五智之中，「法界體性智」是了無概念之法身心，「平等性智」是勝妙平等之報身心，「成所作智」是解脫眾生之化身心，「大圓鏡智」是清晰覺知一切之正等正覺心，「妙觀察智」是無別金剛心。

五種功德

這五身的附帶表徵包括五種功德：（一）全然清淨之淨土；（二）超越尺寸大小之天宮；（三）明晰清淨的光芒；（四）特別崇高之法座；（五）樂受之莊嚴。

讓我們稍微比較詳細地解釋這五種功德。法身淨土是在本質上完全清淨的本初虛空；報身淨土是任顯光燦之自顯光環；化身淨土是由三千大千世界所構成。

就法身、法界而言，天宮超越造作；就報身而言，天宮是任運顯現之「界」（dhatu）的展現；就化身而言，天宮是殊勝智慧之本質。

就法身而言，光芒是五智之光芒；就報身而言，它們是散發智慧之本然光燦的五色光芒；就化身而言，它們是從身體的每個毛細孔散放出來的六十兆條光芒。

就法身而言，法座是統一的見地；就報身而言，法座是統一的智慧；就化身而言，法座是統一的慈悲。

就法身而言，莊嚴是被貼上「莊嚴」之標籤的清淨無生；就報身而言，它們是殊勝的大

人相和隨形好，是本然光燦之莊嚴，可被區分為外、內、祕密等三個面向。此外，尚有十種著名的報身莊嚴：頂冠、耳環、短項鍊、項鍊、上臂飾、兩個手環、兩個踝飾和長項鍊。

化身莊嚴是一般（共）的三十二大人相和八十隨形好。它們之所以被稱為「一般的或共的」，是因為轉輪聖王也具有一個相對應版本的大人相和隨形好。

五種事業

這五種事業是：（一）平息「業」、煩惱的念頭狀態、疾病和邪惡之影響力的「息」事業；（二）增長壽命、功德、顯赫、財富、自我了知之覺醒的證量的「增」事業；（三）吸引和掌控構成「能量心」(prana-mind)之展現的所有輪涅現象的「懷」事業；（四）藉由忿怒的慈悲，來降伏未被寂靜之法調伏的敵人、妨礙者和誤導者的「誅」事業。（五）任運成就之事業完全離於作者和所作的行為，超越分別與偏見，因為已經了證「如是」之本然狀態。

這些影響那些需要被調伏者的事業，具有持久、遍在和任運的本質。也就是說，它們之所以是永久的，是因為只要虛空延展之處，輪迴不會有盡頭，只要輪迴尚未盡空，諸佛的事業就永不止息。正如同《現觀莊嚴論》（*Ornament of Realization*）所說的：

只要輪迴持續，
這個事業也將不會止息。

雖然這些事業可能是永久的，但它們也不會被用在分別的方向，而是只要在虛空延展之處，它們就會無別地遍及要被調伏之有情眾生所處的界域。正如同《寶性論》（梵 *Uttaratantra*）所說的：

遠至無盡之虛空，
任運且恆常，
他們用無礙之智慧，
從事真正之利生。

當影響那些需要被調伏之眾生的時機來臨時，這些事業是任運的，並且根據眾生的能力，毫不費力地、自然而然地、如實無誤地產生。《三次第》（*Three Stages*）提及這一點：

由於「果」之功德是任運的，
它們像如意寶那般顯現。

注釋：①原注，❶譯注

❶…「三十七菩提分」是四聖諦中道諦的詳細開展，是趨向解脫、獲得證悟的道路。共分成七類：四念住、四正勤、四神足、五根、五力、七覺支、八正道，總計有三十七項。

第35章

修行之徵相與果位

蓮花生大士

本文摘自蓮花生大士《勝妙自解脫之獨斬》(*Single Cut of the Great Self-Liberation*, Rangjung Yeshe Publications, 2006)。

禮敬受到加持之明覺智慧本尊。

如果沒有這些修道進展的徵相與果位，
以顯示你已經證得大圓滿祕密、全然自在之「果」，
那麼，你就無異於尋常人等，你的修行將徒勞無功。
當修行的徵相沒有顯現，
你的精進將因而消退，
因而此法本描述這些徵相，這至關重要。
我的孩子！
這裡是修學法性者的修道徵相。

當人精進修持時，會出現兩種修道徵相——不確定的和確定的徵相，顯示修行者將迅速證果。

不確定的徵相（indefinite sign）即是基本的徵相，它們甚至在人尚未從事修行的情況下，就因為他之前的因緣而顯現。由於這些徵相並不可靠，所以我不在這裡加以描述。

確定的徵相（definite sign）是因為修行而顯現，它們有變化的和不變的兩類。

變化的徵相

暫時而會改變的徵相

變化的徵相可以實際顯現或顯現為心境。第一種實際顯現的徵相是當你從事加行時，你覺得自己的身體處於崩潰的邊緣，有如一幢房屋的牆壁搖搖晃晃；而聲音像是在筋疲力竭時那般失聲；或像是著魔那般抖動。這些徵相顯示你已經區分了輪迴與涅槃。

顯現為心境的徵相是從輪迴的身、語、意中醒悟。這些徵相表示三界的障蔽已經被淨化，已經與輪迴分離。如果沒有這些心境的徵相，那就表示我們尚未獲得覺受，所以要重複修行。

在身、語、意「鬆緩或寬坦」（triedness）的基礎上，你的身體的實際徵相是充滿大樂的；你想要發言出聲；你的心把一切事物體驗為虛空，覺得：「現在沒有任何事物存在！」你也會對尚未有此了悟的眾生生起慈悲，對佛法生起熱忱。至於心境，你忘記自己有個身

體，也未注意到呼吸，並在心理上不想與無念的狀態分離，心想：「這就是它！」這些是已經掌握滅盡定的徵相。如果沒有這些徵相，表示你尚未訓練有素，因此要努力繼續修行。

所有這些徵相都只是暫時的；它們會改變，而且並不可靠。

接著，是正行的徵相，這是已經透過見地實際建立本覺的徵相。實際的徵相是你對身、語、意不抱持幻想，你自己和他人都看得到這種醒悟的感受，而且你對今生的活動也失去興趣。你的聲音有如啞子。在心意方面，你對輪迴的事物感到厭倦，對上師生起深刻的虔敬心，對一切眾生湧現悲心，因而流下眼淚。你相信行為的後果，因而努力放棄錯誤的行為，同時修持善行。

心境的徵相包括身體的輕盈，甚至有時會忘記自己有個身體，也未注意到呼吸，在心理上覺得一切事物都不具實體，並且逐漸消失。

所有這些徵相都會改變，不會持久。以下是具有持久價值與重要性的徵相。

具持久價值與重要性的徵相

在見地的廣袤虛空之內，當明覺完全赤裸地呈現，沒有動搖，不把覺受投射為「其他者」，這是已經把明覺固定在法性之內的徵相。

你已經了解這一點的心境徵相是：無論你的注意力移至何處，了解和了悟它的是你自己的心，看見念頭被投射、返回為自我的展現，並且了解它們有如虛空，完全不具實體。它們是透過見地而確立「顯相為心」的徵相。

甚至在作夢時認識這一點，即是已經達到完全穩定的徵相。如果你加以維持，將在七年之內覺醒達到肉身消失的化身狀態。如果未在作夢期間認識這一點，你將在死亡時覺醒。因此，精進修行即是第一流之人的行止。

現在，我們要談的是實際體驗了證狀態的徵相。就你的身、語、意而言，實際的徵相是你的身體輕盈且精力充沛；聲音清晰，能夠表達你甚至從未聽聞的教法；你的心有時有某種程度的神通。你明晰地視一切事物為彩虹，有時充滿色相和圓環，有時變得空虛而無參考點。隨著你對上師的虔敬心變得更加深刻，你對業果的關注變得比較放鬆；你覺得身體放光，有時身體會不存在；你非故意地發聲，有如回音；你的心明晰，充滿大樂，不投射任何事物，有時它會變成空白，沒有念頭。所有這些徵相都會改變，不可依賴。以下是不變的徵相。

不變的徵相

你不再把任何覺受執著為一個堅實的實相；相反地，一切事物是全然明光的展現。一切事物顯現，但是沒有堅實的參考點或執著。了證這一點，即是已經透過修持的覺受而確定心本身是空虛的徵相。

甚至在作夢時體驗這一點，表示已經達到完全的穩定。如果加以維持，在三年之內，你的肉身將會消失，覺醒達到報身無形智慧身的狀態。

接下來的徵相是，這個空性是任運地在它本身內解脫：關於身、語、意的實際徵相是，

你對身體了無執著，例如你不恐懼水。此外，你和其他人可以親眼目睹之前未見的殊勝大人相和隨形好。至於你的聲音，你只要把自己的意志指向他人，你的聲音就能夠傳達充滿利益的佛法。在你的心中，生起無染的神通。

禪修心境的徵相是，你既不記得也甚至未想到要執著自己的身、語、意；你所體驗的一切都是廣闊的，並且不把它視為真實；你覺得自己彷彿能夠自由地穿過岩石、山巒等。

不論你體驗到什麼，既沒有任何概念上的專注，也沒有接受或排斥的任何企圖。相反地，它在沒有假設它為真實的情況下解脫了，因此不論白天或黑夜都沒有必要去記得它，顯相和空性自然而然地解脫進入「無二」。那是已經透過任運的行止所建立的「自解脫」。

當夢的迷妄結束之後，你已經達到完全的穩定。如果加以維持，你的肉身將在一年內消失，你將覺醒進入無餘法身的狀態。

然後，這個「自解脫」達到圓滿實現（任運顯現之「果」）的徵相，只會顯現在其他人的覺知之中，然而在你個人的覺知之中，各種修道進展的徵相和指示都已經止息。這個狀態即是法性遍盡之相，意思是顯相的行動力已經停止，同時不再有空性的靜止品質。因此，顯相與空性的「無二」本質既不變動起伏，也不改變。相反地，有一種超越相聚與分離的本然覺醒特質——一種非造作的呈現，一種沒有任何分解的空無，那是一種了無執著、完全赤裸的空覺狀態。在其他人的覺知之中，由於一種無礙的智慧（作為一種遍在能力的本初覺醒）也是呈現的，因此有一種為了利益眾生而任運開展的色身。

由於一切事物的本初自性是遍在的，因此除非自生覺醒之道上的徵相已經達到圓滿的程

度，我們就不會了解任運顯現之「果」已經到來的時機，修行也因此而變得沾沾自喜且怠惰懶散。因此，這個修道進展之徵相與程度的手冊至關重要。

沒有它，你對空性的執著無異於一般道乘的執著；
有了它，「果」將迅速被證得，實現你自己和他人的目標。
透過金剛薩埵的加持，它在格拉．多傑的心中生起。

他接受師利．興哈，
然後師利．興哈把它交託給我蓮花生。
願它遇見相稱且具有業緣的人，
對具有邪見、不相稱的人加以隱瞞。
當適合的領受者出現時，
賜予勝義傳承。
經典傳承具有嚴格之封印。

Ema（唉瑪）！
這不可思議之無上教法，
心意伏藏之精要被封藏在盧度（Ludü）的腹中，

並且交託給貢波．納波（Gönpo Nagpo）、帕千（Palchen）、空行母、忿怒護法、教法護衛和寶藏王來看顧。

守護它，確定你保護這些教法！

三昧耶。封印、封印、封印。

一切吉祥。

大圓滿之歌

第36章

「果」之道歌

喇嘛夏卡・措竹・讓卓

本文摘自喇嘛夏卡・措竹・讓卓《大鵬金翅鳥之飛翔》（Rangjung Yeshe Publications, 1988）之〈道歌第二十三〉（Song 23）。

Emaho（唉瑪吙）！

再次地，幸運且唯一的心子，

請充滿喜悅地聆聽這首金剛道歌！

當你以這種方式獲得了證之後，

整個現象世界即是口頭教導之書和真正的壇城。

在顯相的多彩羊皮紙上，

明覺，這自生智慧的竹筆，

題寫了無根基、本初自在、了無固著的文字。

這被讀為顯相與空性之「無二」。

在這三千大千世界任運圓滿的壇城之上，
噴灑了本然之水。
路徑是本然設計之線條，
你的步履是以色粉描繪的圖畫。
你自己顯現但空虛的身體，是聖本尊之相，
你的言語，回響但空虛，是聖本尊之金剛持誦，
你本然自在、了無固著的念頭，是本尊之意。

你雙臂和雙腿的動作是手印，
飲食是法性之供養。
所有色相之顯相，是本尊之身。
所有音聲和言語，是美妙悅耳之供養。
超越持守與違犯，是本然實現之三昧耶。

不論這樣的修行者做了什麼，
他不需要仰賴繁瑣造作的儀式，以及因與果的教法，
因為在明光法性的狀態之中，
教導、生起次第和三昧耶都是完整的。

幸運的心子，
大圓滿的特殊功德是迅速任運地證得勝妙之成就。

如果你真的以這種方式修行，
所有輪迴與涅槃的概念都將解脫進入本初基之內，
如同雲朵消失在天空中。

當你了證這自生明覺的明光法身時，
光燦如無礙之太陽，
你將能夠起死回生，領會所有的祕密，
並且藉由展現各種神通來使眾生皈依。

在圓滿所有道與果位的善德之後，
具有上等根器者在今生解脫；
具有中等根器者在死亡的時刻解脫；
具有下等根器者將在中陰階段解脫進入本初清淨的基地。

在此之後，持續安住於內在虛空之內，

不離三身之智慧，
他們將展現化身，以各種必要的方式去調伏需要調伏者，
如此不息地利益眾生。

把這些話語的意義記在心中，
安樂之陽肯定會在內心升起。

撰寫此證道歌者，
是出離者措竹．讓卓。
藉由它的善德，
願眾多幸運的弟子迅速淨化無明、煩惱和概念的染污，
進入本初清淨的本初虛空，
在今生證果。

第37章

果

策列・那措・讓卓

本文摘自策列・那措・讓卓《太陽的循環》之〈「果」的本質〉（The Nature of Fruition）。

「果」的本質

現在，我要解釋如何成就佛身和佛智的最終之「果」來作為結論。

當你完全嫻熟於修行時，將逐漸地耗盡俱生無明時時刻刻的所有粗重、細微和極細微的垢染，而自我覺察的智慧將隨著垢染被淨化的程度而發展。這即是事物的本質。

讓我們以一個醫術精湛的醫師為例。他運用藥物和診療，替某個天生眼盲的人移除部分遮蔽視線的因素。當盲人的眼睛被打開時，他首先只會看見粗略的輪廓，而不是精細的細節。在此之後，藉由逐漸移除剩餘的遮蔽物，他終於能夠如實地看見一切。眼睛本是他已經擁有的事物，而非新獲得的事物；同樣地，你佛性的本質——本初清淨的本初智慧，也被一個暫時的垢染所遮蔽。有如醫師般的上師以他如藥物般的口頭教導和論述，像打開你的眼睛般地開啟你的佛身與佛智。了悟這個事實，即是所謂的「果」，三身和佛智等不是從某個地方顯現的新事物。《淨業經》解釋如何應用法門來淨化已經生起的暫時垢染，並且確保它們不會再度生起。

解脫的時機

在大手印和大圓滿之中，解脫的方式都是在此生之內，五蘊融攝入法界之中，無有殘餘。根據《寶積續》（*Tantra of the Jewel Mound*）的說法：

藉由未顯現的無念，
透過你自己對此的了解，
所有的顯相自然消融，
一切事物都如同全然的開放一般，
成為勝妙空覺的本質。

地、水、火、風等四大元素，
不展現它們個別的屬性，
反而如同薄霧般消失在虛空之中。

不論人們怎麼認為，
各種迷妄的執著都沒有生起。
此外，覺知者和被覺知的面向都自然止息，
並且在沒有展現的情況下，
任運地竭盡。

在我們自己的認知中體驗這個，
一切眾生也都成為如此。

對於「頓超」的修行者而言，其中的差異在於這個事實：因為迷妄覺知而生起的所有外在對境止息，你掌控內在智慧的真實佛土。你掌控出生，並且透過如水月般的虛幻勝妙轉化身（illusory great transformation body）而入世，並且無限地為眾生的利益而努力。具有中等根器者則將透過舍利骨、舍利丸、種子字、音聲、大地震動、彩虹、花雨等方式，來使弟子生起信心，這些是他們將在其中一個中陰狀態解脫的徵相。即使那些具有下等根器者，也將在一個本然化身淨土之中，從一朵蓮花中出生，藉由領受灌頂和授記，他們將行走在剩餘的修道上，並且獲致證悟。

佛身

無論如何，業、煩惱、串習、二元分立的知識等所有暫時的障蔽，都自然而然地被淨化。這是因為所有概念思惟都被耗盡，即使連最細微的概念和串習都不復存在。安住在此一大樂的本具空覺狀態之中——無別虛空與智慧之永遠相續的循環，即是我們所知的法身。

在經典和密續中不同型態的教法，例如指出法身住於一個有臉和手臂的色相之中，這是為了調伏不同種類的人而說。但是很明顯地，有人擴增許多不同的論著，製造許多引人爭議的要點，而執著於這些引言的特定片段。根據我個人的了解，我們無法透過爭論某個片面的見解是否可以被成立，或它是否為真，而了悟法身的本然狀態。

法身不是某個念頭的對境和描述，而且它也不在「常」與「斷」的範圍之內。即使你投入一百劫的時間從事智識上的反駁和證實固著的念頭，你肯定不會看見赤裸法身的本然面貌。我認為，一旦你如實地了證本初清淨的究竟本質，那麼在沒有任何辯證上之爭論的情況下，純粹發現你內在的法身就已足夠。

從非造作法身的本然光燦之中，任運顯現的報身自動展現為具有大人相和隨形好的五智色相壇城（fivefold wisdom mandalas of form），任運地利益十地菩薩與持明。

藉由法身、報身雙運之展現的不息力量，並且因為在修道上所發之願和菩提心種子成熟的「果」，不可思議的無量慈悲化身調伏任何需要被調伏的眾生，在不同的地方展現為無數深不可測的化身，並且展現為與那些將要被調伏的眾生相同的物種。在本質上，化身沒有諸如主體和客體等刻意的見解和概念，他們不執著於自我和他人是分別的。但是，藉由祈願和慈悲的力量，他們如同如意寶或滿願樹一般，實現每個眾生的希冀和欲望。這是所有勝者之功德與事業的本質。

這法身、報身、化身三身，以及其他如四身、五身，甚或三身之九個面向等區別，事實上可以被精簡為法身和色身兩種。在究竟的意義上，這兩者是法身之一味，例如，它們如同一面鏡子和鏡中的影像，或如同天空和彩虹。就意義而言，它們展現為佛身和佛智、因緣和合的和本具的、覺察和空性、本質和展現、虛空和覺醒——平等圓滿勝妙之任顯領域，超越四時之變化。這種狀態即是著名佛身與佛智的無別。

在所有重要、正統的經典之中，我們都可以找到這些細節。在此，我只簡短地提及。

跋

貫穿整個三千大千世界，
你將永遠不會找到任何勝過神妙大圓滿的事物，
它是勝者們祕密教法之究竟精粹，
密意之精要。

雖然它受到眾人的大力抨擊，

例如受到魔羅力量加持的庫巴．拉策（Khugpa Lhatsey）和帕津（Paldzin），
但誰能夠駁斥在印度和西藏證得虹光身的無數眾生？

在這個年代，當教法之陽即將落入西山時，
當僵硬的心這個皮製奶油容器仍未被奶油薰陶時，
雖然他們研習一百萬個詭辯和學識的枯燥字句，
因為自己的學識而驕傲自大的人們，將不會閱讀這個。

即使連那些已經進入舊譯派教法之船的人，
也不高舉出離的旗幟，
不奮力地划動無執之槳。
那麼，誰將護持持明傳承的血脈？

他們把敵人「我執」深藏在心中，
雖然他們捻轉念珠一百年，
念誦「Hung Hung！」（吽吽！）、「Phat Phat！」（呸呸！）、「守衛守衛！」、「擊退擊退！」等激烈的咒語，
他們仍然沒有希望平息心中凶狠的魔羅。

在未了知任運解脫自在的安住，
是三身淨土之本質，是明覺之奇幻展現時，
觀看覺受與境相之迷人奇觀的修行者，
會不會只像一隻狩獵老鼠的貓？

藉由「立斷」之本初清淨，把本覺剝除至赤裸的面貌；
了無執著，藉由「頓超」的明光展現以淨化諸界，
對四相沒有希冀或欲望。
如此修持，你將佔領普賢王如來的王國。

雖然像我這樣一個無明的人，
沒有資格去解釋、教導和撰述，
但我應瑜伽士楚清．桑波（Tsültrim Zangpo）之請去撰寫此文。

我在諸上師面前，
公開地懺悔所有語言與意義的錯誤，以及不正確論點的過患。
願因為我崇高之發心而擴增之一切善德，
回向等同於虛空的一切眾生。

藉由心意（Mind）、象徵（Symbol）、口語（Oral）傳承之一切諸佛、
菩薩勝妙慈悲的力量與加持，
藉由從初始以來，任運呈現於眾生自性之三身與五智之本質的力量，
願大圓滿教法甚深心要之燈，
驅除有情眾生之內在障蔽。
在具有三智的法界虛空之內，
願有平等、圓滿證悟之吉祥。

結行

中陰祈願文

中陰祈願文

龍欽・冉江

本文摘自《龍欽・冉江文集》（Rangjung Yeshe Publications, 1993）之〈中陰祈願文〉（Bardo Aspiration）。

OM AH HUNG（嗡・啊・吽）

請留意，所有方向和所有時期的勝者們，
藉由在三世所積聚之善，以及我現在所擁有的事物，
從無始以來，直到今日，
願我和每個眾生無一例外地達至證悟。

在每個化身，在尚未達至證悟之時，
願我們直接看見本初自性——大圓滿最甚深之道，
直接地，法性境相增長，以及達到頂峰。
願在那時，此肉身融入光團之中。

願我們不會面對人生中斷的痛苦。
願上師和本尊、所有的空行和空行母，
在我們眼前真實顯現，
賜予灌頂和授記，
然後引導我們前往淨土。

由於所有因緣和合的事物都不會長久，
我們的死亡肯定會到來，
呼吸停止，心與身分道揚鑣。
願我們不會變得迷惑昏亂而開始執著，或變得執著，
而是安住在法身本然且相續的狀態之中。

當擺脫這個身體、擺脫這個有形之虛幻的時機到來，
覺知和五蘊、粗重和細微的念頭全都止息，
當心與身分離之時，
願我們全都解脫，
了無昏惑地進入遍在廣大、永恆的虛空之中。

然後，不真實的元素一個消融入另一個，
有著五色光、純粹清淨的明晰狀態，不創造概念。
願五色金剛鏈無別雙運，
在法性的領域中圓滿。

當忿怒的魔羅以巨大的「HUNG」（吽）和其他色相顯現，
當三千大千世界充滿「HUNG」的轟鳴聲，
願我們認識這個要點：「HUNG」的聲音是一種空虛的了知，
並且了悟每個空虛的音聲都如同回音。

當閻王的使者們環繞我們，攻擊、殺戮、奔逃、追逐，
願所有這驚慌失措自然地消融。
願我們了知它們是寂靜尊和忿怒尊的色相，
從陷入恐懼、害怕的虛幻展現中解脫。

當忿怒黑魯嘎們從顱骨無量宮的大樂宮（Blazing Blissful Palace）蜂擁而來時，
願我們不會把他們視為可怕的魔羅，
相反地，我們應該獲得他們是口訣意義之心要的勝觀。

當眾多寂靜尊從心間的寶穹宮（Palace of the Jewel Dome）融入本初虛空的剎那，
各種展現改變，以光的形式呈現，
願明覺融入光燦虛空之中。

當喉輪鬆解，
伴隨著一千個雷鳴的可怕笑聲，
願我們認識寂靜尊和忿怒尊的「AH」（啊）與「HUNG」之歌，
並且把它解脫為空虛了知的無生音聲。

當白分與紅分、方便與智慧，
從密輪的護樂宮（Bliss Sustaining Palace）聚合於心間時，
無染地，願此樂空之本然狀態，
使風息與心融攝入中脈。

然後當我們安住在法性中陰狀態之時，
願心識不被淹沒，
反而在了證廣大永恆的清淨（本然的解脫）之後，
願我們安住在現象消融的「他空」（other-empty）狀態之中。

在直接看見法性的實相時，
願概念的對治解藥——固著的正念——因而解脫，
並且了證永恆之清淨——法性遍盡之本質，
願我們留在了無造作的無概念狀態之中。

當五智的蒼穹從交織彩虹的五色宮（Palace of Five-colored）開啟它的大門，
界域充滿本尊和光體，
願我們遇見五身與五智。

當我們在空虛明點之燈的燦爛宮（Incandescent Palace）遇見五身和五智時，
願我們了無動搖的、二元分立之感受的疑慮，
完全融入普賢如來的永恆狀態之中。

在空虛明點之燈的燦爛宮面對面地遇見四燈、心性之後，
願我們用一種圓滿的穩定，達到任運顯現的境界，
並且進入虛空和本覺的廣大狀態之中。

願法身明光和空虛之燈閃耀，
願法身空性之了知得證，
願報身之不滅雙運相（ceaseless dual vision）得證，
願化身之圓滿本然了知得證。
在達到三身之後，
願我們為了其他眾生之利益而努力。

這是由龍欽．冉江所撰寫完成，藉由聽聞而解脫的死亡法性中陰祈願文。

作者群簡介（依篇章順序排列）

龍欽・冉江（Longchen Rabjam, 1308-1363）

龍欽・冉江或龍欽巴（Longchenpa），是寧瑪傳統的重要傳承上師和作者，也是西藏國王赤松・德贊的女兒貝瑪・薩（Pema Sal）公主的轉世。蓮師把他自己的大圓滿傳承《空行心髓》（藏 *Khandro Nyingtig*）交託給貝瑪・薩公主，因此他單獨地被視為大圓滿教法最重要的作者。他的著作包括《七巨藏》（*Seven Great Treasuries*）、《三部》（*Trilogies*）及其在《四部心髓》（藏 *Nyingtig Yabzhi*）裡的論釋。祖古・東度（Tulku Thondup）仁波切的著作《佛心》（*Buddha Mind*, Snow Lion Publications）裡有關於龍欽巴之生平與教法更詳盡的記述。

祖古・烏金（Tulku Urgyen）仁波切

在一九二〇年藏曆四月十日出生於西藏東部，於一九九六年二月十三日在尼泊爾圓寂。第十五世大寶法王噶瑪巴（Karmapa）認證他為轉世喇嘛，他研習和修持藏傳佛教噶舉派（Kagyü）和寧瑪派（Nyingma）的教法。

在寧瑪派的傳統中，祖古・烏金持有上個世紀三位偉大上師的完整教法，即秋吉・林巴（Chokgyur Lingpa）、蔣揚・欽哲・旺波（Jamyang Khyentse Wangpo）和康楚・羅卓・泰耶（Kongtrül Lodrö Thaye）。他擁有一個特別的《新伏藏》（*Chokling Tersar*，又稱《秋林岩藏》）的近傳。《新伏藏》彙編蓮花生大士教法的所有灌頂、口傳（textual authorizations）和口頭教導，並且由祖古・烏金仁波切偉大的祖父秋吉・林巴重新掘取出來。

祖古・烏金仁波切在尼泊爾興建數座寺院和閉關中心。最重要的幾座寺院和閉關中心位於加德滿都的波大那佛塔（Boudhanath Stupa）附近，以及蓮花生大士展現大手印持明果位的阿修羅洞穴（Asura Cave）和斯瓦揚布（Swayambhu）佛塔，而他主要是居住在加德滿都河谷上方的納吉寺關房。他是確吉・尼瑪仁波切、慈克・秋林（Tsikey Chokling）仁波切、竹旺・措尼仁波切和詠給・明就（Yongey Mingyur）仁波切等四位祖古的父親。

釋迦・師利・嘉那（Shakya Shri Jñana）

十九世紀西藏的大成就者，主要屬於竹巴噶舉（Drupa Kagyü）傳承。祖古・烏金仁波切在他的回憶錄《大成就者之歌》（*Blazing Splendor*, Rangjung Yeshe Publications）裡，對釋迦・師利・嘉那有詳盡的描述。

無垢友（Vimalamitra）

吐蕃王朝時應邀入藏傳法的著名印度上師之一，於西藏之聲譽、影響可與蓮花生大士、寂護（Santaraksita）、蓮花戒（Kamalasila）等人相提並論。他於九世紀時在西藏廣泛地教導佛法，並編纂、翻譯了許多梵文經典。他的精要教法是《蓮華心髓》（藏 *Vima Nyingtig*，或稱《無垢心髓》），是大圓滿「心髓」教法之一。

耶喜・措嘉（Yeshe Tsogyal）

蓮花生大士在西藏的首要女弟子，幾乎領受所有蓮師在西藏傳授的教法，並且在後來加以彙編。

蓮花生大士（Padmasambhava）

在第八世紀把金剛乘引進西藏的偉大上師。他也被稱為「上師仁波切」（Guru Rinpoche），即「珍貴的上師」之意。關於他的傳記，請參見《蓮花生》（*The Lotus-Born*, Rangjung Yeshe Publications）。

巴楚（Paltrul）仁波切

十九世紀西藏「不分教派運動」的偉大上師之一，也是其身處時代最重要的學者之一。他不只是以博學多聞而知名，也以他出離和慈悲的典範聞名。他最重要的著作包括《普賢上師言教》（*The Words of My Perfect Teacher*），以及他針對大圓滿教法之梗概《椎擊三要》（*Three Words Striking the Vital Point*；藏 *Tsiksum Nedek*）所作的論釋。

堪布噶旺．帕桑（Khenpo Ngawang Palzang, 1879-1941）

堪布噶旺．帕桑別名「堪布噶瓊」（Khenpo Ngakchung）。他是噶陀（Katok）佛學院的學者兼教師，也是闡釋大圓滿經典之學術傳承非常重要的振興者，被認為是無垢友和龍欽巴的轉世。恰朵．桑給．多傑（Chatral Sangye Dorje）是他最後幾個健在的弟子之一。他之所以有「堪布噶瓊」的別名，那是因為有個年紀較長的堪布也稱為「噶瓊」，所以他就成為「年紀較輕的堪布噶瓊」。他的一本著作翻譯成英文本《普賢上師言教之指引》（*A Guide to the Words of My Perfect Teacher*, Shambhala Publications），在該書導言部分有篇略傳〈堪布噶旺．帕桑〉（Khenpo Ngawang Palzang）。

普賢王如來（Samantabhadra）

在這個世界形成的許多劫之前覺醒證悟的本初佛，也是大圓滿教法的初祖。

蔣貢・康楚仁波切（Jamgön Kongtrül, 1813-1899）

蔣貢・康楚仁波切即眾所周知的羅卓・泰耶（Lodrö Thaye）、永騰・嘉措（Yönten Gyatso）、貝瑪・噶旺（Padma Garwang）和貝瑪・天尼・永仲・林巴（Padma Tennyi Yungdrung Lingpa，為蔣貢・康楚作為伏藏師的名號）。他是十九世紀最知名的佛教大師之一，並且特別著重「不分教派」的看法。他以具成就之大師、學者和作者聞名，著作超過一百卷經典。其中最著名的是他的《五寶藏》（*Five Treasuries*），之中包括六十三卷的《大寶伏藏》（*Rinchen Terdzö*），其內容是一百位偉大伏藏師的伏藏。

蔣貢・米龐仁波切（Jamgön Mipham, 1846-1912）

蔣貢・康楚、蔣揚・欽哲・旺波和巴楚仁波切的弟子。他受到文殊師利的加持，成為其所處時代最偉大的學者之一，著作結集超過三十卷。米龐仁波切被認為是文殊師利的直接化身。

敦珠仁波切（Dudjom, 1904-1987）

偉大的伏藏師敦珠・林巴（Dudjom Lingpa）的轉世。在從西藏流亡之後，他是寧瑪傳承的掌教法王，被視為當代最知名的學者之一。

師利・興哈（Shri Singhag）

大圓滿教法傳承的文殊友（Manjushrimitra）的主要弟子和繼承人。他出生於于闐國的索揚（Shokyam），跟隨哈提巴拉（Hatibhala）和貝拉格底（Bhelakirti）兩位大師學習。在師利・興哈的弟子當中，有四位出眾的大師：智經、無垢友、蓮花生和西藏譯師毘盧遮那。

喇嘛夏卡・措竹・讓卓（Lama Shabkar Tsokdrug Rangdröl, 1781-1851）

他之所以有「夏卡」這個名號，那是因為他雙足所置之處，都變成「白色」或充滿善德。他的自傳《夏卡之生平》（*The Life of Shabkar*, Snow Lion Publications）是一本必讀的書籍。

創古（Thrangu）仁波切

噶舉傳承最重要的上師之一。他居住在尼泊爾加德滿都，並且在世界各地無數國家傳法。他也是《那洛巴之歌》（*Songs of Naropa*）和《三摩地王》（*King of Samadhi*）的作者，兩本書皆由壤炯・耶喜出版社（Rangjung Yeshe Publications）出版。

策列・那措・讓卓（Tsele Natsok Rangdröl, b.1608）

噶舉派和寧瑪派的重要上師。他以英文出版的著作皆由壤炯・耶喜出版社出版，包括《正念之鏡》（*Mirror of Mindfulness*）、《大手印之燈》（*Lamp of Mahamudra*）、《太陽的循環》（*Circle of the Sun*）、《心要》（*Heart of the Matter*）和《灌頂》（*Empowerment*）。關於這位大師及其著作，確吉・尼瑪仁波切說：「沒有懷抱成為一個偉大學者的雄心壯志，卻想要把焦點放在真正了悟金剛乘究竟修持要點之上的人，應該研習幾本策列・那措・讓卓的著作。在這些著作之中，他們將會發現作為佛法核心的口訣教導。」

紐舒・堪仁波切（Nyoshul Khen, 1932-1999）

近代寧瑪傳統最偉大的堪布之一，以其任運之詩歌和證道歌聞名。他是謝竹・天佩・尼瑪（Shedrub Tenpey Nyima）的弟子，也是傳自吉美・林巴（Jigmey Lingpa）和巴楚仁波切之《口耳傳

承心髓》（*Hearing Lineage of Nyingtig*）的持有者之一。

確吉・尼瑪（Chökyi Nyima）仁波切

廣為人知之已故大圓滿上師祖古・烏金仁波切的長子暨法嗣。他著有《當下清新覺醒》（*Present Fresh Wakefulness*）、《無可爭議之真諦》（*Indisputable Truth*）和《大手印與大圓滿之雙運》（*The Union of Mahamudra and Dzogchen*）。第十六世大寶法王噶瑪巴認證確吉・尼瑪仁波切為菩薩轉世，建議他努力教導西方修行者，把藏傳佛教的教法傳播到世界其他地方。他是尼泊爾境內規模最大的佛教寺院之一噶寧謝竹寺（Ka-Nying Shedrub Ling）的住持，該寺位於尼泊爾加德滿都波大那佛塔附近，網址是：www.shedrub.org。

楚西・阿帝（Trulshik Adeu）仁波切

竹巴噶舉與寧瑪傳承的重要上師。他駐錫於西藏康區（Kham）囊謙的慈楚寺（Tsechu Monastery）。

竹旺・措尼（Drubwang Tsoknyi）仁波切

竹旺・措尼仁波切被第十六世大寶法王噶瑪巴認證為竹巴噶舉和寧瑪傳統知名上師竹旺・措尼的轉世，後來他由偉大的上師康祖（Khamtrül）仁波切養育成人。他的其他上師包括頂果・欽哲（Dilgo Khyentse）仁波切、其已故的父親祖古・烏金仁波切、囊謙的阿帝仁波切和紐舒・堪仁波切。措尼仁波切是「竹巴傳承計畫」（Drukpa Heritage Project）的領導人，致力於保存竹巴噶舉傳承的文獻。他也是位於尼泊爾加德滿都的格洞歐瑟寺（Ngedön Ösel Ling）的住持，以及《無憂的尊嚴》（*Carefree Dignity*）和《無畏的離戲》（*Fearless Simplicity*）的作者，兩本書皆由壤炯・耶喜出版社出版。（詳見網站：www.pundarika.org）

觀自在系列 BA1023

大圓滿之歌：總集歷代重要大圓滿成就者之證悟心要

作者——祖古・烏金仁波切（Tulku Urgyen Rinpoche）等
英譯、彙編——艾瑞克・貝瑪・昆桑（Erik Pema Kunsang）
瑪西亞・賓德・舒密特（Marcia Binder Schmidt）
中譯者——項慧齡
顧問——曾慶忠
特約編輯——釋見澈、曾惠君
設計構成——吉松薛爾
校對——曾惠君、魏秋綢

發行人——蘇拾平
總編輯——于芝峰
副總編輯——田哲榮
行銷——郭其彬、王綬晨、夏瑩芳、邱紹溢、呂依緻
出版——橡實文化 ACORN Publishing
地址：10544 臺北市松山區復興北路 333 號 11 樓之 4
電話：02-2718-2001　傳真：02-2719-1308
網址：www.acornbooks.com.tw
E-mail 信箱：acorn@andbooks.com.tw

發行——大雁出版基地
地址：10544 臺北市松山區復興北路 333 號 11 樓之 4
電話：02-2718-2001　傳真：02-2718-1258
讀者傳真服務：02-2718-1258
讀者服務信箱：andbooks@andbooks.com.tw
劃撥帳號：19983379　戶名：大雁文化事業股份有限公司

印刷——中原造像股份有限公司
初版一刷——二〇一一年十二月
初版八刷——二〇二一年九月
定價——四五〇元
ISBN——978-986-6362-41-5（平裝）

大圓滿之歌：總集歷代重要大圓滿成就者之證悟心要 / 祖古・烏金仁波切 (Tulku Urgyen Rinpoche) 等作；艾瑞克・貝瑪・昆桑 (Erik Pema Kunsang), 瑪西亞・賓德・舒密特 (Marcia Binder Schmidt) 英譯 / 彙編；項慧齡中譯．一初版．一臺北市：橡實文化出版：大雁文化發行，2011.12
面；　公分

譯自：Quintessential Dzogchen : confusion dawns as wisdom
ISBN 978-986-6362-41-5(平裝)

1. 藏傳佛教　2. 佛教修持　3. 佛教說法

226.965　　100024023